GÜTERSLOHER TASCHENAUSGABEN 66

Willi Marxsen

Die Auferstehung Jesu von Nazareth

Gütersloher Verlagshaus
Gerd Mohn

ISBN 3 579 04618 7
1. Auflage des Taschenbuches 1972

Gesamtherstellung Clausen & Bosse, Leck
Umschlagentwurf: Hans Hug
Printed in Germany

Inhalt

Vorwort

Als ich im Wintersemester 1967/68 im Auditorium maximum der Universität Münster in einer Vorlesung für Hörer aller Fakultäten über »Die Auferstehung Jesu von Nazareth« sprach, wurde ich von vielen Seiten immer wieder gebeten, die Vorlesung in den Druck zu geben. Ich muß gestehen, daß ich das von Anfang an geplant hatte. Mein Heft »Die Auferstehung Jesu als historisches und als theologisches Problem« (Gütersloh 1964) hat eine heftige Diskussion ausgelöst. Die Skala der Urteile der Rezensenten reicht von begeisterter Zustimmung bis zu leidenschaftlicher Ablehnung. Es sind nicht zuletzt die in diesem Heft vertretenen Thesen, die mir den dritten (oder vierten?) Antrag bei der Kirchenleitung der Evangelischen Kirche von Westfalen einbrachten, mich wegen Irrlehre aus dem kirchlichen Prüfungsamt zu entfernen. Überlesen hatten die Antragsteller dabei offensichtlich, daß ich im Vorwort dieses Heftes ausdrücklich erklärt habe, ich wolle einen »Diskussionsbeitrag« vorlegen. Auf Diskussion und Widerlegung meiner Thesen durch Argumente verzichtete man aber. Man begnügte sich damit, festzustellen, daß manche meiner Sätze im Widerspruch zum Bekenntnis stünden. Das mag (was Formulierungen betrifft) zutreffen. Aber wer kann denn heute überhaupt die alten Formulierungen wiederholen, ohne sie zu exegesieren?

Mein Heft war in erster Linie für Theologen gedacht. Inzwischen hatte man jedoch manches davon in die Gemeinden getragen, wobei man fast immer Sätze aus dem Zusammenhang riß, ihren Kontext unberücksichtigt ließ, sie aber dennoch gegen mich verwandte. Man sprach vom »Wächteramt« der Gemeinde und versuchte nun, diese Gemeinde gegen mich zu mobilisieren. Daß nach reformatorischer Auffassung die Gemeinde das Wächteramt über die Verkündigung (die ist gemeint, wenn die Bekenntnisschriften von »Lehre« reden), nicht aber über die Theologie hat, unterschlug man; jedenfalls verschwieg man geflissentlich, daß hier zu unterscheiden ist.

Ich meinte nun, daß sich das, was man Theologen vorträgt, doch auch so darstellen ließe, daß es der Gemeinde verständlich wird. Darum beschloß ich, aus dem Ghetto eines nur theologischen Hörerkreises hinauszutreten und meine Auffassung einem weiteren Kreis vorzutragen. Für einen Universitätslehrer bietet sich da die Einrichtung der »Vorlesung für Hörer aller Fakultäten« an. Ich hatte nun aber nicht etwa die Absicht, in diesen Kreis Polemik hineinzutragen. Ich wollte lediglich versuchen, das Problem so einfach wie möglich darzustellen, und hatte das Zutrauen, daß sich dann die Sache selbst zusammen mit besonnener Argumentation durchsetzen und die Hörer überzeugen würde, auch wenn sie mit einer anderen Auffassung oder Vorstellung in die Vorlesung gekommen waren. Ich wollte darum auch nicht in die Diskussion einführen, schon gar nicht den Versuch unternehmen, die unübersehbare Literatur zum Problem heranzuziehen. Ich wollte Hypothesen Hypothesen nennen, begründen, warum ich mich auf einige einließ, weil man hier ohne Hypothesen überhaupt nicht durchkommt, in anderen Fällen dann sagen, warum ich keine Lösung wußte. Mir lag daran, die ganze Frage soweit wie möglich aus dem Streit herauszuhalten, weil Streit blind macht. Darum betonte ich gleich in der ersten Kollegstunde, daß niemand Sensationen erwarten möchte, daß ich aber zum Mit-Denken und Prüfen meiner Argumente einladen wollte.

Dieses Ziel habe ich schließlich doch nicht ganz erreicht. Das hing mit »Tagesereignissen« zusammen, die in die Zeit der Vorlesung fielen. An ihnen meinte ich nicht vorbeigehen zu dürfen, weil sie den meisten meiner Hörer bekannt geworden waren und sie nun einfach das Recht hatten, von mir eine Stellungnahme zu erwarten. Ich konnte ja nicht davon absehen (und wollte es auch nicht), daß ich diese Vorlesung im Wintersemester 1967/68 in Westfalen, in Münster hielt.

Diese Tagesereignisse (ich nenne sie nicht nur so, weil man sie datieren kann, sondern auch deswegen, weil ich ziemlich sicher annehme, daß sie lediglich Tagesereignisse bleiben werden) waren zwei Erklärungen.

Die erste gab die Leitung der Evangelischen Kirche von Westfalen zum Reformationsgedenken 1967 heraus. In einer in großer Auflage gedruckten und daher weit verbreiteten Handreichung »Bibel und Bekenntnis« werden zuerst ältere Stellungnahmen zur theologischen Auseinandersetzung wieder abgedruckt. Zum Schluß heißt es dann, daß der Widerspruch der Kirchenleitung gegen manche gegenwärtigen Äußerungen von Theologen geschehe »in der Verantwortung für die uns anvertrauten Gemeindeglieder, die verwirrt sind und auf den Rat der Kirchenleitung warten«. – Daß Verwirrung besteht, kann man wohl nicht bezweifeln. Auf wessen Konto sie aber geht, wird man unterschiedlich beurteilen. Hier werden sich die verschiedenen Seiten wahrscheinlich gegenseitig die Schuld geben. Ich will daher nicht entscheiden, wer recht hat. Der Rat aber, den die Kirchenleitung der Evangelischen Kirche von Westfalen angesichts dieser Verwirrung den Gemeinden gibt, lautet (soweit er unser Thema betrifft) so: »Die Theologie hat mit Recht darauf aufmerksam gemacht, daß die Auferstehung Jesu Christi mit den Mitteln der historischen Forschung nicht nachweisbar ist. Wenn aber daraus gefolgert wird, die Auferstehung Jesu Christi sei kein historisches Ereignis und keine Heilstatsache, sie sei eine Vorstellung heidenchristlicher Frömmigkeit und bedeute nur, Gott zu eigen zu sein und ihm zu dienen, so ist diese Lehre mit dem Auferstehungszeugnis der Heiligen Schrift nicht in Übereinstimmung zu bringen.« – Ob man mit diesem »Rat« wirklich verwirrte Gemeindeglieder aus ihrer Verwirrung herausführen kann?

Die zweite Erklärung wurde am Bußtag 1967 auf einer Kundgebung der sogenannten Bekenntnisbewegung »Kein anderes Evangelium« in Düsseldorf abgegeben und über epd in der Presse verbreitet. Unser Thema wird in der 4. These behandelt. Sie lautet: »›Nun aber ist Christus auferstanden von den Toten!‹ (1 Kor 15,20). ›Der Herr ist wahrhaftig auferstanden!‹ (aus Luk 24,34). – Wir bekennen das Evangelium, daß Gott den am Kreuz gestorbenen Jesus von den Toten leiblich auferweckt und zum Herrn erhöht hat. – Es muß daher die falsche Lehre verworfen werden, Jesu Leib sei verwest, er sei nur geistig auferstanden und lebe nur unpersönlich in seinem Wort weiter. Es muß auch die falsche Lehre verworfen werden, die Osterzeugen des Neuen Testamentes hätten ihre Botschaft in mythisch gefärbte Legenden gekleidet oder nicht die Absicht gehabt, die Erscheinungen des Auferstandenen als Grund und Voraussetzung des Glaubens so zu berichten, wie sie wirklich geschehen sind. Es muß die falsche Lehre verworfen werden, es könne eine Nachfolge des Gekreuzigten ohne Bindung an die Person des Auferstandenen geben.«

Da diese beiden Texte meinen Hörern weitgehend bekannt waren, konnte ich nicht ganz an ihnen vorübergehen. Auf eine ausführliche Kommentierung habe ich freilich verzichtet, mich vielmehr bemüht, in erster Linie durch die Darstellung selbst vieles von dem zu widerlegen, was in diesen Erklärungen sehr kühn (und wohl auch oft: ganz unüberlegt) behauptet wird. Es sind ja nicht einmal die benutzten Begriffe wirklich durchgeklärt. Ich habe dann aber doch (und zwar bewußt) nicht vermieden, die Auseinandersetzung hier und dort auch explizit durchzuführen. So kam (gegen meine ursprüngliche Absicht) gelegentlich ein polemischer Zug in meine Ausführungen. Ich hoffe aber, daß er den Leser nicht stört, zumal auch er wahrscheinlich die gegenwärtigen Auseinandersetzungen über die Auferstehung Jesu kennt. Dankbar wäre ich allerdings, wenn er sein Augenmerk nicht auf diese Polemik richtete, sondern sich in den Gedankengang des Ganzen hineinstellte. Ich habe die Zuversicht, daß die Ausführungen ihm dann helfen werden. Hat man früher gelegentlich die Philosophie als Magd der Theologie bezeichnet, so möchte ich gern formulieren: Verantwortliche Theologie ist Magd des Glaubens. Eine Magd schafft nicht das Werk selbst; das bleibt dem Herrn der Magd überlassen. Aber eine Magd räumt alles aus dem Wege, was ihren Herrn an seinem Werk hindern kann; und sie hält alles, was sie kann, bereit, damit er sein Werk tun kann. Den Glauben an den Auferstandenen Jesus von Nazareth kann ich keinem Leser abnehmen. Den muß er selbst wagen. Aber ich kann versuchen zu zeigen, wie dieser Glaube aussieht, kann an diesen Glauben heranführen und dabei manche falschen Hindernisse aus dem Weg räumen. Dabei werden keine »Ärgernisse« des Glaubens beseitigt, wie man heute wohl gelegentlich hören kann, sondern im Gegenteil: Das eigentliche Ärgernis wird nur um so deutlicher – damit aber zugleich die Verheißung, die auf dem Wagnis des Glaubens liegt. Das wollte ich mit dieser Vorlesung leisten. Das möchte nun auch dieses Buch erreichen.

Mit aus dem Zusammenhang gerissenen Zitaten wird man an Hand dieser Arbeit wieder (wie bisher) leicht »beweisen« können, daß ich ein Ketzer sei. Wer das so versucht, wird es – aus Mangel an Argumenten – wahrscheinlich nötig haben. Er darf aber nicht erwarten, daß ich darauf antworten werde.

Zur Anlage des Buches ist schließlich noch zu bemerken: Grundlage ist das Vorlesungsmanuskript. Man wird darum oft feststellen, daß es für den Vortrag (also als »Rede«), nicht aber für den Druck (also als »Schreibe«) konzipiert worden ist. Zwar habe ich hier und dort stilistische Glättungen durchgeführt, mich aber nicht um einen Purismus für eine »Schreibe« bemüht. Darin wird vielleicht mancher einen Mangel empfinden, so wie es oftmals als Mangel empfunden wird, wenn jemand eine »Schreibe« als Predigt vorträgt. Ich glaube allerdings, daß man eine »Rede« eher lesen als eine »Schreibe« hören kann.

Aber wie dem auch sei: Da jeder »Sitz im Leben« eine bestimmte Form fordert, hätte ich die Vorlesung völlig umschreiben müssen, um eine Abhandlung daraus zu machen. Dazu fehlen mir Kraft und Zeit. Ich hoffe aber, daß die formalen Mängel durch die vertretene Sache aufgewogen werden. Wer die im Auge behält, wird sich durch die geschriebene Rede nicht stören lassen. Er wird dann auch keinen Anmerkungsapparat, kein Literaturverzeichnis vermissen. Wissenschaftlichkeit besteht m. E. nicht darin, daß man alle bisher vorgetragenen Meinungen referiert und durch die Vollständigkeit in den Anmerkungen seine Belesenheit bekundet. Wer alles gelesen hat und alles zitieren kann, erweist sich nicht allein dadurch schon als Wissenschaftler. Wissenschaftlichkeit besteht darin, ein Problem so sachgemäß wie möglich zu erfassen und in sachbezogener Konsequenz darzustellen. Das habe ich versucht. Ganz bewußt wurde auf jede Literaturangabe verzichtet. Daß in den Ausführungen dennoch implizit *viele* fremde Anregungen enthalten sind, möchte ich nicht nur ausdrücklich betonen, sondern auch dankbar vermerken. Wenn aber eine wissenschaftliche Darstellung auch für einen Nicht-Fachmann verständlich sein soll, dann erfordert das keinen Verzicht auf Wissenschaftlichkeit, sondern im Gegenteil: einen *weiteren* Arbeitsschritt, nämlich den der Elementarisierung. Möchte mir der gelungen sein.

Bei der Herstellung des Manuskriptes haben mir Fräulein stud. theol. Margitta Weitzel und Herr Vikar Dr. theol. Johannes Lähnemann geholfen. Sie haben auch die Korrekturen gelesen. Beiden möchte ich dafür herzlichen Dank sagen.

Münster, den 2. Juli 1968 *W. Marxsen*

A. Der Streit um die Auferstehung Jesu

In den Auseinandersetzungen, die zur Zeit unsere Kirche und Theologie bewegen, spielt die Frage nach der Auferstehung Jesu eine entscheidende, man wird sogar sagen können: die entscheidende Rolle. Das ist verständlich, zumal wenn man an den Satz des Paulus denkt, der in diesem Zusammenhang oft zitiert wird: »Wenn Christus nicht auferweckt worden ist, dann ist unser Kerygma (unsere Botschaft) ohne Grundlage; dann ist auch euer Glaube ohne Grundlage« (1 Kor 15,14). Von der Auferstehung Jesu reden, heißt demnach, vom Glauben in der Kirche reden. Wird die Auferstehung Jesu unsicher, so wird im selben Maße der Glaube unsicher. Sieht man das, dann versteht man auch die Leidenschaft, mit der die Auseinandersetzung oft geführt wird.

Noch etwas kommt hinzu. Nach traditionellem christlichen Verständnis hängt die Auferstehungshoffnung der Christen ganz eng mit der Auferstehung Jesu zusammen. So bezeichnet z. B. Paulus im gleichen Kapitel Christus als den »Erstling« der Auferstandenen, d. h. als den, der die erwartete Auferstehung der Toten eingeleitet hat (1 Kor 15,23).

Es geht also um beides: um Glauben und um Hoffnung. Wird hier etwas unsicher, besteht hier keine Klarheit, insbesondere keine Gewißheit mehr, dann droht so etwa alles gefährdet zu sein, woran sich ein Christ hält.

Ich möchte nun gleich am Anfang betonen, daß ich die Unruhe, die durch manche Äußerungen in jüngster Zeit entstanden ist, gut verstehen kann. Ob sie notwendig entstehen mußte, ist freilich eine andere Frage. Sie ist ja keineswegs in erster Linie durch die entstanden, die sich – zumeist in wissenschaftlichen Abhandlungen – kritisch mit den herkömmlichen Vorstellungen und Auffassungen auseinandergesetzt haben. Viel häufiger entstand sie dadurch, daß man Sätze aus dem Zusammenhang dieser Abhandlungen herausriß und popularisierte. Diese Sätze klangen dann sehr anders, als sie im Kontext verstanden sein wollten. Sie wurden schnell zu Schlagworten, für die man nun aber nicht die Verfasser verantwortlich machen darf, sondern die zu Lasten derer gehen, die diese herausgerissenen Zitate verbreiteten. – Aber das mag jetzt auf sich beruhen.

Tatsache ist, daß wir es hier allem Anschein nach mit einem

komplizierten Problem zu tun haben, bei dem sehr viele Aspekte zu bedenken sind. Die Beurteilung der Texte spielt eine Rolle, die Frage nach ihrem Alter und ihrem Verständnis. Religionsgeschichtliche Vorstellungen müssen erfaßt und eingeordnet werden, denn das Reden von der Auferstehung begegnet ja nicht nur und erst in christlichen Aussagen, sondern bereits sehr viel früher. Voneinander abweichende Traditionen sind sodann zu vergleichen und zu erklären – und manches andere mehr.

Gerade aber weil das Problem so vielschichtig ist, geraten Diskussionen oft schnell und meist unversehens in eine Sackgasse. Man verliert die Kontrolle über die Gedankenführung. Das Ganze wird dann alsbald zu einem Knäuel, das schier unentwirrbar zu sein scheint. Vielfach bringt man nun nicht die Geduld auf, sich um die behutsame Entwirrung dieses Knäuels zu bemühen. Statt dessen versucht man, es durchzuschneiden, indem man sich in das Bekenntnis flüchtet, manchmal auch in eine rationale (aber kurzschlüssige) Argumentation. Die Möglichkeit gegenseitigen Verstehens wird dabei zerstört; und statt miteinander zu reden, steht man plötzlich gegeneinander. Der Streit ist da.

So darf es aber doch nicht bleiben! Bei einigem guten Willen (dessen Haupttugend die Geduld sein muß) und beim Bemühen um wirkliches Hören aufeinander sollte es doch möglich sein, wenigstens zu einer gewissen Klarheit und dann auch zu einer Verständigung zu kommen.

Dazu möchte diese Vorlesung helfen.

Ich habe nicht die Absicht, hier irgendwelche Sensationen vorzutragen. Ich halte es jedoch nicht für ausgeschlossen, daß manchem von Ihnen einige Gedanken fremd – und dann sogar befremdend vorkommen werden, wenn Sie sie mit dem vergleichen, was Sie bisher wußten oder gar für sicher hielten. Sollte das eintreten, möchte ich Sie bitten, sich zu überlegen, ob Sie dem zunächst Befremdlichen nicht dennoch (wenigstens im Rahmen meines Gedankenganges) einen Sinn abgewinnen können. Auf keinen Fall beabsichtige ich (wie man das heute nennt), Glauben zu zerstören. Ich möchte auch niemanden in seinem Glauben irremachen. Wohl aber möchte ich versuchen, zu einem Verstehen des Glaubens zu führen, soweit Glaube verstehbar ist. Ich halte das gerade in den gegenwärtigen Auseinandersetzungen für dringend nötig, denn nur verstandenen Glauben kann man verantworten. Das meine ich ganz wörtlich: Nur wer seinen Glauben verstanden hat und anderen verstehbar mitteilen kann, kann Antwort geben, wenn er nach seinem Glauben gefragt wird.

Ich habe auch nicht die Absicht, scharfe Polemik zu treiben – obwohl manches, was man heute über unser Thema hören oder lesen kann, gerade dazu reizen könnte. Doch ist solche Polemik nur selten hilfreich. Sie kann es höchstens werden, wenn man zusammen mit ihr die eigene Position nicht nur präzisiert, sondern zugleich besser begründet.

Ich möchte vielmehr versuchen, dieses so kompliziert scheinende Problem so einfach wie irgend möglich zu entwickeln. Theologische Kenntnisse setze ich dabei nicht voraus, wohl aber die Bereitschaft, Gedanken mitzudenken, die ich Schritt für Schritt entwickeln will. – Lassen Sie mich auch dieses betonen, weil es heute nicht selbstverständlich ist: Ich wünsche mir kritische Hörer, die zunächst einmal prüfen, was ich hier vortrage, dann aber auch (wenn sie die Folgerichtigkeit des Gehörten einsehen) ihre eigene – bisherige – Auffassung von der Auferstehung Jesu kritisch überprüfen und – wenn nötig – zu modifizieren bereit sind.

Entscheidend wichtig ist nun, wo wir in das Problem einsteigen. Dadurch wird ja weitgehend das Folgende bestimmt. Aus diesem Grunde gehe ich nicht von einer Streitfrage aus. Die müßte ich mehr oder weniger willkürlich auswählen; doch dürfen wir uns bei unseren Überlegungen nicht von Willkür leiten lassen. Darum setze ich nun bei einer ganz einfachen Aussage ein; und ich denke, Sie werden sofort zugeben, daß dieser Ausgangspunkt gerade bei unserem Thema von der Sache her naheliegt. Der Satz lautet: Jesus ist auferstanden.

An diesem Punkt herrscht vollständige Einmütigkeit. Es gibt keinen Christen, der diesen Satz nicht zustimmend nachsprechen könnte. Es gibt aber auch (und das zu erwähnen ist in der heutigen Situation nicht unwichtig) keinen Theologen – gleichgültig, welchem Lager oder welcher Richtung er angehört –, der diesem Satz nicht zustimmt. Schon das empfiehlt den Einstieg an diesem Punkt.

Die Einigkeit, die hier vorliegt, sollten wir nicht geringschätzen, wenn dann allerdings auch sofort hinzuzufügen ist, daß man mit dieser Einigkeit noch nicht allzuviel anfangen kann. Woran liegt das?

Darauf könnte man sehr schnell mit dem Hinweis antworten,

daß man zwischen dem Gesagten und dem damit Gemeinten unterscheiden muß. Das gilt nicht nur für unseren Fragenkomplex; das gilt grundsätzlich – wenn auch schon dieses Problem in Auseinandersetzungen sehr oft nicht gesehen oder vorschnell verdeckt wird. Natürlich verbinden wir, wenn wir bestimmte Vokabeln benutzen oder Vokabeln zu einem Satz zusammenfügen, damit ganz bestimmte Vorstellungen. Wir haben dann leicht die Neigung, unsere Vorstellungen so in die Vokabeln hineinzulegen, daß wir meinen, nur so seien diese richtig benutzt. Nun gilt es aber zu sehen, daß andere Menschen andere Vorstellungen mit ebendenselben Vokabeln ausdrücken. Das heißt aber: Unsere Sprache ist nicht eindeutig. Erschwerend kommt hinzu, daß das selbst bei eigenem Gebrauch nicht immer der Fall ist. Ebendarum muß man das Gesagte und das Gemeinte unterscheiden. Wenn zwei Menschen dasselbe sagen, müssen sie keineswegs allein deswegen auch schon dasselbe meinen; und so kann die gleiche Formulierung einer Aussage u. U. gerade einen Dissensus verbergen. Genau das läßt sich an unserem Beispiel zeigen.

Auf den – gemeinsam akzeptierten – Satz »Jesus ist auferstanden« folgt notwendig die Frage: Was heißt das? Nun muß man definieren, muß erläutern, was man unter den einzelnen Begriffen versteht. Dann aber wird der Dissensus schnell offenbar.

Schon nicht ganz eindeutig ist, was man unter »Jesus« versteht. Meint man hier den Menschen Jesus von Nazareth? Oder meint man Jesus Christus? Oder den Sohn Gottes? Hier wäre allerlei zu klären, was nicht unwichtig ist. Aber ich will das jetzt erst einmal auf sich beruhen lassen, denn im Zusammenhang unseres Satzes könnte man hier vielleicht bald zu einer Verständigung kommen. Später komme ich darauf zurück.

Daß auch im »ist« ein Problem liegt, ahnt man meistens nicht. Doch auch das will ich jetzt nur notieren, gehe aber alsbald näher darauf ein.

Am schwierigsten wird es ohne Zweifel, wenn man nun angeben soll, was man unter »auferstanden« versteht. Ich nenne einige mögliche Antworten. Man kann z. B. ein Wort hinzufügen und »auferstanden« als »leibhaftig auferstanden« verstehen. Das wirft freilich sofort die neue Frage auf, was denn »leibhaftig« bedeutet. Ist da an die sogenannte »verklärte Leiblichkeit« zu denken, an einen »pneumatischen Leib« – oder denkt man hier an den »Körper«, der ins Grab gelegt wurde, so daß nun das Problem des leeren Grabes in den Blick kommt? Man muß ja durchaus zwischen »Leib« und »Körper« unterscheiden. Im Zusammenhang mit paulinischen Aussagen wird uns das noch beschäftigen. – Ein ganz anderer Einsatz wäre es, wenn man das »auferstanden« (wie man wohl sagt) »geistig« versteht. Das kann man dann auch mannigfach variieren. Ist von der Auferstehung Jesu in die Herzen seiner Jünger die Rede? Oder ist Jesus in die Verkündigung der Kirche hinein auferstanden?

Sie kennen diese und ähnliche Antworten; man könnte noch weitere hinzufügen. Verstehen kann man nun aber, daß es an dieser Stelle zu Auseinandersetzungen kommen muß. Denn wenn ich sage: »Jesus ist auferstanden«, das bedeutet: »Jesus ist leibhaftig aus dem Grabe auferstanden«, und wenn ein anderer sagt, das bedeutet: »Jesus ist geistig auferstanden«, dann haben wir zwar den einfachen Satz gemeinsam gesprochen (darin waren wir uns einig), ihn aber ganz unterschiedlich verstanden (wodurch sich die Einigkeit als eine nur scheinbare erweist).

Es kommt aber nun noch etwas hinzu. Wir sind bisher von dem vorliegenden Satz ausgegangen, den wir dann ausgelegt haben. Wir müssen nun sehen, daß der, der den Satz spricht, gleichsam einen umgekehrten Auslegungsvorgang vornimmt. Er legt ja das, was er meint, mit Hilfe des Satzes aus. Das heißt, bei ihm ist das, was er sagen möchte, das erste; der ausgesprochene Satz jedoch das zweite. – Wer (um es verkürzt zu sagen) die »massive« Vorstellung vertritt und nur sie für richtig hält, drückt diese dann mit dem Satz aus: »Jesus ist auferstanden«, hält diesen Satz für einen sachgemäßen und angemessenen Ausdruck seiner Meinung. Er wird darum leicht sagen: Wer diesen Satz anders versteht, versteht ihn falsch, weil er ihn um seinen entscheidenden Inhalt verkürzt, ihn darum eigentlich gar nicht mehr sprechen darf. Zur Auferstehung gehört (nach dieser Meinung) die Leiblichkeit unabdingbar hinzu. Wird die unterschlagen, dann wird damit das Wort »auferstanden« mißbraucht. Man muß zugeben, daß der, der so urteilt, von seiner Meinung aus, die er in diesen Satz hineinlegte, recht hat. Aber ein anderer, der seine andere Meinung in denselben Satz hineinlegt, hat – von seiner Meinung aus – auch recht.

Wir sehen hier, daß es mit unserer Sprache eine etwas komplizierte Sache ist. Macht man sich das Problem nicht klar, dann sucht man den Fehler für die Differenz leicht an einer falschen

Stelle. Die Unterscheidung zwischen dem Gesagten und dem Gemeinten ist notwendig – aber andererseits führt uns diese Unterscheidung nun gerade in einen Dissensus hinein, den wir nicht stehenlassen können. Wer hat denn nun tatsächlich recht?

Diese Frage hat (wie leicht einzusehen ist) zwei Seiten. Einmal wäre zu prüfen, wer den Satz, von dem wir ausgingen, richtig versteht. Sodann aber wäre zu klären, wer das Recht hat, gerade seine Meinung mit Hilfe dieses Satzes zu formulieren. Es liegt jetzt sehr viel daran, daß man an dieser Stelle richtig vorgeht.

Im allgemeinen macht man das so: Man zieht eine dritte Instanz hinzu; das heißt, man erkundigt sich beim Neuen Testament. Das liegt so nahe, ist darum scheinbar so selbstverständlich, daß man sofort an die Arbeit geht. Damit wird, wie wir gleich sehen werden, die Sache aber nicht etwa einfacher, sondern nur noch komplizierter. Man kann nämlich jetzt die erstaunliche Beobachtung machen, daß die Vertreter der verschiedenen Auffassungen (ob zu Recht oder zu Unrecht, lasse ich noch dahingestellt) jeweils ihre Auffassung von »auferstanden« aus dem Neuen Testament belegen. Damit wäre die Entscheidung dann nur verschoben – aus unserem Satz in verschiedene Sätze des Neuen Testaments.

Andere würden anders vorgehen. Sie würden etwa die Frage der Denkmöglichkeit einer Auferstehung ins Spiel bringen, dabei sehr schnell (und wahrscheinlich unvorsichtig) vom modernen Denken reden, von Erfahrungen, die man heute machen kann; daran würden sie auch die neutestamentlichen Aussagen messen. Das Ergebnis wäre natürlich verheerend, würde auch alsbald die Gegenreaktion hervorrufen: Das Neue Testament ist Gottes Wort; Gottes Wort aber darf man nicht nach unseren Einsichten beurteilen.

Alle diese Überlegungen führen also offenbar nicht weiter. Wir haben unseren Ausgangspunkt bei einem einfachen Satz gewählt, der sich empfahl, weil er einen Konsensus ausdrückte. Beim Weiterdenken sind wir dann auf so viele Differenzen gestoßen, daß wir in eine Sackgasse zu geraten scheinen, aus der kein Weg mehr führt – es sei denn, man kehrte um. Könnte das sinnvoll sein?

Ich meine ja. Denn wenn wir jetzt noch einmal an den Ausgangspunkt zurückkehren, sollten wir uns die Frage stellen, ob wir nicht irgendwo einen Fehler gemacht, irgend etwas übersehen haben, als wir vom Gesagten zum Gemeinten weitergingen. Genau das aber ist der Fall.

Wir haben am Anfang zwar festgestellt, jeder Christ könne den Satz sprechen: »Jesus ist auferstanden«; aber wir haben dennoch versäumt, uns den Sprecher dieses Satzes genauer anzusehen. Wir waren einseitig am Inhalt dieses Satzes und seiner Bedeutung orientiert und haben uns dafür interessiert, bevor wir uns überlegt haben, *warum* der Christ diesen Satz eigentlich spricht, was er persönlich mit dieser Aussage verbindet und was diese Aussage für ihn bedeutet. Genau das darf aber nicht unberücksichtigt bleiben.

Ich will das erläutern, indem ich kurz auf das »ist« eingehe, das so problemlos zu sein scheint. In ihm sind zwei Akzente angelegt, die zwar miteinander zusammenhängen, die aufeinander bezogen sind, die man aber – wenn auch nicht scheiden, so doch – unterscheiden sollte.

Einmal kann der Ton auf der Gegenwart liegen: Wenn z. B. ein Christ gefragt wird, warum er sich heute auf die Botschaft Jesu einläßt (der doch gekreuzigt ist, einer längst vergangenen Zeit angehörte, in einem uns fremden Volk lebte usw.), warum er meint, daß ebendieser Jesus ihm heute etwas zu sagen hat, so daß er es auch heute mit ihm zu tun haben kann, dann kann er darauf antworten: Jesus ist für mich kein Vergangener, kein Toter, sondern ein Lebendiger. Jesus lebt. Er geht mich darum unbedingt an. – Das kann der Christ natürlich keinem anderen beweisen; aber er kann einem anderen seine eigene Betroffenheit durch den lebendigen Jesus ansagen. Es handelt sich dann bei diesem Satz um ein Bekenntnis, um das Zeugnis eines Glaubenden. Der Ton der Aussage liegt hier auf der Gegenwart.

Aber der Ton kann auch auf der Vergangenheit liegen. Unser Satz hat dann etwa den Sinn: Der gekreuzigte Jesus ist (nach drei Tagen) aus dem Tode auferstanden. Das geschah vor fast 2000 Jahren. In diesem Fall drückt der Satz nicht primär eine Betroffenheit des Christen aus, sondern ein Bescheid-Wissen. Er hat dann viel stärker den Charakter einer Information über Vergangenes.

Man könnte nun einwenden, daß man doch nicht so auseinanderreißen dürfe. Ich möchte darum gleich noch einmal betonen, daß ich das auch nicht beabsichtige. Daß ich heute den Auferstandenen bekenne, hat natürlich seinen Grund in der Vergangenheit; und umgekehrt: Die Auferstehung Jesu in der Vergangenheit ist auf Betroffenheit, auf Glauben heute aus. Scheiden kann und darf man hier nicht. Aber man wird zugleich nicht bestreiten können, daß man unterscheiden kann. Tut man das, so ergibt sich die Frage, ob es hilfreich ist – und zwar gerade im Blick auf unsere doch offenbar festgefahrene Diskussion. Das ist, wie ich jetzt zeigen möchte, der Fall.

Eines erkennt man nun sofort: Die Einigkeit, die wir vorhin konstatierten, geht weiter, als es zunächst den Anschein hatte. Es können nicht nur alle Christen den Satz »Jesus ist auferstanden« *sagen* (das würde noch nicht viel bedeuten, wie wir gesehen haben), sondern sie drücken auch *alle* mit diesem Satz eine Betroffenheit aus, also ihren (heutigen) Glauben. Sie sagen alle damit, daß Jesus (der gestorben ist) sie unbedingt angeht. Sie bekennen damit, daß Jesus (der in der Vergangenheit auf dieser Erde gewirkt hat und dann gekreuzigt wurde) für sie kein Toter, sondern ein Lebendiger ist. Für die Tatsache der Betroffenheit als solcher muß ja noch nicht unbedingt eine Einigkeit darüber bestehen, wie diese (heutige) Betroffenheit damals ermöglicht, wodurch sie ausgelöst wurde. Anders formuliert: Solange man den *gegenwarts*bezogenen Aspekt des Satzes »Jesus ist auferstanden« betont, spielt die Frage, wie man sich das »auferstanden« *damals* denken muß, keine so entscheidende Rolle mehr. Auf jeden Fall wird man keinem, der den Satz »Jesus ist auferstanden« *bekennt*, seinen Glauben an Jesus, seine Betroffenheit absprechen dürfen.

Wieder könnte ein Einwand vorgebracht werden. Diejenigen, die sich die damalige Auferstehung Jesu (ich drücke es noch einmal verkürzt aus) massiv vorstellen, könnten sagen: Den Glauben kann man den anderen in der Tat nicht absprechen. Auch wer »nur« eine »geistige« Auferstehung annimmt, ist ein Betroffener und damit ein Glaubender. Nur hat sein Glaube einen anderen Inhalt – und erweist sich eben dadurch als ein anderer Glaube.

Das muß man zunächst einmal akzeptieren. Das hängt eben damit zusammen, daß man wohl unterscheiden, aber nicht scheiden kann. Dennoch ist der Raum für die Differenz, die immer noch bleibt, eingeengt. Sie kommt erst dort richtig in den Blick, wo man sich an dem anderen Aspekt orientiert, wo man fragt, was damals tatsächlich passiert ist und mich heute betreffen soll. Mag hier dann ganz schnell wieder Meinung gegen Meinung stehen – die Differenz betrifft nun eben nicht mehr den *ganzen*

Satz, sondern taucht erst da auf, wo man vom gemeinsamen gegenwärtigen Bekenntnis aus *zurückfragt*. Einfach formuliert: Die Differenz liegt darin, daß wir die Frage: Was ist damals denn eigentlich geschehen? unterschiedlich beantworten.

An diesem Punkt müssen wir nun zu klären versuchen, ob eine Verständigung möglich ist, vor allem aber, wie sie erreicht werden könnte.

Ein Weg scheidet, wie ich meine, sofort aus: Vom heutigen Glauben aus kann man das Problem nicht lösen. Denn wenn ich in meinem heutigen Glauben die Betroffenheit bekenne, die in der Aussage liegt »Jesus ist auferstanden«, dann ist dieser Glaube nicht in der Lage, zu erklären, wie damals das »auferstanden« geschah. Ich will das kurz begründen, indem ich zwei Aussagen nebeneinander stelle und sie miteinander vergleiche.

Einer sagt: Ich glaube, ich bin davon betroffen: »Jesus ist auferstanden«; und er stellt sich das damalige »auferstanden« dann so vor: Jesus ist leibhaftig aus dem Grabe von Gott erweckt worden; das ist der Ermöglichungsgrund dafür, daß ich heute an Jesus glaube.

Ein anderer sagt: Ich glaube, ich bin davon betroffen: »Jesus ist auferstanden«; und er stellt sich das damalige »auferstanden« dann so vor: Jesu Leib ist zwar im Grabe geblieben; aber Jesus ist geistig zu neuem Leben erweckt worden; das ist der Ermöglichungsgrund dafür, daß ich heute an Jesus glaube.

Diese beiden Aussagen, die in der Tatsache der Betroffenheit übereinstimmen, unterscheiden sich in der Vorstellung, in der diese Betroffenheit ihren Grund hat; sie unterscheiden sich in der Vorstellung vom Wie der damaligen Auferstehung. Wer in dieser Hinsicht das Richtige denkt, das läßt sich aber durch den heutigen Glauben nicht ermitteln.

Wir können zwar, nachdem wir über Vergangenes informiert worden sind, davon betroffen sein. Ob aber die Information selbst richtig, falsch oder ungenau war, das kann unser Betroffensein nicht entscheiden.

An vielen Beispielen christlicher Glaubenssätze kann man Entsprechendes zeigen. Ich nenne noch eines. Wenn ich an Jesus glaube, dann kann ich mit Hilfe dieses Glaubens nicht erkennen, daß Jesus von einer Jungfrau geboren worden ist. Darüber muß ich informiert werden. Ich kann dann diese Information in meinen Glauben integrieren; aber mein Glaube kann weder die Richtigkeit der Information bestätigen, noch kann er (ohne Information) von sich aus den Informationsinhalt erschließen. Mit anderen Worten: Unser Glaube, unser Betroffensein ist kein Erkenntnisorgan für Informationen über Vergangenes. Darum kann unsere heutige Betroffenheit, die wir mit dem Satz ausdrücken »Jesus ist auferstanden«, nichts über das Wie der damals geschehenen Auferstehung ausmachen. Wir müssen also anders einsetzen, wenn wir über dieses Wie zur Klarheit kommen wollen.

Da dieses Wie zur Informationsseite unseres Satzes gehört, bleibt uns keine andere Möglichkeit als die, etwas genauer anzusehen, wodurch wir die Information erhalten. Wir müssen also unsere Informationsquellen befragen. Dabei sind drei zu unterscheiden.

Die erste Informationsquelle, die ich jetzt nenne, würden Sie wahrscheinlich gar nicht als solche bezeichnen. Das ist verständlich. Sie wird sich auch ganz schnell als untauglich erweisen. Ich möchte sie aber dennoch nicht übergehen, sondern ausdrücklich auf sie hinweisen. Das geschieht in erster Linie nicht deswegen, weil man sich manchmal an ihr orientiert hat, sondern vor allem deswegen, weil man in der heutigen Diskussion sehr oft unterstellt, daß insbesondere sogenannte moderne Theologen sich an sie halten. Diese Quelle ist unsere Erfahrung. Wir wissen, was nach unserer Erfahrung möglich und was unmöglich ist. Auferstehung eines Toten aus dem Grabe ist (nach unserer Erfahrung) unmöglich. Das kann dann zur Argumentation führen: Der Satz »Jesus ist auferstanden« darf auf keinen Fall so verstanden werden, daß etwa das Grab leer war. Unsere Erfahrung liefert uns dann also die Information dafür, wie man das »auferstanden« verstehen kann bzw. nicht verstehen darf.

Richtig ist an dieser Überlegung ohne Zweifel: Nach unserer Erfahrung ist eine so verstandene Auferstehung unmöglich. – Aber nun ist es doch einfach unzulässig, unsere (immer begrenzte) Erfahrung zum Maßstab dafür zu machen, was einmal geschehen ist und wie das geschehen ist.

Ich möchte gern, daß das unter uns ganz klar ist: Zu welchen Ergebnissen wir auch immer im Laufe dieser Vorlesung über die damals geschehene Auferstehung kommen, sie dürfen auf keinen Fall mit Hilfe des Maßstabs unserer Erfahrung oder gegenwärtiger naturwissenschaftlicher Erkenntnisse gewonnen werden. Ein solches Verfahren wäre einfach unwissenschaftlich, weil es zwei Methodenbereiche (den der Geschichte und den der

Naturwissenschaft) in unzulässiger Weise miteinander verknüpft. Ich will gern zugeben, daß gelegentlich so argumentiert worden ist; und ich will auch zugeben, daß manchmal undeutlich formuliert wurde, dabei dann das Mißverständnis herauskam, als solle so argumentiert werden. Aber man kann Mißverständnisse ja beseitigen; und das möchte ich mit diesem Hinweis tun. Unsere Erfahrung scheidet als Informationsquelle dafür, wie man »auferstanden« zu verstehen hat, aus.

Dann bleiben zwei weitere Informationsquellen, die eng miteinander zusammenhängen. Die zunächst zu nennende ist wohl die am häufigsten benutzte. Die Information geschieht durch andere Menschen. Sie wollen, daß wir glauben: Jesus ist auferstanden. Wenn wir dann fragen, wie Jesus damals auferstanden ist, dann nennen sie uns ihre Vorstellung. Im allgemeinen geschieht das in Predigt und Unterweisung. Wenn dann (etwa durch die Predigt) Glaube entsteht, dann verbindet sich dieser Glaube heute mit gerade der Vorstellung von Auferstehung damals, wie sie uns vermittelt wird. Diese (je besondere) Vorstellung gehört dann einfach von Anfang an zu unserem Glauben heute dazu. Behauptet nun jemand, daß die Informationsseite unseres Glaubens nicht zutrifft, dann müssen wir befürchten, daß auch unser Glaube als Betroffenheit heute seine Grundlage verliert. Das ist häufig die Situation, aus der die gegenwärtigen Auseinandersetzungen über die Auferstehung Jesu entstanden sind. Von dorther kann man die Unruhe gut verstehen.

Nur müssen wir uns ja darüber klar sein: Die Information über das Wie der damaligen Auferstehung gehört nicht unabdingbar zur Betroffenheit heute dazu. Ich habe zu zeigen versucht, daß es glaubende Betroffenheit auch dann geben kann, wenn wir uns vom damaligen Wie ein ganz anderes Bild machen. Das heißt aber: Wenn wir unsere Vorstellung vom Wie korrigieren oder modifizieren müssen, muß damit keineswegs unser Glaube heute zusammenbrechen. Wir werden ihn dann anders formulieren, aber wir fallen nicht schlechthin aus dem Glauben an Jesus heraus. – Ich betone das deswegen nachdrücklich, weil ich gern vermeiden möchte, daß die, die vielleicht durch diese Vorlesung zu einer anderen Auffassung vom Wie der damaligen Auferstehung kommen, in eine falsche Unruhe geraten und nun zusammen mit der Vorstellung, die sie bisher hatten, nun gleich ihren Glauben überhaupt über Bord werfen. Zu *dieser* Unruhe besteht kein Grund.

In unserem Zusammenhang geht es jetzt aber um dieses: Wenn Menschen zusammen mit dem Glaubenssatz »Jesus ist auferstanden« Informationen über das Wie der damaligen Auferstehung erhalten, diese Informationen jedoch inhaltlich differieren, dann kann unser Glaube nicht darüber entscheiden, welche Vorstellung richtig ist. – Aber diese Frage muß doch entschieden werden. Wie ist das möglich?

Wir könnten natürlich sagen, daß wir dem, der uns informiert hat (unserem Pastor, unserem Lehrer, unserer Kirche) so felsenfest vertrauen, daß wir nicht bereit sind, diese Vorstellung durch eine andere zu ersetzen. Nur müssen wir uns dann darüber klar sein, was wir tun! Wir binden uns an die Meinung eines anderen. Aber wenn seine Meinung nun falsch war? Ich will keineswegs im voraus behaupten, daß das der Fall ist. Nur darf man das (wenigstens als Möglichkeit) nicht von vornherein ausschließen; und man darf das zumal dann nicht, wenn das Problem umstritten ist. Es besteht doch gar kein Zweifel darüber, daß auch der, der uns informierte, selbst vorher informiert worden ist. Es liegt also eine Traditionskette vor, in der die Information weitergegeben wurde, die man nach rückwärts verfolgen kann – und muß.

Tun wir das, dann stoßen wir schließlich auf die dritte Informationsquelle, die ich zunächst einmal ganz allgemein bezeichnen möchte: Es sind alte Texte, im wesentlichen die des Neuen Testaments. Natürlich hätte ich diese dritte Informationsquelle sofort an Stelle der zweiten nennen können. Meist geschieht es ja auch, daß man bei einer Unklarheit über das Wie der Auferstehung Jesu sofort das Neue Testament zu Rate zieht. Ich habe das aber mit Bedacht nicht getan, denn ich wollte auf eine Abhängigkeit aufmerksam machen, in der wir alle stehen, die uns aber oft nicht bewußt ist. Wir wenden uns nämlich nicht, wie wir leicht meinen, unbefangen an das Neue Testament, um dort Auskunft zu bekommen, sondern befangen – und zwar befangen durch die Tradition, in der wir stehen, das heißt durch die als zweite genannte Informationsquelle. Das ist unvermeidlich; aber man muß es wissen. Denn es geschieht nun eben gar zu leicht, daß wir die Meinung, die wir mitbringen, in den Texten wiederfinden, weil wir sie unversehens in sie eintragen. Dem kann man nur dadurch einigermaßen entgehen, daß man sich (bevor man sich an das Neue Testament wendet) über das Vorverständnis klar wird, mit dem man das tut, und daß man sich auch darüber klar wird, woher dieses Vorverständnis stammt – eben aus der Tradition, in der wir stehen. Nur wenn man sich dieses Vorverständnis bewußtmacht (und zwar nach Herkunft und Inhalt), hat man die Chance, so unbefangen wie möglich zu fragen. Denn nur wenn wir unbefangen fragen, hören wir nicht unsere eigene Antwort, sondern die der Texte; und nur dann sind wir offen dafür, etwas zur Kenntnis zu nehmen, was anders lautet als unser mitgebrachtes Vorverständnis.

Das soll nun keineswegs heißen, daß wir dieses sofort in Zweifel ziehen müßten. Aber da heute die Auferstehung Jesu umstritten ist, muß uns daran liegen, richtige Antworten zu finden, können wir doch kein Interesse daran haben, auf jeden Fall bei unseren Vorstellungen zu bleiben – selbst dann, wenn sie sich bei besonnener Prüfung nicht halten lassen.

B. Jüngere Texte über die Auferstehung Jesu

Unsere bisherigen Überlegungen haben uns zu einer konkreten Frage geführt. Wir möchten wissen, wie in dem Glaubenssatz »Jesus ist auferstanden« das (damalige!) »auferstanden« zu verstehen ist, denn offenbar liegt an dieser Stelle der Dissensus. Zur Verdeutlichung formuliere ich ihn noch einmal anders. Wir wollen die uns innerhalb einer Glaubensaussage überkommene Information kontrollieren, wollen feststellen, ob man das Wie der damals geschehenen Auferstehung Jesu einheitlich formulieren kann – und wenn man es kann, auch wohl muß, um innerhalb der Glaubensaussage sachgemäß von der Auferstehung Jesu sprechen zu können. Doch mit welchem Recht wenden wir uns deswegen an Texte?

I. Zur Methodik der Textbefragung

Man kann auf diese Frage zwar antworten, daß das überall geschieht: Alles spätere Reden von der Auferstehung Jesu orientiert sich an diesen Texten oder behauptet zumindest, sich an ihnen zu orientieren. Wir haben es hier also mit einem Konsensus in der Praxis zu tun. Aber ist das schon eine ausreichende Begründung dafür, daß man so vorgehen darf, um eine sachgemäße Antwort zu finden? Auch das uns scheinbar Selbstverständliche müssen wir auf seine Berechtigung hin überprüfen. Tun wir das nicht, dann machen wir uns eben (unbewußt) zu leicht von Vorurteilen abhängig, die wir aber gerade dann am schwersten als Vorurteile erkennen, wenn die Praxis eine so überraschende Einmütigkeit aufweist. Wir klären also zunächst, warum wir Texte zur Beantwortung unserer Frage benutzen.

Das kann zwei Gründe haben. Einmal (und das geschieht häufig) weist man auf den besonderen Charakter des Neuen Testaments hin. Man bezeichnet es als »Gottes Wort«, oder man bringt gar die Inspiration dieser Sammlung von 27 Schriften ins Spiel. Daraus folgert man dann: Wir haben es hier mit Texten ganz besonderer Art zu tun, und eben deswegen dürfen wir erwarten, daß wir in diesen Texten sachgemäße Information erhalten. Aber genau an dieser Stelle unterläuft leicht ein Denkfehler.

Wenn wir nach dem Wie der Auferstehung Jesu fragen, fragen wir damit nach einem Geschehen, das sich in der Vergangenheit irgendwann einmal irgendwie ereignet hat. Auf jeden Fall war das *vor* Abfassung der neutestamentlichen Schriften. Darüber sind sich alle einig, auch die, die – sozusagen als Vorgabe – diesen Texten eine besondere Qualität zuerkennen.

Wenn wir nun aber bei unserer Rückfrage bei den Texten stehenbleiben, richten wir eine Sperre auf, die zwischen uns und dem Ereignis liegt, über das wir informiert werden möchten. Wir sind dann ja gar nicht am Ereignis selbst orientiert, sondern wir bleiben an der Meinung derer orientiert, die Urheber dieser Texte sind. Mögen die nun (wie man das formuliert) das »Wort Gottes« sagen, oder mögen sie inspiriert gewesen sein – wenn man aus diesen Gründen nicht hinter ihre Aussagen zurückfragen darf, wird man mit dem Ergebnis niemanden überzeugen können, der diese Voraussetzung nicht teilt. Denn ansehen kann man diesen Texten ihren besonderen Charakter ja nicht. Man müßte also jetzt prüfen, ob diese Voraussetzung stimmt, das heißt, man müßte so etwas wie eine »Lehre von der Schrift« entfalten. In unserem Zusammenhang kann ich das jedoch nicht leisten.

Ich muß aber darauf hinweisen, daß wir hier auf ein Problem stoßen, das gerade in jüngster Zeit in besonderer Weise aktuell geworden ist. Die sogenannte Bekenntnisbewegung »Kein anderes Evangelium« hat am Bußtag 1967 in der Düsseldorfer Erklärung u. a. behauptet, es müsse »die falsche Lehre verworfen werden, die Osterzeugen des Neuen Testamentes hätten ... nicht die Absicht gehabt, die Erscheinungen des Auferstandenen ... so zu berichten, wie sie wirklich geschehen sind«. Ich werde später noch einmal auf diese Erklärung zurückkommen. Jetzt kommt es mir nur auf eines an. Nach diesem (verkürzten) Satz der Erklärung ist es »richtige Lehre«, wenn man bei den Texten des Neuen Testaments selbst stehenbleibt, da ja seine Zeugen *so* berichten wollten, *wie* die Ereignisse geschehen sind. Mit anderen Worten: Ihre Information gilt (ohne Prüfung) als historisch zuverlässig. Auch darin liegt (u. a.) der besondere Charakter des Neuen Testaments.

Dazu muß gleich eine Frage gestellt werden: Wenn wir von einem besonderen Charakter der neutestamentlichen Schriften ausgehen und damit (wie die Düsseldorfer Erklärung es tut) die Zuverlässigkeit der Information begründen, die wir hier bekommen, müßten wir dann nicht auf eine in sich einheitliche Information stoßen, nicht aber auf zum Teil miteinander konkurrierende, zum Teil auch einander widersprechende Informationen? Wir werden sehen, daß gerade das der Fall ist.

Daraus folgt aber: Man mag den Charakter der neutestamentlichen Schriften bestimmen, wie man will – auf keinen Fall darf man von diesem Charakter aus die Zuverlässigkeit der Informationen über das Wie der Auferstehung Jesu herleiten. – Ich möchte betonen, daß ich damit keineswegs schon etwas gegen einen besonderen Charakter dieser Texte gesagt habe. Nur weil (wie ich dann noch zeigen werde) die Informationen, die wir durch die neutestamentlichen Texte empfangen, auseinandergehen, kann dieser besondere Charakter des Neuen Testaments nicht darin bestehen, daß es eine unfehlbare Informationsquelle darstellt.

So kann die Orientierung an den Texten also nicht damit begründet werden, daß sie – wegen ihrer besonderen Qualität – unmißverständlich und zuverlässig über unsere Frage informieren.

Dennoch bleibt die Orientierung an den Texten aus einem anderen Grunde notwendig. Sie sind ja dem, wonach wir fragen, näher, als wir es heute sind. Sie sind für uns also historische Quellen. Nun darf man historische Quellen zwar nicht ohne weiteres mit dem identifizieren, von dem sie Kenntnis geben. Aber ohne Quellen können wir über Vergangenes ja überhaupt nichts wissen. So haben wir es bei unseren Texten mit einer Mittelinstanz (mit mehr nicht!) zu tun. Wir können aber nicht auf sie verzichten; und deswegen wenden wir uns an sie.

Doch nun müssen wir uns über ein Weiteres klarwerden. Haben wir uns eben überlegt, warum wir uns an Texte wenden, dann ist jetzt zu erörtern, wie die Texte das leisten können, was wir von ihnen erwarten. Auch an dieser Stelle geht man oft und schnell über die vorliegende Problematik hinweg und argumentiert dann unbesonnen.

Wir erinnern uns: Wir gehen mit einer ganz bestimmten Frage an die Texte heran. Damit ist aber noch nicht gesagt, ob die Texte *von sich aus* gerade diese Frage beantworten wollen. Sie können ja – nach ihrer eigenen Intention – etwas ganz anderes aussagen wollen. – Ich konkretisiere das an unserem Problem: Liegt den Texten daran (genauer: liegt ihnen *primär* daran), eine Information über das Wie der damaligen Auferstehung Jesu zu geben? Oder aber enthalten unsere Texte primär Glaubensaussagen? Man muß diese Fragen stellen, weil von ihrer Beantwortung entscheidend abhängt, wie wir die Texte befragen müssen.

An dieser Stelle begegnet uns noch einmal das Problem, mit dem wir uns am Anfang der Vorlesung schon beschäftigten. Ich sagte dort, daß wir bei dem Satz »Jesus ist auferstanden« nicht nur zwischen dem Gesagten und dem Gemeinten zu unterscheiden hätten, sondern daß wir vor allem klären müßten, *warum* jemand diesen Satz spricht. – Ebendarum müssen wir nun klären, warum die Schreiber Aussagen über die Auferstehung Jesu machten, was sie persönlich mit diesen Aussagen verbanden, was diese Aussagen für sie bedeuteten. Ich formuliere das als Alternative: Wollten sie primär informieren? Oder wollten sie primär zum Glauben rufen? Beides muß man ja unterscheiden!

Wenn die Schreiber informieren wollten, dann (aber *nur* dann) können wir unsere Frage unmittelbar an die Texte richten. Wir erfahren zwar immer noch nicht, wie es wirklich war, sondern nur, wie es nach Meinung der Verfasser der Texte war. Wir wären also immer noch nicht am Ziel, wenn wir auch eine direkte Antwort auf unsere Frage fänden.

Wenn die Texte aber zum Glauben rufen, wenn sie in Betroffenheit hineinführen wollten, dann ist es uns zwar nicht verwehrt, auch jetzt unsere Frage zu stellen. Ich denke aber, es leuchtet ein, daß wir das nun nicht mehr so unmittelbar tun dürfen wie im anderen Fall.

Selbstverständlich ist zu der hier skizzierten Alternative sofort wieder zu sagen: Man darf zwar unterscheiden, nicht aber scheiden. Denn auch wenn die Texte zum Glauben rufen, wenn sie in Betroffenheit hineinführen wollten, geschah das ja immer *mit Hilfe* einer Information über die geschehene Auferstehung. Mit anderen Worten: Auch wenn sie Glaubensaussagen machen wollten, bedienten sich die Verfasser dieser Texte einer bestimmten Vorstellung von dem, was Auferstehung Jesu bedeutet. Das darf man nicht übersehen. Aber diese Vorstellung hat dann im Rahmen der Glaubensaussage einen ganz anderen Stellenwert: Sie wird benutzt, bildet aber nicht das *un*mittelbare Interesse der Aussage.

Wenn ich einmal (zunächst rein hypothetisch) unterstelle, daß wir es in den neutestamentlichen Texten mit *Glaubens*aussagen zu tun haben, dann bleibt doch eben (zunächst als reine Konstruktion) denkbar, daß auch damals schon dasselbe geschehen ist, was heute geschieht: Es werden zwar gleiche Formulierungen benutzt, um zum Glauben, um in Betroffenheit zu rufen; aber dabei liegen unterschiedliche Vorstellungen von »auferstanden« zugrunde. Auch bei der Befragung von Texten erfährt man das erst dann, wenn man vom Gesagten zum Gemeinten weitergeht. Im Gemeinten konnte man dann u. U. auch schon damals auseinandergehen. Dennoch wollte man mit je seiner Vorstellung in Betroffenheit rufen. Eben das aber konnte dann auch mit Hilfe einer anderen Vorstellung von »auferstanden« geschehen.

Ich denke, daß nun eines deutlich geworden ist. Das Problem, das uns am Anfang der Vorlesung im Zusammenhang mit dem Satz »Jesus ist auferstanden« beschäftigte, ist jetzt nach rückwärts verschoben. Es ist gar kein modernes Problem, sondern es begegnet uns angesichts der alten Texte genau ebenso.

Sehr oft wird das übersehen. Die Folge ist dann, daß man seine eigenen Fragen direkt an die Texte stellt, aber nicht prüft, ob diese sie direkt beantworten wollen – und es dann ebenso direkt überhaupt können.

Ist das nicht der Fall, kann man seine Frage natürlich auch stellen. Grundsätzlich kann man an jeden Text jede gerade interessierende Frage stellen. Man darf nur nicht erwarten, daß jeder Text eine (von ihm aus gesehen) Zufallsfrage auch beantworten kann. Darum darf man auch nicht einfach voraussetzen, daß unser Interesse mit dem Interesse der Schreiber dieser Texte übereinstimmt. Man muß doch einem Schreiber zugestehen, daß er gerade das betont, in den Vordergrund stellt und herausarbeitet, worauf es *ihm* entscheidend ankommt; und wir dürfen ihm nicht nachträglich vorschreiben, wofür er sich zu interessieren hatte. Das geschieht aber gar zu oft, wenn man Fragen zu direkt an die Texte stellt, ohne die hier vorgetragene Problematik zu bedenken. Das muß man, meine ich, zumindest grundsätzlich einsehen. Damit ist natürlich noch keine Vorentscheidung darüber gefallen, was die Schreiber der neutestamentlichen Texte denn wollten.

Darüber streitet man sich heute ja gelegentlich. Wollten sie informieren – oder wollten sie zum Glauben rufen? Es ist nur eine scheinbare Patentlösung, wenn man darauf antwortet: Sie wollten beides. Denn dann achtet man nicht auf den jeweiligen Stellenwert. Es kommt darauf an, was sie *primär* wollten. Damit deutlich wird, daß ich nicht scheiden will, wohl aber zu unterscheiden ist, formuliere ich das nun in zwei Fragen, die dieselben Elemente enthalten, aber den Unterschied in der Akzentuierung erkennen lassen.

Wollten die Schreiber der Texte über Vergangenes informieren, *damit* es daraufhin zum Glauben kommt? (Also etwa: Jesus ist leibhaftig aus dem Grabe auferstanden; und auf Grund dessen könnt ihr euch heute auf ihn einlassen.)

Oder wollten die Schreiber der Texte zum Glauben rufen, *indem* sie dabei auch eine Information weitergeben? (Also etwa: Ihr seid eingeladen, euch auf Jesus einzulassen, weil er nicht im Tode geblieben ist, sondern lebt – wie immer man sich das dann vorstellt.)

Beides ist eben nicht identisch. Doch nur bei Beachtung dieser unterschiedlichen Akzente kann es gelingen, aus dem heute bestehenden Dissensus herauszukommen.

Nun will ich den Streit über das, was die Schreiber unserer neutestamentlichen Texte primär wollten, nicht im voraus entscheiden. Dann bestünde wieder die Gefahr, daß mit dieser Entscheidung Weichen gestellt werden, wir bei der Befragung der Texte Fehler machen und das Ergebnis im voraus festgelegt würde. Darum beginne ich nun auch nicht mit dem Neuen Testament selbst, sondern wende mich zunächst einem Text zu, bei dem schon nach dem reinen Wortlaut kein Zweifel darüber besteht, was er will: dem sogenannten apostolischen Glaubensbekenntnis.

II. Das apostolische Glaubensbekenntnis

Dreimal setzt es mit »ich glaube« ein. Es will also ein Bekenntnis, will eine Glaubensaussage sein. Ohne Zweifel liegt sein Akzent an dieser Stelle.

Wir wissen heute, daß dieses apostolische Glaubensbekenntnis langsam gewachsen ist. Manche Vorstufen sind bekannt, die bis ins zweite Jahrhundert zurückreichen und ihrerseits an neutestamentliche Formulierungen anknüpfen. Aber die Geschichte des Symbols braucht uns hier nicht zu beschäftigen; und ebenfalls klammern wir die Frage nach dem Verhältnis der drei Artikel zueinander aus. Uns kommt es ja wesentlich auf eine Aussage des zweiten Artikels an, die wir aber in ihrem Kontext betrachten müssen, weil gerade er uns Hinweise geben kann, wie wir die eine Aussage (über die Auferstehung) richtig einordnen müssen.

Der zweite Artikel lautet: »Ich glaube an Jesus Christus, Gottes eingeborenen Sohn, unseren Herrn, der empfangen ist vom Heiligen Geist, geboren von der Jungfrau Maria, gelitten unter Pontius Pilatus, gekreuzigt, gestorben und begraben, niedergefahren zur Hölle, *am dritten Tage auferstanden von den Toten,* aufgefahren gen Himmel, sitzend zur Rechten Gottes, des allmächtigen Vaters, von dannen er kommen wird, zu richten die Lebendigen und die Toten.«

Wir machen uns den Aufbau dieses zweiten Artikels im Rahmen des Glaubensbekenntnisses zunächst einmal einfach grammatisch klar. Es setzt dreimal ein mit »ich glaube«. Dieser Glaube richtet sich auf Gott, den Vater; auf Jesus Christus, Gottes eingeborenen Sohn, unseren Herrn; auf den Heiligen Geist. Diese drei Bezugspunkte des einen Glaubens (Gott, Jesus, Geist) werden dann jeweils entfaltet, und zwar im zweiten Artikel durch einen Relativsatz. In diesem Relativsatz wird das angegeben, was man gelegentlich »Heilstatsachen« zu nennen pflegt: empfangen vom Heiligen Geist, geboren von der Jungfrau Maria, gelitten unter Pontius Pilatus, gekreuzigt, gestorben und begraben, niedergefahren zur Hölle, am dritten Tage auferstanden von den Toten, aufgefahren gen Himmel, sitzend zur Rechten Gottes, von dannen er kommen wird zum Gericht.

Nun kann gar kein Zweifel darüber bestehen, daß diese sogenannten Heilstatsachen geordnet sind; das heißt sie werden in einer Reihenfolge genannt, die man als Ablauf verstehen kann, wohl auch nach Meinung der Verfasser dieses Glaubensbekenntnisses als Ablauf verstehen soll. Dabei bezeichnen dann die ersten der sogenannten Heilstatsachen die Vergangenheit (von der Empfängnis bis zur Auffahrt in den Himmel), dann wird die Gegenwart genannt (sitzend zur Rechten Gottes), und schließlich erfolgt der Ausblick auf die Zukunft (Wiederkunft zum Gericht). Alle zusammen aber stehen sie, wie gesagt, in einem Relativsatz, der den, auf den sich der Glaube richtet, näher umschreibt. – Wir müssen das noch etwas genauer sagen. Der Glaube richtet sich auf Jesus, der aber (vor Beginn des Relativsatzes) noch durch zwei Titel näher bezeichnet wird: »Gottes eingeborener Sohn« und »unser Herr«. (Die Bezeichnung Jesu als Christus wird kaum noch als Titel empfunden worden sein, sondern ist Bestandteil des Namens.) Besonders der zweite Titel unterstreicht nun, daß es sich um ein *Glaubens*bekenntnis handelt, denn wenn man Jesus als unseren Herrn bezeichnet, drückt das Betroffenheit aus. Wer mein Herr ist, geht mich unbedingt an.

Wenn wir diesen zweiten Artikel nun einmal in den Zusammenhang mit unseren bisherigen Überlegungen rücken, dann stellen wir folgendes fest: Wir stoßen hier in besonders ausgeprägter Weise auf die beiden Akzente, die wir zwar unterscheiden, aber nicht scheiden wollten. Die Betroffenheit wird am Anfang akzentuiert: Ich glaube an Jesus Christus, Gottes eingeborenen Sohn, unseren Herrn. Im Relativsatz folgen dann »Informationen« über diesen Jesus, dem der Glaube gilt. Dabei fällt dann vor allem auf, daß die Einzelinformationen nur in ganz lockerer Verbindung zum Glauben stehen. Hier wird nicht nur unterschieden, sondern fast schon geschieden, denn es wird der Glaube an Jesus bekannt (Gottes eingeborener Sohn, unser Herr); im Relativsatz wird dann aber dieser Jesus, dem der Glaube gilt, näher beschrieben. Es scheint mir wichtig, darauf aufmerksam zu machen, daß (was einfach die Formulierung dieses Artikels zu erkennen gibt) die Einzelaussagen nicht gemacht werden, weil man *an sie* glauben soll bzw. glaubt, sondern weil sie den beschreiben, an den man glaubt. Insofern gehören diese Einzelaussagen zwar zu Jesus, aber sie sind nicht (wie man gelegentlich formuliert) Gegenstände des Glaubens. Das muß man auseinanderhalten. Es geht also im apostolischen Glaubensbekenntnis nicht um Glauben *an* die Jungfrauengeburt, *an* den Tod Jesu, *an* die Auferstehung Jesu usw., sondern immer nur um den Glauben an *Jesus*, der dadurch näher beschrieben wird, daß der Relativsatz seinen »Weg« nachzeichnet. Ob und wie diese sogenannten Heilstatsachen unabhängig vom Apostolikum zu glaubende Heilstatsachen sind, braucht uns hier noch nicht zu beschäftigen. Für die Auferstehung werden wir das später erörtern und fragen, ob man an sie glauben kann oder muß.

Es mag verwundern, daß bei dieser Auslegung des Glaubensbekenntnisses die Aussage »am dritten Tage auferstanden von den Toten« noch weiter aus dem Zusammenhang mit dem Glauben herausrückt, als es bei unseren bisherigen Überlegungen geschah. Daß diese Auslegung aber dennoch nicht falsch ist, läßt sich deutlich zeigen. Wir betrachten dazu die frühere Aussage »gelitten unter Pontius Pilatus, gekreuzigt, gestorben und begraben«. Wir müssen uns hüten, hier vorschnell unsere Vorstellung einzutragen. Wir verstehen Jesu Tod als Heilstod und demzufolge sein Kreuz als Heilsereignis. Aber genau das wird hier nicht gesagt. Hier wird einfach referiert. Das »gelitten, gekreuzigt, gestorben und begraben« kann unter Pontius Pilatus manch anderem Menschen widerfahren sein. Mehr wird von Jesus auch nicht gesagt, obwohl lange vor Abfassung des Glaubensbekenntnisses christliche Urkunden (z. B. die Paulusbriefe) davon reden, daß Jesu Tod ein Heilstod war. Das Apostolikum aber schweigt davon. Später hat man diesen Mangel gespürt. So heißt es im sogenannten nizänischen Glaubensbekenntnis, das eine etwas spätere Entwicklung spiegelt: »... *für uns* gekreuzigt unter Pontius Pilatus, gelitten und begraben ...« Dieses »für uns«, das einen konstatierbaren Tod als Heilstod aussagt, fehlt im Apostolikum.

Dadurch erkennen wir aber, wie die einzelnen Glieder im Relativsatz verstanden sein wollen: als Beschreibung des Weges Jesu. Nun erfahren wir zwar nicht, wie man sich hier das »auferstanden am dritten Tage« vorstellen soll, weil nur die Vokabeln begegnen. Dennoch gibt der Kontext einige Auskunft, die uns dann einen Schritt weiterführt. Man kann das so formulieren: Das »auferstanden am dritten Tage« will ein *Geschehen* ausdrücken, das zwischen Kreuzigung, Höllenfahrt und Himmelfahrt seinen Platz hatte. Dabei handelt es sich (in unserem Zusammenhang) keineswegs um ein besonders qualifiziertes Geschehen. Es ist kein Zentralgeschehen auf dem Wege Jesu, aber doch ein notwendiges Geschehen, das eine Brücke bildet zwischen dem einstmals toten, nun aber lebendig zur Rechten Gottes sitzenden Jesus.

Es wäre gefährlich, hier von einem »historischen Ereignis« zu reden, denn das, was wir heute mit diesem Begriff verbinden, war den Menschen damals unbekannt. Auf die damit verbundene Problematik komme ich später noch zurück. Vorläufig muß ich allgemein formulieren: Nach dem apostolischen Glaubensbekenntnis war das »am dritten Tage auferstanden von den Toten« ein *wirkliches Geschehen* auf dem Wege, den Jesus gegangen ist. Im Zusammenhang mit den anderen Geschehnissen soll hier auch über die Auferstehung Jesu *informiert* werden. Diese Information geschieht aus zwei Gründen, die jedoch eng miteinander zusammenhängen: Sie geschieht, *damit* es zum

Glauben an Jesus kommt, denn er ist ja auf diesem Wege zum Sitzen zur Rechten Gottes gelangt und deswegen »unser Herr«. Die Information geschieht aber auch, um zu *begründen, warum* an Jesus geglaubt wird: weil er diesen Weg gegangen ist.

Spricht also das Apostolikum von der Auferstehung Jesu am dritten Tage als von einem wirklich geschehenen Geschehen, so darf uns doch dieses Ergebnis nicht zu einem Kurzschluß führen. Dem würden wir verfallen, wenn wir jetzt schlössen: Also *war* die Auferstehung Jesu auch ein wirkliches Geschehen, denn dieser alte Text sagt es ja. Wir müssen hier unterscheiden. Vorläufig haben wir mit unserem Ergebnis nur die Überzeugung derjenigen erreicht, die das Glaubensbekenntnis formulierten. Stimmt diese Überzeugung aber mit der Wirklichkeit überein? Haben wir es hier wirklich mit einem Geschehen zu tun?

Man darf nicht sagen, daß, wer so fragt, Skeptiker sei. Diesen Vorwurf hört man zwar oft; aber seine dauernde Wiederholung macht ihn nicht schon deswegen berechtigter. Man kann doch nicht ernsthaft bestreiten, daß es *eine* Sache ist, von einem Geschehen zu *wissen*, aber eine *andere* Sache, von diesem Geschehen (nur) überzeugt zu sein. Zusammen fällt beides (wenigstens einigermaßen) nur dann, wenn es sich um die Erzählung eines Augenzeugen des Geschehens handelt. Niemand kann behaupten, daß das für die Verfasser des apostolischen Glaubensbekenntnisses zutrifft. Wir müssen also fragen: Wie sind sie zu ihrer Überzeugung gelangt? Oder anders formuliert; wir müssen fragen: Wer hat *sie* informiert, bevor sie *uns* informieren konnten?

Diese Frage wird man (auch über das Apostolikum hinaus) grundsätzlich an alle Texte stellen müssen, bei denen es nicht sicher ist, daß sie von Augenzeugen des Geschehens stammen. Manchmal wird es unmöglich sein, eine Antwort zu bekommen, weil es frühere Quellen, die erhalten sind, nicht mehr gibt. Das würde uns darum vor eine besondere Problematik stellen. Auf die werde ich später noch eingehen müssen, denn wir werden in der Tat auf Quellen stoßen, hinter die man nicht mehr zurückfragen kann – oder doch nur mit sehr vielen weiteren Überlegungen. Doch so weit sind wir noch nicht. Darüber kann indessen kein Zweifel bestehen: Die Verfasser des apostolischen Glaubensbekenntnisses (ich möchte noch einmal betonen, daß es gewachsen, nicht aber auf Anhieb so konzipiert worden ist, wie es nun vorliegt) hatten selbst Informatoren. Welche waren das?

Wir hatten gesehen, daß im Relativsatz des zweiten Artikels die Stationen des Weges Jesu geordnet aufgeführt sind. Von dorther könnte man sofort die Frage nach den Informatoren beantworten: Es handelt sich um die Evangelien des Neuen Testaments. Die Antwort ist sicher richtig. Man kann natürlich nicht wissen, ob damals noch andere Quellen existierten, die nicht erhalten sind. War das der Fall, wäre uns die Möglichkeit für eine vollständige Prüfung verbaut. Aber daß damals die Evangelien des (heutigen) Neuen Testaments bekannt waren, unterliegt keinem Zweifel. Mindestens seit der Mitte des zweiten Jahrhunderts sind in christlichen Kreisen die vier (kanonischen) Evangelien verbreitet. Die (jetzige) Fassung des apostolischen Glaubensbekenntnisses ist aber jünger. Darum darf die Kenntnis mindestens dieser vier Evangelien vorausgesetzt werden.

Dann stellt sich uns die Frage: Wie hat man diese Evangelien benutzt? Formal könnte man darauf antworten: Das Apostolikum ist sozusagen eine Summe aus den vier Evangelien. Freilich muß man das noch präzisieren.

Es handelt sich in der Tat um eine Summe, weil keineswegs alle im Relativsatz des zweiten Artikels genannten Geschehnisse in jedem der Evangelien vorkommen. So wissen z. B. Markus und Johannes nichts von der Geburt Jesu (vom »empfangen vom Heiligen Geist« und »geboren von der Jungfrau Maria«); und Matthäus, Markus und Johannes wissen nichts von der Himmelfahrt Jesu. (Mk 16,9–20 gehören, wie später noch erläutert werden wird, nicht ursprünglich zum Markus-Evangelium.) – Aber man muß den Begriff Summe nun auch mit einem Fragezeichen versehen, denn das Johannes-Evangelium kennt die Vorstellung von der Präexistenz Jesu Christi, also die Vorstellung von seiner Existenz im Himmel bei Gott vor seiner Geburt. Handelte es sich wirklich um eine Summe, dann müßte doch gerade diese Aussage den Relativsatz einleiten. Das geschieht zwar in einigen älteren orientalischen Symbolen, wo von der vorweltlichen Erzeugung des Logos vom Vater die Rede ist, bevor die Geburt aus der Jungfrau Maria genannt wird. Aber das Apostolikum schweigt davon. Es handelt sich bei diesen Informationen im Relativsatz des zweiten Artikels höchstens um eine durch Auswahl zustande gekommene Summe – wenn man nicht gar annehmen will, daß man sich vornehmlich am Lukas-Evangelium orientierte.

Aber auch dann kommt noch etwas hinzu. Diese Summe hält

sich nicht ausschließlich an die Evangelien (auch nicht ausschließlich an das Lukas-Evangelium). Denn dort begegnet nirgendwo die Erwähnung der Höllenfahrt. Ich kann es in diesem Zusammenhang offenlassen, welchen Sinn diese Vorstellung hat. Gedacht ist an die Niederfahrt Jesu in den Hades (also an den Ort, wo sich die Toten bzw. die Schatten der Toten aufhalten, also nicht eigentlich an die Hölle). Die Texte (und Übersetzungen) variieren an dieser Stelle. Für diese Angabe wird man vermutlich 1 Petr 3,19 als Quelle anzunehmen haben. Damit wird aber unser Ergebnis noch einmal bestätigt: Man wollte im zweiten Artikel die Stationen des Weges Jesu aufzählen, wollte ein Nacheinander eines Geschehensablaufes darstellen, indem man Angaben des Neuen Testaments sammelte und ordnete. Die Auferstehung Jesu ist dann aber nur *eine* (und keineswegs eine besonders herausgehobene) Station auf diesem Wege.

III. Die Evangelien

Wenn wir jetzt einen Schritt zurück – und das heißt eben, auf die Evangelien zugehen, dann stellt sich uns die Frage, ob hier Entsprechendes vorliegt, zumal wir es auch hier ganz offensichtlich mit der Darstellung eines Ablaufs zu tun haben. Innerhalb der Darstellung wird dann die Auferstehung Jesu erwähnt. Liegt auch hier ein Interesse an Information vor? Bekommen wir dann aber genauere Informationen über das »auferstanden«, als es das Apostolikum bietet, das ja lediglich den wirklichen Geschehenscharakter erkennen läßt, ohne doch auf das Wie näher einzugehen? Wie verhalten sich dann diese Informationen zum Glauben, um den es den Evangelisten doch ganz sicher auch geht?

Alle diese Fragen kann man natürlich nicht im voraus beantworten. Wir müssen uns schon die Texte genauer ansehen. Dabei haben wir nun den Vorteil, daß wir es nicht mehr mit *einem* Text zu tun haben, sondern mit vier Paralleltexten. Dadurch können wir natürlich u. U. ein sehr viel plastischeres Bild gewinnen.

Diese Hoffnung muß ich nun aber sofort ein wenig einschränken. Der Grund liegt darin, daß man nur bedingt von Paralleltexten reden kann. Zum Teil sind sie voneinander abhängig. Darauf muß man unbedingt achten. Oft kann man nämlich das

Argument hören: »Da wir es mit Berichten von vier verschiedenen Zeugen zu tun haben, kann an der Tatsächlichkeit des Geschehen-Seins nicht gezweifelt werden.« So aber dürfte man bestenfalls dann argumentieren, wenn wir es mit voneinander unabhängigen, mit selbständigen Zeugen zu tun hätten. Das ist jedoch nicht der Fall.

In unserem Zusammenhang kann ich das nicht ausführlich begründen. Ich möchte aber betonen, daß ich jetzt keine eigene Hypothese vortrage, auf die Sie sich dann (mehr oder weniger unbesehen) einlassen müßten. Es handelt sich vielmehr um ein in der evangelischen und (jetzt auch) in der katholischen neutestamentlichen Forschung nahezu überall anerkanntes Ergebnis: die sogenannte Zwei-Quellen-Theorie. Sie besagt, daß Markus das älteste Evangelium geschrieben hat. (Die Namen des Verfassers dieses und der anderen Evangelien kennen wir freilich nicht, da alle anonym überliefert sind. Man muß sie also immer gleichsam in Anführungsstriche setzen. Wenn ich sie in Zukunft nenne, dann ist damit nicht mehr gemeint als die Bezeichnung der Verfasser dieser Werke, die wir genau nicht mehr angeben können.) Matthäus und Lukas haben das Werk des Markus gekannt und benutzt, sind insbesondere seinem Aufriß weitgehend gefolgt. Darüber hinaus haben beide als zweite Quelle die sogenannte Logienquelle eingearbeitet, eine Spruchsammlung, die vorwiegend aus Worten Jesu bestand. Diese Quelle ist uns zwar nicht erhalten, läßt sich aber (mindestens mit einiger Sicherheit) rekonstruieren. Schließlich lag den Evangelisten Matthäus und Lukas auch noch einiges Sondergut vor. Die Zwei-Quellen-Theorie läßt sich also so darstellen:

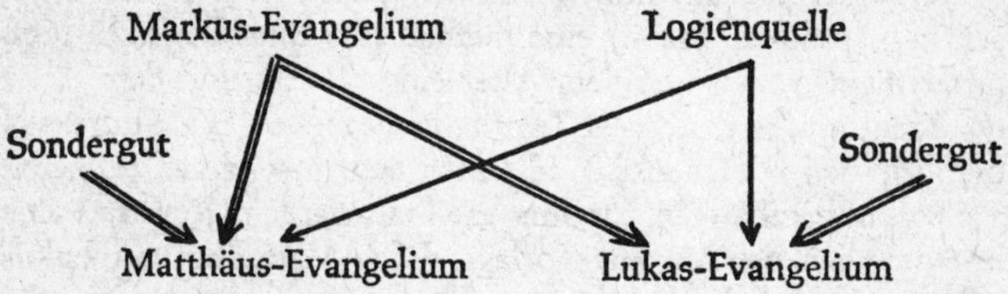

Bei der Behandlung unseres Themas spielt die Logienquelle nun allerdings keine Rolle, weil sie (auch darin ist sich die Forschung weitgehend einig) weder eine Passions- noch eine Ostergeschichte enthielt. (Aus ebendiesem Grunde führt in der vorstehenden Skizze von ihr zu den Evangelien des Matthäus und

Lukas nur ein einfacher Strich.) Wichtig für uns ist aber, daß Matthäus und Lukas die Passions- und Ostergeschichten des Markus kannten und benutzten, als sie ihre Passions- und Ostergeschichten formulierten. Sie haben sie dann aber durch andere Traditionen (Sondergut) erweitert.

Wenn wir also von Paralleltexten sprechen, kann man (im Rahmen unserer Fragestellung) eigentlich nur das Markus- und das Johannes-Evangelium so bezeichnen, wenn auch das Johannes-Evangelium etwa 30 Jahre jünger ist als das des Markus (das kurz vor 70 n. Chr. geschrieben wurde). Mehr als unwahrscheinlich ist es jedenfalls, daß der Verfasser des vierten Evangeliums eines der drei anderen Werke gekannt hat. Auf keinen Fall aber hat er eines davon benutzt.

Nun muß man freilich das eben Gesagte noch etwas modifizieren. Daß die Evangelisten Matthäus und Lukas keine Augenzeugen des Jesus-Geschehens waren, dürfen wir schon deswegen als sicher annehmen, weil sie sich dann nicht so von Quellen abhängig gemacht hätten. Dennoch darf man sie für unser Thema nicht einfach ausklammern. Das hat folgenden Grund: Zwar sind beide von Markus abhängig; und insofern ist ihr Text jünger. Damit ist aber noch nicht gesagt, daß die Erweiterungen (aus dem Sondergut), die sie in ihre Quelle einfügen, auch jünger sein müssen. Sie können u. U. ein sehr viel höheres Alter haben als das Markus-Evangelium. Der älteste Evangelist hat das Sondergut entweder nicht gekannt (was leicht möglich war, zumal man unsere Kommunikationsmittel in jener Zeit noch nicht hatte); oder aber er hat es aus irgendeinem Grund nicht aufnehmen wollen.

Daraus ergibt sich nun (ohne daß wir schon über die Texte selbst gesprochen haben) eine methodische Einsicht: Man muß unterscheiden zwischen dem Alter eines Textes und dem Alter der Tradition, in der dieser Text heute begegnet. Es ist durchaus möglich, daß relativ alte Traditionen erst in sehr viel jüngeren Textzusammenhängen für uns greifbar werden. Konkret: Die Ergänzungen der Markus-Vorlage durch Matthäus und Lukas (also durch Sondergut) können altes Material enthalten. Sie können das; aber das muß nicht der Fall sein. Denn natürlich können die späteren Veränderungen und Erweiterungen auch auf Matthäus und Lukas selbst zurückgehen. Was zutrifft, muß man von Fall zu Fall prüfen. Ich möchte dabei gleich betonen, daß nicht immer eine sichere Entscheidung möglich ist. Man muß sich hier ganz nüchtern klarmachen: Gewisse Unsicherheiten sind in Kauf zu nehmen. Man sollte sie dann nur auch als solche bezeichnen und auf Hypothesen kein festes Gebäude bauen wollen. Wer sich hier aber anders entscheidet, muß wissen, daß er selbst *auch* nicht mehr als eine Hypothese zur Verfügung hat.

Ich werde Ihnen an verschiedenen Stellen sagen, wo solche Unsicherheiten bestehen. Ich werde aber auf die Darstellung dieser Hypothesen weitgehend verzichten. – Man könnte dem entgegenhalten: Wie kann man dann aber unser Problem klären, wenn solche Unsicherheiten stehenbleiben? Nun, ich hoffe, Ihnen zeigen zu können, daß es geht. Es gibt eben oft mehrere Möglichkeiten, Texte zu verstehen; und darum muß manches in der Schwebe bleiben. Aber man kann ja nicht mit der Beantwortung der Frage nach der Auferstehung Jesu warten, bis die Forschung in Detailfragen zu einem Konsensus gelangt ist.

Nach dem Ausgeführten ergibt sich nun auch die Reihenfolge, in der wir an die Texte herangehen. Wir könnten (da wir vom Apostolikum herkommen) rückwärts vorgehen. Das empfiehlt sich aber nicht, da wir dann das je Besondere der einzelnen Evangelien nur schwer erkennen können. So gehen wir vom ältesten Evangelium aus, achten dann auf die späteren Veränderungen.

Wenn wir uns (was vom Thema unserer Vorlesung her naheliegt) auch in erster Linie mit dem Schluß der Werke beschäftigen werden, so sollten wir doch nicht übersehen, daß auch diese Schlüsse in einem Kontext stehen. Werfen wir darauf kurz einen Blick, dann wird sofort eine entscheidende Differenz zwischen dem Apostolikum einerseits und allen Evangelien andererseits deutlich. Das Apostolikum erwähnt die öffentliche Wirksamkeit Jesu mit keinem Wort. In der Darstellung des Weges Jesu springt es von der Erwähnung der Geburt sofort über zum Leiden unter Pontius Pilatus. Das stellt uns vor eine Frage, die ich wenigstens hier aufwerfen will, weil wir das Problem sehen müssen, das uns ausführlicher aber erst später beschäftigen kann.

Ich sagte, daß das Apostolikum den Glauben an Jesus Christus, Gottes eingeborenen Sohn, unseren Herrn, bekennen will und daß es Jesus näher beschreibt, indem es seinen Weg darstellt. Zu fragen ist hier doch aber, was es denn überhaupt heißt, an Jesus zu glauben. Was heißt, an ihn gebunden, von ihm betroffen sein? Das ist doch so lange eine lediglich formale Aussage, wie man nicht angibt, wie denn dieser Glaube an Jesus *inhaltlich* zu formulieren ist. Diese Frage ist um so mehr zu stellen, als im Apostolikum der Weg Jesu zwar als ein nicht gerade alltäglicher Weg, aber doch auch nicht in dem Sinne als *Heils*-Weg dargestellt wird, daß das »für euch« bzw. »für uns« in den Blick käme. Auch daß Jesus jetzt zur Rechten Gottes sitzt und eben darum als »unser Herr« bekannt werden kann, ja nicht einmal, daß seine Wiederkunft zum Gericht erwartet wird, gibt dem Glauben an Jesus eine *inhaltliche* Näherbestimmung. So ist das Apostolikum vergleichsweise arm gegenüber den Evangelien, denn sie geben doch inhaltlich an, wie Betroffenheit durch Jesus aussieht. Eben das geschieht bei der Darstellung seines irdischen Wirkens. Hier wird anschaulich gezeichnet, wie Betroffenheit durch Jesus einmal konkret ausgesehen hat – und also wohl auch in Zukunft aussehen soll.

Erinnern wir uns an dieser Stelle noch einmal an den Satz, von dem wir ausgingen: Jesus ist auferstanden. Wenn dieser Satz (als Bekenntnis verstanden) eine heutige Betroffenheit durch Jesus ausdrücken soll, dann bleibt auch er so lange im Formalen stecken, wie man diese Betroffenheit nicht inhaltlich füllt. Woher gewinnen wir aber eine solche (notwendige!) Füllung? Müssen wir dazu nicht auf die Anfänge der Evangelien zurückgreifen, auf die öffentliche Wirksamkeit Jesu?

Wir werden das, wie gesagt, noch zu erörtern haben. Aber vielleicht kann man dieses nun schon vermuten: Da alle Evangelien die Auferstehung Jesu erwähnen und damit doch wohl (zumindest: auch) die Absicht haben, den Grund für heutige Betroffenheit durch Jesus anzugeben (er ist auferstanden), hat die vorhergehende Erwähnung des Wirkens Jesu offenbar den Sinn, diese Betroffenheit inhaltlich zu explizieren. Das hieße dann aber, die Auferstehungsbotschaft der Evangelien beginnt nicht erst da, wo die Auferstehung selbst thematisch behandelt wird, sondern sie beginnt viel früher. Es wird dann am Anfang der Werke zwar Vergangenheit dargestellt, aber das geschieht, um zu zeigen, wie heute Glaube an Jesus konkret aussehen soll. Am Ende wird dann gesagt, warum diese Vergangenheit auch heute verbindlich ist: Jesus ist auferstanden.

Doch brechen wir diese Erwägungen vorläufig ab. Sie sollten nur signalisieren, daß wir den Kontext der Ostererzählungen nicht aus dem Auge verlieren dürfen. Man darf eben nie vergessen (auch nicht, wenn man sein Interesse auf ein Teilproblem richtet), daß unsere Evangelien jeweils Einheiten darstellen, die man nicht willkürlich in Teile zerlegen darf.

Mit diesem Vorbehalt wenden wir uns nun den Schlüssen der Evangelien zu. Das soll (im Zusammenhang unserer Überlegungen) um einer Information willen geschehen. Wir wollen festzustellen versuchen, mit Hilfe welcher Vorstellung von Auferstehung die Evangelisten ihre Darstellung durchführen, wenn sie in ihrer Zeit zum Glauben an Jesus rufen wollen.

Dabei darf ich die Schlüsse der Evangelien weitgehend als bekannt voraussetzen. Ich möchte in meiner Darstellung auf bestimmte Eigentümlichkeiten hinweisen, an die ich dann später anknüpfen werde. Manches mag dabei zunächst nebensächlich erscheinen, ist es aber doch nicht, wie sich dann herausstellen wird.

a) Markus-Evangelium

Das älteste Evangelium bietet die knappste Auferstehungserzählung. Wir erfahren, daß einige Frauen der Kreuzigung Jesu von ferne zugesehen haben, unter ihnen Maria Magdalena, Maria (die Mutter des Jakobus und des Joses) und Salome (15,40–41). Dann wird die Grablegung durch Josef von Arimathia erwähnt, der Maria Magdalena und Maria (des Joses Mutter) zusehen (15,47). Das geschieht am Rüsttag auf den Sabbat. Am Tage nach dem Sabbat (also nach jüdischer Zählung am dritten Tage nach dem Freitag) kaufen die drei Frauen Spezerei, um den Leichnam (nachträglich) zu salben. Sie kommen früh zum Grabe. Nachdem sie sich (seltsamerweise erst unterwegs) überlegt haben, wer ihnen den Stein vom Grabeingang wegwälzt, finden sie – überraschenderweise – den Stein schon weggewälzt. Sie können also ungehindert ins Grab gehen. Sie tun das, finden dort einen Jüngling in langem weißen Gewand und entsetzen sich. Der Jüngling spricht die Frauen an, nimmt ihnen den Schrecken und sagt dann: »Ihr sucht Jesus den Nazarener, den Gekreuzigten. Er ist auferweckt worden. Er ist nicht hier. Siehe, dort ist der Ort, wo sie ihn hingelegt haben.«

Zu beachten ist, daß zuerst von der Auferstehung die Rede ist, dann erst auf das Leer-Sein des Grabes verwiesen wird. Wir werden später noch sehen, daß diese Reihenfolge nicht unwichtig ist.

Der Jüngling weist die Frauen nun an, den Jüngern und Petrus zu sagen (eigentümlich ist hier, daß neben den Jüngern Petrus, der doch zu ihnen gehörte, besonders genannt wird), daß Jesus vor ihnen nach Galiläa zieht, dort werden sie ihn sehen, wie er ihnen gesagt hat (vgl. 14,28). Die Frauen fliehen vom Grabe; Schrecken und Entsetzen packen sie. Sie sagen niemandem etwas, sind also dem Auftrag des Jünglings (bei dem man sicher an einen Engel denken soll) ungehorsam.

An dieser Stelle (nach 16,8) bricht der Text des Markus-Evangeliums ab. Was noch folgt (16,9–20), ist ein späterer Zusatz, der sich nicht in allen Handschriften findet. Es handelt sich da um eine harmonisierende Darstellung aus den übrigen Evangelien. Einige andere Handschriften bieten einen kürzeren Schluß, einige schließen überhaupt mit 16,8. – Die Forschung ist sich darüber einig, daß der Text des Markus nur bis 16,8 erhalten ist, die Zusätze jedoch Erweiterungen von anderer Hand sind. Keine Einigkeit besteht allerdings darüber, ob Markus sein Evangelium mit 16,8 schließen wollte, oder ob man einen ursprünglich von Markus stammenden Schluß aus irgendwelchen Gründen später weggebrochen hat. Ich halte das zwar für unwahrscheinlich; aber wir lassen die Frage hier offen. *Sicher* ist nur, daß von Markus nicht mehr überliefert ist als der Text bis 16,8.

Dann können wir vorläufig feststellen: Nach Markus gehört zur Vorstellung von der Auferstehung Jesu das leere Grab dazu. Das kann man nicht nur an den letzten acht Versen erkennen, das zeigt sich auch daran, daß von der Kreuzigung Jesu an durch die zweimalige vorherige Erwähnung der Frauen eine Orientierung der Darstellung auf das Grab hin erfolgt. – Freilich muß man dieser positiven Feststellung auch gleich zwei negative hinzufügen. Über die Auferstehung selbst erfahren wir nichts. Der Jüngling sagt sie nur als geschehen an und verweist dann auf das leere Grab. Und wir erfahren nichts über das, was man Auferstehungsleiblichkeit zu nennen pflegt. Wir wüßten mehr, wenn wir einen Erscheinungsbericht des Auferstandenen von Markus besäßen. Dann könnte man vielleicht aus der Erscheinungsweise auf die Art der Leiblichkeit schließen. Da aber nur die Ankündigung eines Sehens in Galiläa erwähnt wird (16,7), läßt sich nichts Näheres ermitteln.

Man müßte jetzt die Frage erörtern, welche Funktion dieser Schluß des Evangeliums im Rahmen des ganzen Werkes hat.

Würde ich das aber tun, müßte ich mich auf das Gebiet von Hypothesen begeben, denn darüber hat sich in der Forschung bisher keine einhellige Meinung herausgebildet. Darum breche ich zunächst die Darstellung des Markus-Evangeliums hier ab. Wir kommen darauf zurück, wenn wir die Frage erörtern, ob das Grab leer war. Eine Antwort darf jedoch als sicher gelten: Markus war der Überzeugung, daß das der Fall war. Man wird schon jetzt hinzufügen können: Die anderen Evangelisten waren das auch, denn alle erwähnen das leere Grab.

Freilich müssen wir (nach der Zwei-Quellen-Theorie) sagen, daß Matthäus und Lukas darin von Markus abhängig sind. Insofern sind sie keine ursprünglichen Zeugen. Dennoch schreiben sie ihre Markus-Vorlage nicht einfach ab. Wir betrachten nun die Veränderungen und versuchen, sie zu erklären.

b) Matthäus-Evangelium

Nach der Kreuzigung Jesu werden wieder drei Frauen genannt, die zusehen. Die Namen stimmen aber nicht ganz mit denen bei Markus überein. Statt von Salome ist hier die Rede von der Mutter der Kinder des Zebedäus (27,56). Die Grablegung wird dann (wie bei Markus) von Maria Magdalena und der anderen Maria beobachtet.

Nun folgt gegenüber Markus eine Erweiterung (27,62–66). Am Tage nach dem Rüsttag (also am Sabbat) gehen die Hohenpriester und die Pharisäer zu Pilatus, weisen darauf hin, daß Jesus seine Auferstehung nach drei Tagen vorausgesagt habe, Pilatus möge daher das Grab bewachen lassen, damit nicht die Jünger kommen, den Leichnam stehlen und dann sagen, Jesus sei von den Toten auferstanden; dieser Betrug würde noch schlimmer als der erste. Pilatus gibt daraufhin den Hohenpriestern und Pharisäern eine Wache mit. Alle gehen zum Grab, versichern es und versiegeln den Stein. – Das geschieht also am Sabbat.

Danach (28,1–8) folgt Matthäus wieder dem Markus-Faden, jedoch mit charakteristischen Veränderungen. Es gehen *zwei* Frauen zum Grabe (Maria Magdalena und die andere Maria). Sie haben nicht (wie bei Markus) die Absicht, den Leichnam zu salben, sondern sie wollen lediglich das Grab sehen. Dementsprechend wird auch nicht erwähnt, daß sie Spezereien gekauft haben; und selbstverständlich überlegen sie nun auch nicht unterwegs, wer ihnen den Stein wegwälzen wird, denn sie haben ja gar nicht die Absicht, in das Grab hineinzugehen. – Als die Frauen am Grab sind, geschieht ein Erdbeben. Ein Engel des Herrn kommt vom Himmel herab, wälzt den Stein ab und setzt sich darauf. Die Grabeswache erschrickt, fällt wie tot um. Der Engel wendet sich (mit ähnlichen Worten wie bei Markus) an die Frauen: »Fürchtet euch nicht. Ich weiß, ihr sucht Jesus den Gekreuzigten. Er ist nicht hier. Er ist auferweckt, wie er gesagt hat. Kommt und seht den Ort, wo er gelegen hat. Und geht schnell und sagt seinen Jüngern, daß er auferweckt worden ist von den Toten. Und siehe, er geht euch voran nach Galiläa. Dort werdet ihr ihn sehen. Siehe, ich habe es euch gesagt.« – Daß die Frauen ins Grab gehen, wird jetzt nicht gesagt; aber man soll sich wohl vorstellen, daß sie wenigstens hineinsehen. – Die Erzählung fährt dann fort mit der Bemerkung, daß die Frauen schnell vom Grabe weglaufen mit Furcht und großer Freude, um es den Jüngern zu verkündigen.

Ich unterbreche kurz. Wenn wir angesichts der beiden Geschichten vom leeren Grab bei Markus und Matthäus die Frage stellen, ob wir es mit Augenzeugenberichten zu tun haben, dann geraten wir schnell in Schwierigkeiten. Von beiden kann das kaum gelten. Denn (um nur einige Differenzen zu nennen) entweder wollten die Frauen den Leichnam salben und kauften Spezereien – oder sie wollten nur einen Besuch beim Grabe machen. Entweder fanden sie den Stein abgewälzt – oder er wurde durch ein Eingreifen vom Himmel her vor ihren Augen abgewälzt. Entweder befand sich der Jüngling im Grab – oder ein Engel saß vor dem Grab auf dem Stein usw. Das sind ja keine belanglosen Züge, die einer so, ein anderer anders erzählen könnte, je nachdem, von wo aus er das Geschehen erlebt hätte. Man kann diese Geschichten also nicht harmonisieren, darf die Unterschiede (wenn man sich schon auf die Frage einläßt, wie es gewesen ist) auch nicht verharmlosen.

Theoretisch denkbar bliebe nun zwar, daß Matthäus (weil er vielleicht noch Nachricht von Augenzeugen hatte) besser informiert war. Dann müßte man allerdings konsequent sein und historische Kritik an der Darstellung des Markus üben. – Wahrscheinlich ist das aber nicht; denn da wir wissen, daß Matthäus das Markus-Evangelium bis 16,8 kannte, müssen wir mit einer planmäßigen Änderung seiner Vorlage durch ihn rechnen. Das können wir um so sicherer sagen, als wir wissen (und durch

Textvergleich leicht feststellen können), daß Matthäus solche planmäßigen Änderungen an fast jedem Abschnitt vorgenommen hat, den er von Markus übernahm. Die Frage ist nun: Kann man diese Änderungen erklären?

Auf drei Dinge will ich hinweisen. Zunächst begegnet uns ein reflektierender Zug. Es ist in Palästina unmöglich, am dritten Tag einen Leichnam salben zu wollen, da er dann schon in Verwesung übergegangen ist. Darum streicht Matthäus diesen Zug aus seiner Vorlage. (Das läßt dann natürlich an den Markus-Text die Frage stellen, ob die Frauen wirklich den Plan der Salbung haben konnten.) – Sodann wissen wir (freilich erst aus dem sehr viel späteren Petrus-Evangelium), daß es Traditionen gab, die von einem Eingriff vom Himmel her am Grabe erzählen. Man kann fragen, ob Matthäus solche Traditionen gekannt und in die Erzählung eingearbeitet hat. Denkbar ist freilich auch die umgekehrte Entwicklung: Der Verfasser des Petrus-Evangeliums kannte (unter anderem auch) das des Matthäus. Dann dürfte dieser die Absicht gehabt haben, das Wunderbare der Geschichte zu steigern. – Schließlich aber (und das ist, wie wir noch sehen werden – die wichtigste Veränderung) verknüpft Matthäus diese Geschichte vom leeren Grab mit dem, was er vorher und nachher erzählt, zu einem durchgehenden Ablauf, indem er die (früher schon eingeführten) Grabeswächter nennt, die wie tot umfielen.

Wir verfolgen nun den Fortgang. Zunächst kommt es zu einer Begegnung der Frauen mit Jesus (28,9–10). Er grüßt sie. Sie fallen vor ihm nieder und umfassen seine Füße als ein Zeichen der Verehrung. Jesus redet sie an, wiederholt aber nur, was der Engel den Frauen schon vorher gesagt und was sie (nach 28,8) schon im Begriff waren zu tun: den Brüdern Jesu (womit freilich die Jünger gemeint sind) anzusagen, daß sie nach Galiläa ziehen sollen; dort werden sie ihn sehen.

Im Anschluß daran wird die Geschichte von den Grabeswächtern zu Ende geführt (28,11–15). Diese gehen in die Stadt und erzählen (wir erinnern uns: es handelt sich um Römer!) ausgerechnet den Hohenpriestern alles, was geschehen ist (obwohl sie wie tot umgefallen waren). Die Hohenpriester beratschlagen mit den Ältesten, was zu tun sei. Sie bestechen die Wächter, die nun dem Pilatus mitteilen sollen, sie seien bei der Wache eingeschlafen; derweilen seien die Jünger gekommen und hätten den Leichnam gestohlen. Spätestens hier bricht aber die Geschichte als Darstellung eines Geschehens zusammen. Wie kann man erzählen, was passiert ist, während man schlief? Doch – so fragen *wir!* Matthäus gibt aber selbst das Motiv an, warum er diese Geschichte von den Grabeswächtern (die sonst in keinem Evangelium begegnet) hier eingefügt hat. Der Leichenraub ist »durch Gerede verbreitet worden unter den Juden bis auf den heutigen Tag« (28,15). Mit anderen Worten: Matthäus treibt Apologie. Bis in die Zeit des Evangelisten (also bis ins achte Jahrzehnt hinein) hat man von jüdischer Seite gegen die christliche Behauptung der Auferstehung Jesu dadurch polemisiert, daß man einen Leichenraub erfand. (Auch im Johannes-Evangelium werden wir Spuren dieser jüdischen Behauptung finden.)

Wie immer man zur Frage des leeren Grabes steht, dieses kann man nun ganz sicher sagen: Für die Vorstellung des Matthäus von der Auferstehung Jesu gehört das leere Grab unaufgebbar dazu. Das zeigt gerade seine Apologie gegen die Juden.

Zu den (vorher schon genannten) Unsicherheiten gehört die Antwort auf die Frage, ob Matthäus die Geschichte von den Grabeswächtern, die er an zwei Stellen in die Markus-Vorlage einfügt (27,62–66 u. 28,4) und später dann zu Ende führt (28,11–15), selbst geschaffen hat oder ob ihm eine entsprechende Tradition vorlag. Eine eindeutige Antwort ist nicht möglich. Für unser Problem ist das aber unerheblich, denn zugetragen haben kann sich diese Geschichte wegen der inneren Widersprüche so nicht.

Ich gehe nun kurz auf die große Schlußszene des Evangeliums ein (28,16–20). Die elf Jünger ziehen nach Galiläa, und zwar auf den Berg, wohin Jesus sie befohlen hatte. (Nun hatte Jesus seine Jünger aber nicht auf einen Berg befohlen, sondern nur allgemein nach Galiläa.) Dort sehen sie ihn und fallen vor ihm nieder. Dabei wird erwähnt, daß einige zweifelten. Jetzt erfolgt der sogenannte Missionsbefehl. Er beginnt damit, daß Jesus die ihm gegebene Macht proklamiert: »Mir ist gegeben alle Gewalt im Himmel und auf Erden.« Das muß man wohl so verstehen, daß es erst nach der Auferstehung geschehen ist, denn was Jesus nun sagt, soll doch für seine Jünger neu sein. – Die Elf sollen nun alle Völker zu Jüngern machen, indem sie sie taufen auf den Namen des Vaters und des Sohnes und des Heiligen Geistes und indem sie sie alles zu halten lehren, was Jesus ihnen befohlen hat. Den Abschluß bildet dann ein Verheißungswort: »Ich bin bei euch alle Tage bis zur Vollendung des Äons (d. h. bis zur Vollendung dieser Welt)«.

Hier wird nun eines ganz deutlich. Man soll Jünger des Auferstandenen werden. Das wird man aber durch die Taufe und dadurch, daß man das hält, was Jesus befohlen hat. Es wird also inhaltlich angegeben, was Glaube an Jesus heißt; dieser Inhalt des Glaubens ist aber orientiert am Wirken, insbesondere an der Verkündigung des *irdischen* Jesus. Das werden wir uns für die späteren Ausführungen zu merken haben.

Es besteht nun überhaupt kein Zweifel darüber, daß in diesen letzten fünf Versen des Matthäus-Evangeliums mehrere ältere Traditionen zusammengefügt worden sind. So scheint die Szene ursprünglich auf einem Berg zu spielen; und erst durch Matthäus wird dieser Berg in Galiläa lokalisiert. Man kann auf weitere Spannungen hinweisen. Es ist der Forschung aber bisher nicht gelungen, einen Konsensus über die Abgrenzung der älteren Traditionen zu erreichen. Wir lassen uns darum wieder nicht auf Hypothesen ein. Was *Matthäus* sagen will, wird ohnehin ziemlich klar: Wenn man heute Jünger Jesu werden will – werden soll –, dann hat das seinen Grund darin, daß Jesus aus dem leergewordenen Grabe heraus auferstanden, dann erst zwei Frauen und schließlich seinen elf Jüngern erschienen ist. Das Wesen der Jüngerschaft (nach früher benutzter Terminologie könnte man nun auch sagen: das Wesen der nachösterlichen Betroffenheit durch Jesus) besteht darin, daß man sich auf das einläßt, was der irdische Jesus »angeordnet« hat. Natürlich hat Matthäus eine bestimmte Vorstellung davon, wie der Grund für die Ermöglichung heutigen Betroffenseins aussieht. Er kann diese Vorstellung, wo sie bestritten wird, sogar apologetisch verteidigen. Es kommt ihm aber entscheidend darauf an, daß *heute* die Jüngerschaft des irdischen Jesus weitergeführt wird. Das macht der Schluß seines Werkes unmißverständlich klar – welche Traditionen er zur Komposition seines Schlusses auch immer verwendet haben mag.

c) Lukas-Evangelium

Bei der Betrachtung des Inhalts des dritten Evangeliums gehen wir zur Herausstellung der Eigenarten wieder vom Markus-Evangelium aus; denn das war seine Vorlage. Wir wollen dabei aber das Matthäus-Evangelium nicht ignorieren. Zwar kann man einigermaßen sicher sagen, daß Lukas das Werk des Matthäus nicht gekannt hat. Aber er kann Traditionen aufgenommen haben, die auch Matthäus kannte und in sein Evangelium eingefügt hat. Diese müssen wir dann natürlich vergleichen.

Als Zeugen der Kreuzigung werden wieder Frauen genannt (23,49), aber ohne daß die Namen (an dieser Stelle) angegeben werden. Die Frauen stehen nicht allein da, sondern mit ihnen »alle seine (d.h. Jesu) Bekannten«; und von den Frauen heißt es, daß sie Jesus von Galiläa her gefolgt waren. Die Grablegung (23,50–53) erfolgt durch Josef von Arimathia. Ihr sehen die Frauen zu, von denen es wieder heißt, daß sie aus Galiläa mit Jesus gekommen waren (23,55). Sie kehren in die Stadt zurück und bereiten nun schon (also nicht erst am Tage nach dem Sabbat wie bei Markus) Spezerei und Salben vor. Aber den Sabbat über tun sie nichts. Sie sind still, wie es das jüdische Gesetz verlangt (23,56).

Ich greife einmal vor. – Am Ende der nun folgenden Geschichte vom leeren Grab werden die Frauen mit Namen genannt (24,10). Es sind Maria Magdalena, Johanna und Maria, die Mutter des Jakobus, und andere. – Nimmt man diese Stellen zusammen, dann kann man hier schon eine Andeutung der Arbeitsweise und damit die Absicht des Lukas erkennen. Er verknüpft die Ostergeschichten mit dem Wirken Jesu in Galiläa, indem er den Personenkreis in Galiläa zu Zeugen des Geschehens in Jerusalem macht. So führt er dann (gegen seine Vorlage) auch Johanna hier ein, die bereits 8,3 als Nachfolgerin Jesu genannt war. Sie ist eine von mehreren Frauen, die (nach 8,1 u. 2) neben den Zwölfen Jesus folgt. Diese Verknüpfung ist kein Zufall und daher bemerkenswert.

Nun zu 24,1–11. Am ersten Tag der Woche kommen die Frauen mit ihren Spezereien zum Grab und finden den Stein abgewälzt. Sie gehen ins Grab hinein, finden aber den Leichnam nicht. Sie sind traurig. Dann treten zwei Männer in glänzenden Gewändern zu ihnen. Die Frauen erschrecken, senken ihr Angesicht zu Boden. Die Männer sagen zu ihnen: »Was sucht ihr den Lebendigen bei den Toten? Er ist nicht hier, sondern auferweckt worden. Denkt daran, wie er euch gesagt hat, als er noch in Galiläa war und sprach: Der Menschensohn muß übergeben werden in die Hände der Sünde und muß gekreuzigt werden und am dritten Tag auferstehen.« Die Frauen erinnern sich nun daran, gehen vom Grabe weg und verkündigen das den elf Jüngern und anderen. Dabei werden, wie gesagt, die Namen von drei Frauen genannt (wobei erwähnt wird, daß es mehr als nur diese drei sind), die das den Aposteln sagen. Diese aber glauben nicht; sie halten das, was die Frauen sagen, für leeres Gerede.

An vielen Stellen schimmert wieder die Markus-Vorlage durch die lukanische Darstellung hindurch; aber es liegen doch zugleich ganz erhebliche Umgestaltungen vor.

So entdecken die Frauen zuerst das leere Grab; und dann erst wird ihnen erläutert, wieso das Grab leer ist. Die Reihenfolge ist also umgekehrt als die bei Markus. – Was die beiden Männer sagen, klingt wie ein Vorwurf, soll auch wohl einer sein. Jesus hatte doch in Galiläa schon seine Auferstehung vorausgesagt. Daß die Frauen nun zum Grabe kommen, zeigt, daß sie Jesus nicht geglaubt (oder ihn nicht verstanden) haben. Nachdem sie sich jetzt also daran erinnern und die Botschaft den Aposteln bringen, finden sie auch bei denen Unglauben. Das Auffinden des leeren Grabes führt also nicht zum Glauben.

Ein Weiteres ist bemerkenswert. Bei Markus weist der Jüngling die Frauen an, die Jünger und Petrus nach Galiläa zu senden; dort soll es zum Sehen Jesu kommen. Im vorhandenen Markus-Text folgt dann gar kein Sehen in Galiläa (wohl aber bei Matthäus). Lukas macht nun aus dem Hinweis auf Galiläa eine Rückerinnerung an Galiläa (wo Jesus schon seine Auferstehung angekündigt hatte). Daß Lukas planmäßig verändert, kann man auch daran erkennen, daß alle weiteren Begebenheiten nicht in Galiläa lokalisiert sind, sondern in und um Jerusalem. Dadurch wird es möglich, daß die Frauen alsbald mit den Jüngern zusammentreffen.

Der nun folgende Vers (24,12) ist textkritisch umstritten. Er fehlt in vielen Handschriften. Nach ihm lief Petrus (trotz des 24,11 erwähnten Unglaubens – oder auch gerade wegen des Unglaubens) zum Grabe, sah hinein, entdeckte dort nur die Leichentücher und verwunderte sich über das alles – ohne doch zum Glauben zu kommen. Da hier Anklänge an Joh 20,3–10 vorliegen, hat man vermutet, es handle sich um einen späteren Zusatz. Aber man hat auch erwogen, ob Lukas diesen Vers selbst geschrieben hat, Abschreiber ihn jedoch fortließen. Im allgemeinen gilt in solchen Fällen die Regel: Es ist leichter anzunehmen, daß Abschreiber (insbesondere um mit anderen Texten zu harmonisieren) einen Vers hinzufügen, als daß sie einen Vers streichen. Da aber natürlich Ausnahmen von dieser Regel möglich sind, ist nicht immer letzte Sicherheit zu erreichen. – Immerhin kann man aber sagen: Ob Petrus nun am leeren Grab war oder nicht – das leere Grab führt nicht zum Glauben.

Wie kommt es dann aber (nach Lukas) zum Glauben? Nun, das ist sehr merkwürdig. Es folgt jetzt die Geschichte von den Emmaus-Jüngern (24,13–35). Am gleichen Tage (also am ersten Tag der Woche, d. h. am Sonntag) treffen zwei Jünger, von denen einer (Kleopas) mit Namen genannt wird, auf dem Wege nach Emmaus (zwei Stunden von Jerusalem entfernt) auf Jesus, den sie aber nicht erkennen. Er mischt sich in ihr Gespräch. Sie sagen, warum sie so traurig sind: Jesus von Nazareth hatte sich als Prophet in Taten und Worten mächtig erwiesen. Nun hat man den, von dem sie hofften, er sollte Israel erlösen, gekreuzigt. Sie sind dann von einigen Frauen erschreckt worden, die am Grabe waren, den Leichnam aber nicht fanden, denen aber Engel erschienen sind, die gesagt hätten, er lebe. Einige von ihnen sind dann auch selbst zum Grabe gegangen. Dort fanden sie die Angaben der Frauen bestätigt, aber ihn, Jesus, haben sie nicht gesehen. – Jetzt belehrt Jesus sie aus der Schrift: Christus mußte leiden und zu seiner Herrlichkeit eingehen. Dann kommen sie in den Ort. Dort bitten sie ihren Begleiter, der weitergehen will, zu bleiben, da es Abend geworden sei. Nun nimmt dieser (obwohl er doch Gast ist und es ihm darum gar nicht zusteht) das Amt des Hausvaters wahr. Er nimmt das Brot, dankt, bricht es und gibt es ihnen. Da werden die Augen der Jünger geöffnet. Sie erkennen Jesus; doch dieser entzieht sich ihnen alsbald. – Die beiden Jünger machen sich sofort nach Jerusalem auf, natürlich um ihr Erlebnis den anderen so schnell wie möglich mitzuteilen. Dazu kommen sie aber nicht sofort, denn die in Jerusalem versammelten Elf und die anderen fallen ihnen sozusagen ins Wort mit der Botschaft: »Der Herr ist wahrhaftig auferstanden und Simon erschienen.« Erst dann können die Emmaus-Jünger ihr Erlebnis mitteilen.

Diese Geschichte hat in keinem Evangelium eine Parallele. Womit das zusammenhängt, werden wir erst sagen können, wenn wir den Überblick beendet haben. Auf einen Zug möchte ich aber jetzt schon hinweisen. Daß die versammelten Elf und die anderen den Emmaus-Jüngern ins Wort fallen, hat offenbar einen ganz bestimmten Sinn: Die Priorität der Erscheinung Jesu vor Petrus soll herausgestellt und gewahrt bleiben. Das ist deswegen von Bedeutung, weil wir hier eine Parallele zu 1 Kor 15,3 ff. haben, wo Paulus unter den Zeugen, die eine Erscheinung Jesu erlebten, Petrus als ersten nennt. Das geschieht sonst in keinem Evangelium. Bei Markus werden keine Erscheinungen erwähnt. Bei Matthäus erscheint Jesus zuerst den beiden Frauen am Grabe, dann den Elfen in Galiläa (eine Sondererscheinung vor Petrus wird nicht erzählt). Bei Johannes erscheint Jesus, wie wir noch sehen werden, zuerst der Maria Magdalena (freilich ist Petrus dann dennoch der, der zuerst zum Glauben kommt). Von den Evangelisten erwähnt aber nur Lukas eine Ersterscheinung vor Simon-Petrus.

Auffällig ist nur, wie das geschieht. Dieser Vers (24,34) wirkt wie eine beabsichtigte Korrektur. Er unterbricht wie wir gesehen haben, den Ablauf der ursprünglichen Erzählung. – Wenn man sich dazu den griechischen Text ansieht, stellt man fest, daß wir es mit einer formelhaften Wendung zu tun haben, einer Art geprägtem Glaubensbekenntnis, das im Wortlaut eine große Ähnlichkeit mit 1 Kor 15,5 hat. So dürfte die Vermutung berechtigt sein, daß dieser Vers nicht ursprünglich zu der Geschichte von den Emmaus-Jüngern gehört hat, sondern später eingefügt worden ist. Ob das durch Lukas geschah oder schon früher, kann man nicht mit Sicherheit sagen. Es spricht nun aber vieles dafür, daß Lukas auch sonst an manchen Stellen in die Geschichte von den Emmaus-Jüngern eingegriffen hat. Wie weit das der Fall ist, ist in der Forschung umstritten. Wir gehen dem darum jetzt auch nicht weiter nach. Das, worauf es hier hauptsächlich ankommt, wird auch so deutlich.

Wir hatten festgestellt: Das Finden des leeren Grabes hat noch nicht den Glauben ausgelöst. In unserer Geschichte wird das noch einmal unterstrichen, denn die Emmaus-Jünger erzählen ihrem (noch unbekannten) Begleiter, daß sie und ihre Freunde durch die Nachricht der Frauen erschreckt worden seien, daß dann einige (!) von ihnen selbst noch zum Grabe gegangen waren, Jesus aber nicht gesehen hätten. Das alles hat sie ratlos gemacht; und das wird angegeben, obwohl die Engel doch gesagt hatten, Jesus lebe (24,22–24). – Am Ende der Geschichte ist nun aber ein vollständiger Umschwung erreicht. Jetzt hat sich die Überzeugung durchgesetzt: Jesus lebt. Ausgelöst aber wurde diese Überzeugung durch das Sehen Jesu!

Erkennt man das, fällt alsbald noch etwas auf. Diese Überzeugung setzt nicht voraus, daß bereits *alle* Jesus gesehen haben.

Denn obwohl die Elf und die anderen bei ihnen nur von einer Erscheinung vor Simon zu erzählen wissen, sagen sie doch *alle*: »Der Herr ist wahrhaftig auferstanden!« – Ein Engelwort hat diese Überzeugung nicht zustande bringen können. Die Emmaus-Jünger kommen erst später dazu, ihr Erlebnis des Sehens Jesu zu erzählen. Man weiß also nur von der Erscheinung vor Simon und gründet darin seinen Glauben: Jesus lebt.

Wir werden das später weiterverfolgen, setzen nun aber zunächst die Betrachtung des Lukastextes fort. Einige Szenen sind aneinandergefügt (24,36–49). – Während alle noch reden (also am späten Abend des ersten Tages der Woche – und immer noch in Jerusalem), tritt Jesus nun mitten unter sie. Sie erschrecken, fürchten sich, meinen, einen Geist zu sehen.

Man wundert sich darüber, denn eigentlich müßten die Jünger doch nun vorbereitet sein. (Wir erinnern uns an einen ähnlichen Zug im Schluß des Matthäus-Evangeliums: Obwohl die Elf nach Galiläa geschickt worden sind und ihnen dort ein Sehen des auferstandenen Jesus in Aussicht gestellt worden war, wird gesagt, daß einige zweifelten.)

Jesus fragt nun, warum die Jünger erschrocken seien. Er zeigt ihnen Hände und Füße und fordert sie auf, ihn zu betasten, denn ein Geist habe nicht Fleisch und Bein. Die Reaktion der Jünger ist eine doppelte. Einerseits freuen sie sich; andererseits glauben sie aber immer noch nicht und sind verwundert. – Zum zweitenmal fragt man sich, wie das mit dem doch schon 24,34 bezeugten Glauben zusammenpaßt.

Jetzt erkundigt sich Jesus, ob sie etwas zu essen hätten. Sie legen ihm gebratenen Fisch vor, den Jesus vor ihren Augen ißt. Eine Reaktion der Jünger darauf wird nicht mehr erwähnt. Nun sind sie offenbar überzeugt.

Die nachfolgende Belehrung durch Jesus ist in manchen Zügen der ähnlich, die den Emmaus-Jüngern auf dem Wege widerfuhr. Sie schließt mit einem Missionsbefehl: Im Namen Christi soll Buße zur Vergebung der Sünden gepredigt werden unter allen Völkern, beginnend zu Jerusalem. Die Jünger sollen dafür Zeugen sein. Jesus kündigt ihnen das Kommen der Kraft aus der Höhe an. Bis dahin sollen sie in Jerusalem bleiben.

Ich denke, zweierlei wird deutlich. Einmal klingt hier manches an das an, was uns im Matthäus-Schluß begegnet. Die Erscheinung vor den Jüngern führt zum Missionsauftrag (der hier freilich in Jerusalem, bei Matthäus auf dem Berg in Galiläa gegeben wird). Das Motiv des Zweifels ist in beiden Fällen eigentümlich, denn das Sehen trifft (im Ablauf der jetzigen Darstellung) die Jünger ja nicht unvorbereitet. – Sodann ist zu sagen, daß die Vorstellung der Auferstehungsleiblichkeit hier recht massiv gedacht ist. Das Identitätsmotiv (Vorzeigen von Händen und Füßen) wird weitergeführt zum Betasten (das zwar nur angeboten, dessen Ausführung aber nicht erzählt wird); und schließlich ißt Jesus vor ihnen. Konnte man stellenweise bei Lukas den Eindruck gewinnen, daß er die Bedeutung des leeren Grabes herabspielt (es führt nicht zum Glauben), dann muß man gleichwohl sagen, daß damit keine »Vergeistigung« der Vorstellung beabsichtigt ist. Zwar kann die Erscheinung Jesu wie die Erscheinung eines Geistes wirken; aber daß es sich um etwas ganz anderes handelt, wird eindringlich demonstriert.

Die letzten Verse des Evangeliums (24,50–53) enthalten eine Fülle von Problemen. Es ist immer noch der gleiche erste Tag der Woche wie vorher; und man bedenke einmal, was seit der Einladung der Emmaus-Jünger, Jesus möchte bei ihnen bleiben, da es Abend geworden ist, der Tag sich geneigt hat, alles geschehen ist – angefangen von dem zweistündigen Weg von Emmaus nach Jerusalem. – Jesus führt die Jünger nach Bethanien. Dort hebt er die Hände, segnet sie und scheidet von ihnen. Einige (nicht alle) Handschriften bieten dann den Satz: »Und er wurde in den Himmel emporgehoben.« Die Jünger kehren in großer Freude nach Jerusalem zurück. Sie sind stets im Tempel und preisen Gott.

Ob die Erwähnung der Himmelfahrt von Lukas stammt oder späterer Zusatz ist, ist wieder umstritten. – Kein Zweifel aber kann darüber bestehen, daß hier eine Abschiedsszene dargestellt wird. Das nächste, was zu erwarten ist, ist die Kraft aus der Höhe. Wie stimmt das aber zusammen mit dem Anfang des zweiten Teiles des lukanischen Werkes, der Apostelgeschichte? Hier wird die Himmelfahrt Jesu als gesondertes Geschehen dargestellt, doch erst 40 Tage nach Ostern. Mit einer Fülle von Lösungsversuchen hat man sich bemüht, die hier auftretenden Fragen zu beantworten. Ich kann darauf nicht eingehen. Im Zusammenhang unserer Überlegungen spielen sie auch keine so wichtige Rolle.

Wir können abschließend sagen: Bei Lukas erscheint (stärker als bei Matthäus) das Ostergeschehen als ein Ablauf von Ereignissen. Zwar ist das Erzählte nicht bis in die Einzelheiten miteinander ausgeglichen. (Wer war alles am leeren Grab? Wie kommt es zum Zweifel trotz schon vorher bezeugten Glaubens?) Dennoch bleibt die Darstellung zielstrebig. Sie führt zur Himmelfahrt mit der anschließenden Sendung des Geistes, der dann in der Apostelgeschichte (als Geist Jesu) Jesu Wirken auf Erden fortsetzt. Die Auferstehung – als Durchgangsstadium – ist dabei sehr massiv vorgestellt.

d) Johannes-Evangelium

Das vierte Evangelium ist (darüber ist man sich heute fast überall einig) das jüngste des Neuen Testaments, entstanden im letzten Jahrzehnt des ersten Jahrhunderts. Wer sein Verfasser war, ist umstritten. Daß es der Jünger Johannes war, wird im Werk selbst nirgendwo behauptet. Lediglich 21,24 wird als Verfasser der Jünger bezeichnet, den Jesus liebhatte. Aber Kap. 21 ist ein Nachtrag, der später an die Kap. 1–20 angefügt worden ist (worauf noch einzugehen sein wird). Außerdem wird an keiner Stelle des Evangeliums (auch nicht Kap. 21) der Jünger, den Jesus liebhatte, mit Johannes identifiziert.

Nun könnte die Klärung der Verfasserfrage dadurch eine gewisse Bedeutung gewinnen, daß man einem Augenzeugen eine größere Zuverlässigkeit in seiner Erzählung zutraut. Aber es besteht (wieder: in fast der gesamten Forschung) darüber kein Zweifel, daß der Verfasser dieses Werkes in einem Maße in die Gestaltung eingegriffen hat, wie es bei keinem anderen Evangelisten der Fall war. Das heißt aber, hier spricht keiner, der genau berichten will, sondern einer, der mit seiner Darstellung theologische Aussagen machen möchte. Das eben macht die Klärung der Verfasserfrage zu einer zweitrangigen Angelegenheit, denn auf historische Treue kommt es dem Verfasser (ob er nun Augenzeuge war oder nicht) gerade nicht an. – Übrigens (und das zu erwähnen scheint mir nicht unwichtig) müßte man ja auch, wenn man im vierten Evangelium historische Treue annehmen wollte, bei den drei anderen Evangelien sofort die historische Treue bestreiten, denn die Differenzen sind erheblich.

Ich will mich jetzt nicht lange bei Vorfragen aufhalten, sondern gleich an den Text herangehen. Nur weil man den Schluß ja wieder nicht willkürlich vom übrigen Werk trennen darf, muß man bei der Betrachtung des Schlusses eben wissen, wie der Verfasser sonst in seinem Werk vorzugehen pflegt: Es liegt eine weitgehend selbständige Gestaltung des Stoffes vor. Wenn ich den Verfasser nachfolgend Johannes nenne, lasse ich die Frage, wer das war, offen.

Der vierte Evangelist hat mit ziemlicher Sicherheit keines der drei anderen Werke gekannt. Da er aber Traditionen gekannt haben wird, die auch in die anderen Werke gelangt sind, werden wir bei der Darstellung des Inhalts auch manche Vergleiche anstellen. Besondere Beziehungen scheinen zu den Traditionen vorzuliegen, die Lukas aufgenommen hat.

Nach dem Johannes-Evangelium stehen unter dem Kreuz die Mutter Jesu, deren Schwester, eine weitere Maria (des Klopas Frau) und Maria Magdalena – sowie der Jünger, den Jesus liebhatte (19,25 f.). Wir finden also wieder einige andere Namen und insofern einen etwas anderen Ort, als diese alle unmittelbar am Kreuz stehen, Jesus sogar, vom Kreuz herab, mit ihnen sprechen kann.

Nachdem Jesus gestorben ist, wird vom Lanzenstich in die Seite des Leichnams gesprochen (19,34). Aus der Wunde fließen Blut und Wasser. Kein anderes Evangelium erzählt davon. Johannes wird später auf den Lanzenstich zurückkommen.

Bei der Grablegung wird (von allen anderen Evangelien abweichend) nicht erwähnt, daß Frauen anwesend sind (19,38 bis 42). Neben Josef von Arimathia wird hier aber Nikodemus erwähnt, der schon 3,1 genannt war. – Bezeichnend ist also wieder das Interesse an einer Verknüpfung nach rückwärts.

Erzählt wird sodann, daß der Leichnam Jesu vor der Bestattung gesalbt wird. – Offenbar wandert das Motiv der Salbung. Markus und Lukas hätten ja nie erzählen können, daß die Frauen Jesus *nachträglich* salben wollten, wenn er (nach ihrer Meinung) schon vor der Grablegung gesalbt worden wäre.

Die Erzählungen des Kap. 20 spielen dann alle (mit Ausnahme der Thomas-Geschichte) am ersten Tag der Woche. Zum Grabe kommt allein Maria Magdalena (20,1). Es wird nicht gesagt, warum sie dorthin geht. Da aber (im johanneischen Zusammenhang) die Salbungsabsicht nicht der Grund sein kann, wird man diesen (ähnlich wie bei Matthäus, dort aber ausdrücklich gesagt) im Wunsch sehen müssen, das Grab zu besuchen.

Nun stoßen wir auf eine Schwierigkeit. Maria Magdalena findet den Stein (von dem bei Johannes vorher noch nicht die Rede war) vom Grab abgewälzt. Das wird zunächst erzählt – mehr nicht.

Maria Magdalena läuft daraufhin vom Grabe weg, kommt zu Simon Petrus und dem anderen Jünger, den Jesus liebhatte, und sagt: »Sie haben den Herrn weggenommen aus dem Grabe, und wir (!) wissen nicht, wo sie ihn hingelegt haben.« – Man fragt: Woher weiß Maria Magdalena das, da sie doch bisher lediglich den weggewälzten Stein gesehen hat? Man könnte darauf antworten, daß das Hineinsehen ins Grab nur nicht erwähnt, aber doch (ähnlich wie bei Matthäus) mitzudenken sei. Dann aber fällt auf, daß nach dem Jüngerwettlauf zum Grab (20,3–10), auf den ich gleich eingehe, 20,11 erzählt wird, daß Maria vor dem Grab stand und weinte. Dann erst sah sie ins Grab hinein, erblickte dort zwei Engel in weißen Kleidern, die Maria Magdalena anreden. Da nun ebenfalls nicht erzählt wird, daß sie von (sic!) Petrus und den anderen Jüngern (zu denen sie nach Entdekkung des abgewälzten Steines gelaufen war – 20,2) ans Grab zurückgekehrt ist, muß man annehmen (und das tut die Forschung heute nahezu einhellig), daß der Evangelist in eine Geschichte vom Besuch der Maria Magdalena am Grabe die Geschichte vom Jüngerwettlauf eingeschoben hat. In der Tat läßt sich ja auch 20,11 als unmittelbare Fortsetzung von 20,1 verstehen. 20,1: Maria Magdalena kommt zum Grabe und sieht den Stein abgewälzt; 20,11: Sie steht am Grabe und weint (aus Trauer – nicht aber, weil sie *jetzt schon* den Leichnam vermißt hat), blickt ins Grab hinein und sieht dort zwei Engel.

Damit wird deutlich, wie der Evangelist gearbeitet hat, und wahrscheinlich auch, was er damit ausdrücken wollte. Aus der Tradition (aus welcher, wissen wir nicht) ist ihm ein Besuch von Frauen am Grabe bekannt. Johannes reduziert die Zahl auf eine. (Das hängt wahrscheinlich mit 20,16 zusammen.) Sie hat das Erlebnis mit den beiden Engeln (bei Markus: ein Jüngling; bei Matthäus: ein Engel; bei Lukas: zwei Männer). Es gehören also ganz offensichtlich die Geschichten vom leeren Grab bei allen Evangelisten in einen Traditionszusammenhang – die Geschichte vom Jüngerwettlauf zum Grabe aber in einen ganz anderen.

Doch warum ist der hier eingeschoben? Warum wird nicht die Geschichte mit Maria Magdalena zuerst zu Ende erzählt und dann der Jüngerwettlauf angeschlossen? – Man könnte sich diese Reihenfolge doch ganz leicht vorstellen. Sie würde dann der bei Matthäus ähnlich sein. Dort sehen die Frauen das leere Grab; dann erscheint ihnen Jesus. Anschließend gehen sie zu den Jüngern und senden diese nach Galiläa. – Ähnlich hätte Johannes erzählen können: Maria Magdalena sieht das Grab und die Engel, begegnet dann Jesus und berichtet anschließend Petrus und dem anderen Jünger davon. Johannes bietet eine andere Reihenfolge. Doch warum tut er das?

Ich meine, die Frage läßt sich beantworten. Es passiert hier nämlich etwas ganz Ähnliches wie in der Emmaus-Geschichte bei Lukas – wenn das auch völlig anders dargestellt wird. Lk 24,34 fallen die Jünger in Jerusalem den beiden aus Emmaus Kommenden ins Wort und sprechen von der Erscheinung Jesu vor Petrus. Die Priorität dieser Erscheinung wird dadurch betont – oder gewahrt. Petrus ist der erste Osterzeuge.

Da im Johannes-Evangelium nur Maria Magdalena Jesus am Grabe sieht, dabei zum Glauben kommt (20,16 u. 18), wäre sie nun die erste gewesen, die geglaubt hätte. Eben das aber korrigiert Johannes (wie – wahrscheinlich – Lukas die ursprüngliche Emmaus-Geschichte korrigiert, die zu einer Priorität des Glaubens dieser beiden Jünger geführt hätte).

Johannes erzählt nun zuerst nur das Finden des abgewälzten Steines durch Maria Magdalena. Sie berichtet das dann Petrus und dem anderen Jünger. Diese laufen nun zum Grabe. Der andere Jünger kommt zwar als erster ans Grab. Er blickt auch hinein und sieht, daß die Binden ordentlich zusammengelegt sind (vgl. Lk 24,12 und das früher Gesagte), geht aber nicht ins Grab, sondern läßt Petrus den Vortritt. Der sieht nun auch die Binden zusammengelegt (vgl. wieder: Lk 24,12), ferner an einem anderen Ort das Schweißtuch Jesu sauber zusammengewickelt. Dann erst geht auch der andere Jünger ins Grab – und nun heißt es: Und er sah und glaubte (20,8).

Es ist nicht ganz klar, was damit gemeint ist, zumal der folgende Vers dem zu widersprechen scheint. Er lautet: »Denn sie verstanden die Schrift noch nicht, daß er von den Toten auferstehen müsse« (20,9). Das scheint dem vorhergehenden Vers zu widersprechen. Man hat daher gelegentlich angenommen, daß dieser Vers einer späteren Redaktion des Johannes-Evangeliums zugehört, der auch das Kap. 21 zuzurechnen ist, zumal es einen ganz glatten Text gibt, wenn man auf 20,8 sofort 20,10 folgen läßt. – Doch müssen wir diese Frage (wie manche anderen) wieder offenlassen.

Dennoch wird man hier eines ziemlich sicher sagen können: Nach dem Johannes-Evangelium führte das Sehen des leeren

Grabes (zumindest bei dem anderen Jünger) zum Glauben. Von ihm heißt es: »Und er sah und er glaubte« (20,8). – Bei Lukas war das keineswegs so. Erst der Rückverweis der Engel auf das, was Jesus früher angekündigt hatte, nicht aber das leere Grab überzeugte die Frauen. Das Weitersagen durch die Frauen führte andere aber nicht zum Glauben. Und auch diese anderen selbst sind durch das Sehen des leeren Grabes nur erschreckt worden, nicht aber zum Glauben gekommen (Lk 24,24).

Bei Johannes dagegen führt das bloße Sehen des leeren Grabes zum Glauben. Das wird zwar ausdrücklich nur von dem anderen Jünger gesagt. Aber bestimmt ist hier doch mitzudenken, daß auch Petrus, der nach der Darstellung zuerst im Grabe war, zum Glauben kam.

Da diese Geschichte vom Jüngerwettlauf nun sicher in irgendeiner Weise die Priorität des Petrus herausstellen will, und da es ihr dann um den Glauben angesichts des leeren Grabes geht, wird man sagen können: Hier soll die Priorität des Glaubens des Petrus an den Auferstandenen ausgesagt werden. Darum konnte die Geschichte von der Maria Magdalena am Grabe nicht sofort zu Ende erzählt, sondern mußte unterbrochen werden. Die Priorität des Petrus wird also durch einen redaktionellen Eingriff betont. Der sieht anders aus als der bei Lukas (24,34). Aber darf man nicht vermuten, daß beide damit dasselbe *sagen* wollen? – Bei Johannes geschieht das dann so, daß gleich der mitgenannt wird, der als Zweiter zum Glauben kam: der andere Jünger, der Jünger, den Jesus liebhatte.

Man wird jetzt sofort noch etwas sagen können. Die Szene vom Jüngerwettlauf dürfte auf den Evangelisten selbst zurückzuführen sein. Neben anderen sprechen drei Gründe dafür. Zunächst die Gestalt des Jüngers, den Jesus liebhatte. Die begegnet nur im Johannes-Evangelium. Sie hat eine bestimmte Funktion. Welche das ist, ist in der Forschung freilich umstritten. – Sodann ist auf die »Konkurrenz« zwischen diesem Jünger und Petrus hinzuweisen, die in Kap. 21 noch zweimal wiederkehrt. Hier spiegeln sich höchstwahrscheinlich gewisse Rivalitäten im Urchristentum. – Schließlich weiß die ältere Tradition (mit der freilich umstrittenen Ausnahme von Lk 24,12) nur von Frauen am Grabe, nicht aber von Petrus.

Erreicht hat der Evangelist durch diesen Einschub also nun, daß Petrus der erste, der andere Jünger der zweite ist, die zum Glauben an den Auferstandenen geführt worden sind.

Anschließend kann er dann die Geschichte mit Maria Magdalena zu Ende führen (20,11–18). Sie steht vor dem Grabe (nachdem Petrus und der andere Jünger nach Hause gegangen sind) und weint. Sie sieht in das Grab hinein. Dort sitzen zwei Engel in weißen Kleidern, und zwar an genau bezeichneten Orten: einer wo Jesu Haupt, der andere wo Jesu Füße lagen. Sie reden Maria an: »Was weinst du?« Sie antwortet: »Sie haben meinen Herrn weggenommen und ich (!) weiß nicht (vgl. 20,2: wir wissen nicht), wo sie ihn hingelegt haben.« Eigentümlicherweise sagen die Engel jetzt gar nichts, sondern Maria dreht sich um, sieht Jesus, erkennt ihn aber nicht. – Hier liegt also ein ähnliches Motiv wie in der Emmaus-Geschichte vor. – Jesus fragt nun (wie die Engel), warum Maria weine, und fügt hinzu: »Wen suchst du?« Sie hält ihn für den Gärtner und fragt nun direkt: »Hast du ihn weggetragen? Dann sage mir, wo du ihn hingelegt hast; dann will ich ihn holen.«

Auffällig ist, daß hier (20,15) schon zum drittenmal (nach 20,2 u. 13) die Rede vom Wegnehmen des Leichnams ist. Ob diese Wiederholung zufällig ist? Man kann mindestens die Frage stellen, ob hier eine Beziehung zu dem apologetischen Motiv bei Matthäus besteht. Die Antwort würde dann zwar anders gegeben als durch die Erzählung von der Grabeswache. Möglicherweise gehört dann in diesen Zusammenhang auch der betonte Hinweis darauf, daß die Leichentücher ordentlich zusammengelegt im Grabe liegen (20,5 u. 6) und daß auch das Schweißtuch zusammengewickelt ist (20,7). Bei einem Leichenraub würde man das kaum so vorgefunden haben. Es scheint hier also eine Apologie des leeren Grabes durchzuschimmern, die nötig wurde, weil die Behauptung des Diebstahls des Leichnams Jesu aufgestellt wurde. Allerdings wird die Apologie nicht ausdrücklich durchgeführt; und so kann man nicht sicher behaupten, ob sie vorliegt.

Jesus spricht jetzt Maria an, indem er sie beim Namen ruft. Da erkennt sie ihn, redet ihn mit Rabbuni an. (Die Emmaus-Jünger erkannten Jesus beim Mahl. Immer ist er es also, der das Erkennen auslöst.) – Sodann folgt eine rätselhafte Bemerkung. Jesus sagt (ich zitiere nach der Lutherbibel): »Rühre mich nicht an! Denn ich bin noch nicht aufgefahren zum Vater. Gehe aber hin zu meinen Brüdern und sage ihnen: Ich fahre auf zu meinem Vater und zu eurem Vater, zu meinem Gott und zu eurem Gott.«

Für unseren Zusammenhang ist diese Bemerkung nicht ganz unwichtig. Wir fragen ja nach der Vorstellung von Auferstehung; und dabei spielt dann die Frage nach der Berührbarkeit des Auferstandenen u. U. eine Rolle. Aber wie ist die Stelle zu verstehen? Warum soll Maria Jesus nicht anrühren?

Man könnte antworten, weil man einen Auferstandenen nicht anrühren kann. Dagegen ließe sich zwar einwenden, daß nicht nur nach der lukanischen Darstellung ein Anrühren möglich ist, sondern in der folgenden Thomas-Geschichte das Anrühren sogar angeboten wird. Es bliebe freilich immer noch denkbar, daß hinter unserer Geschichte eine Tradition steht, die die Möglichkeit des Anrührens bestreitet. Der Evangelist hätte dann die beiden Vorstellungen nur nicht miteinander ausgeglichen.

Doch man muß auf den Zusammenhang des Satzes achten. Das Nicht-Anrühren-Sollen wird ja (nach dieser Übersetzung) damit begründet, daß Jesus noch nicht zu seinem Vater aufgefahren ist. Dann müßte man doch aber fragen, ob später ein Anrühren als möglich gedacht ist. Das kann man sich kaum vorstellen, denn wie sollte man sich das denken? Man wird aber auch nicht sagen können, daß Jesus nach der Begegnung mit Maria zum Vater auffährt, bei den späteren Begegnungen dann anrührbar ist. Ich meine auch, man sollte zunächst davon ausgehen, daß wo vom leeren Grab die Rede ist, der Auferstandene auch als berührbar zu denken ist.

Man hat mehrfach versucht, das μή μου ἅπτου etwas freier zu übersetzen mit: Halte mich nicht auf! Aber gibt das Sinn? Wenn das Nicht-Aufhalten damit begründet wird, daß Jesus noch nicht zum Vater aufgefahren sei, dann müßte man doch erwarten, daß er nun alsbald auffährt. Das ist doch aber (wenigstens im Zusammenhang des Evangeliums) nicht der Fall. – Die Schwierigkeiten werden beseitigt, wenn man so übersetzt: »Rühre mich nicht an! Ich bin *zwar* noch nicht aufgefahren zu meinem Vater (d. h. du könntest mich jetzt noch anrühren; ich möchte aber, daß du nun sofort etwas anderes tust, nämlich:) gehe aber zu meinen Brüdern und sagen ihnen...« – Mit dieser Paraphrase gibt die Stelle Sinn. Es liegt dann die Vorstellung vor, daß Jesus vor der Auffahrt zum Vater berührbar ist.

Ohne daß Maria sich von Jesus verabschiedet oder er von ihr, folgt sie unverzüglich seiner Weisung, geht zu den Jüngern und verkündigt ihnen, daß sie den Herrn gesehen und was er zu ihr gesagt habe (20,18).

Es folgt dann das Erscheinen Jesu vor den Jüngern – und zwar am Abend des gleichen ersten Tages der Woche (20,19–23). Die Jünger (ihre Zahl wird nicht genannt) sind in einem Raum in Jerusalem bei verschlossenen Türen zusammen. Jesus kommt (durch die verschlossenen Türen) in den Raum hinein. Er grüßt die Jünger, zeigt ihnen seine Hände und seine Seite (also nicht, wie Lk 24,39, Hände und Füße). Es heißt dann ausdrücklich, daß die Jünger sich freuten. (Lk 24,37 fürchteten die Jünger sich und hielten Jesus erst für ein Gespenst.) Bei Johannes fehlt aber das Motiv des Zweifels (das dann freilich in der Thomas-Geschichte später thematisch begegnet).

Nach einem erneuten Friedensgruß folgt dann (in typisch johanneischer Terminologie) der Missionsbefehl: »Wie mich der Vater gesandt hat, so sende ich euch.« Dann bläst Jesus die Jünger an und gibt ihnen damit den Geist. Im vierten Evangelium fallen also in der Tat Ostern und Pfingsten auf einen Tag. – Mit der Geistverleihung ist die Macht verbunden, Sünden zu vergeben und die Sündenvergebung zu verweigern – ein Motiv, das Mt 16,19 und Mt 18,18 ganz ähnlich begegnet: an der erstgenannten Stelle als eine dem Petrus erteilte Vollmacht, an der zweiten Stelle als Vollmacht der Gemeinde, in beiden Fällen aber als Verleihung durch den irdischen Jesus dargestellt. – In dem, was Jesus (nach Johannes) hier den Jüngern sagt, ist also einmal der Blick nach außen gerichtet (Sendung), sodann mehr nach innen (Sündenvergebung).

Die Ähnlichkeit des Abschnittes Joh 20,19–23 mit dem entsprechenden bei Lukas (24,36–49) ist unverkennbar. Man muß freilich auch die Differenzen sehen, wobei (außer den genannten) noch hinzukommt, daß der durch verschlossene Türen kommende Jesus nicht betastet wird, auch nicht vor den Jüngern ißt. Daß man deswegen – im Rahmen der Gesamtaussage des Evangeliums – von einer besonderen Vorstellung der Auferstehungsleiblichkeit reden kann, wird man kaum sagen dürfen, denn die anschließende Thomas-Geschichte (20,24–29) zeigt ja, daß man Jesus betasten *kann*.

Hier begegnet nun das Motiv des Zweifels thematisch. Thomas, einer der Zwölf, war am Abend des ersten Tages der Woche nicht in Jerusalem dabei. Ihm wird die Botschaft gesagt; aber er glaubt nicht. Er will sich vergewissern und erst dann glauben, wenn er in Jesu Händen die Nägelmale sieht und seinen Finger in die Nägelmale und seine Hand in Jesu Seite legen kann. Eine

Woche später kommt Jesus wieder durch verschlossene Türen und fordert Thomas nun auf, genau das zu tun, was er als Vorbedingung für seinen Glauben gefordert hatte. Daß Thomas das tut, wird nicht gesagt; jedoch bekennt er: »Mein Herr und mein Gott!« Die Pointe der Geschichte liegt im abschließenden Wort Jesu: »Weil du mich gesehen hast, Thomas, glaubst du. Selig sind, die nicht sehen und doch glauben.« – Das heißt doch aber: Es gab die Möglichkeit des Sehens Jesu. Jetzt aber gibt es nur die Botschaft. Ihr hätte Thomas glauben sollen, ohne eine zusätzliche Vergewisserung zu verlangen. Wird diese Vergewisserung zwar ausnahmsweise gewährt, so soll das Normale doch das Glauben auf Grund des Hörens sein.

Wenn man das modern formuliert, kann man sagen: Man soll (nach dem Johannes-Evangelium) auf das Kerygma hören, aber nicht auf Beweise durch Fakten insistieren. Das schließt selbstverständlich nicht aus, daß hinter dem Kerygma Fakten stehen. Der Glaube aber fragt nicht erst nach Fakten, bevor er zum Glauben bereit ist. Das Problem wird uns noch beschäftigen.

Nach der Thomas-Geschichte schloß ursprünglich das Johannes-Evangelium. 20,30–31 sind ein deutlicher Buchschluß. Trotzdem geht die Geschichte weiter. Das sogenannte Nachtragskapitel ist aber ganz anderer Art als der sekundäre Schluß des Markus-Evangeliums (16,9–20). Dort haben wir es einfach mit einer harmonisierenden Darstellung von Motiven aus den anderen Evangelien zu tun. Joh 21 dagegen liegt eine eigenständige Tradition vor. Darum müssen wir darauf eingehen. Bemerken möchte ich nur, daß in der Forschung weitgehend Übereinstimmung darüber besteht, daß Joh 21 nicht vom Verfasser der übrigen Kapitel stammt.

Die Szene wechselt. Was folgt, spielt nicht mehr in Jerusalem, sondern am See Tiberias, also in Galiläa. Bisher begegnete uns eine galiläische Erscheinung nur im Matthäus-Schluß. Aber die ist mit der hier erzählten nicht recht zu vergleichen.

Überhaupt ist sehr seltsam, was jetzt noch erzählt wird. Es handelt sich zwar um einen Nachtrag, aber er will ausdrücklich ein späteres Geschehen darstellen. 21,1 ist deutlich eine redaktionelle Überleitung: »Danach offenbarte sich Jesus wiederum den Jüngern am See Tiberias. Er offenbarte sich aber folgendermaßen ...« Von 21,2 an wird ältere Tradition aufgenommen und bearbeitet.

Beieinander sind Simon Petrus, Thomas, Nathanael, die Zebedaiden und zwei weitere Jünger. Petrus will fischen gehen. Die anderen wollen ihn begleiten. Sie steigen ins Boot, fangen jedoch in der Nacht nichts.

Wenn man das Ganze als Fortsetzung der Erzählung von Kap. 20 versteht, wundert man sich nun doch etwas. Hatten die Jünger nicht von Jesus den Missionsbefehl bekommen? Er hatte sie doch gesandt. Jetzt aber wird mit keinem Wort angedeutet, daß sie irgendwelche Konsequenzen daraus gezogen hätten. Und man hat dann auch bei der Fortsetzung nicht den Eindruck, als ob die Jünger Jesus schon in Jerusalem gesehen hätten. Das Ganze wirkt wie eine Ersterscheinung, mehr noch: Es wirkt wie eine *ganz überraschende* Ersterscheinung. Man kann sich den Eindruck, den diese Erzählung macht, am besten verdeutlichen, wenn man sich einmal vorstellt: Die Kreuzigung Jesu ist geschehen, dann die Rückkehr der Jünger nach Galiläa – und nun widerfährt ihnen irgendwann das, was dieses Kapitel enthält – und zwar eben ganz überraschend und ohne Vorbereitung (etwa durch Auffinden des leeren Grabes).

Folgen wir der Erzählung! Nach dem Mißerfolg kommt das Boot morgens zum Ufer. Da steht Jesus – aber die Jünger erkennen ihn nicht (wie die Emmaus-Jünger und wie Maria Magdalena). Jesus fragt, ob sie etwas zu essen hätten. Sie verneinen das. Jesus fordert sie jetzt auf, das Netz an der rechten Seite des Schiffes auszuwerfen. Dabei fangen sie so viel, daß sie das Netz nicht mehr einholen können. Nun sagt der Jünger, den Jesus liebhatte, zu Petrus: »Es ist der Herr«. Das veranlaßt Petrus, sich den Rock anzuziehen und ins Wasser zu stürzen. Damit soll natürlich ausgedrückt werden, daß er so schnell wie möglich zu Jesus will; es wird aber nicht gesagt, daß er hinkommt.

Die anderen Jünger bergen das Schiff. An Land sehen sie Kohlen aufgeschichtet, darauf Fische und Brot. Es ist also schon etwas zu essen da. Nun fordert Jesus die Jünger auf, von den Fischen zu bringen, die sie gefangen haben. Petrus zieht das Netz an Land. Es sind 153 Fische darin. Trotzdem zerreißt das Netz nicht. Jesus fordert auf, das Mahl mit ihm zu halten. Niemand wagt, ihn zu fragen, wer er sei; sie wußten aber: Es ist der Herr.

In einer sicher redaktionellen Bemerkung wird hinzugefügt, es sei das dritte Mal, daß Jesus den Jüngern offenbar wurde (21,14). – Interessant ist sodann ein Motiv, das schon beim

Jüngerwettlauf zum Grabe begegnete. Jesus wird zuerst von dem Jünger erkannt, den Jesus liebhatte, Petrus aber macht sich als erster auf den Weg zu Jesus. Nun wird hier zwar nicht ausdrücklich gesagt, daß Petrus als erster zu Jesus kommt (wie auch 20,7 nicht ausdrücklich gesagt wurde, daß Petrus glaubte). Man sieht: Die Priorität des Petrus wird zwar nicht bestritten, sie soll aber deutlich zurücktreten. Der Jünger, den Jesus liebhatte, wird statt dessen in den Vordergrund gerückt.

Genau dieses Motiv spielt im Folgenden dann noch einmal eine Rolle (21,15–23). Nach dem Mahl fragt Jesus Simon Petrus: »Hast du mich lieb?« Petrus antwortet: »Ja, Herr!«; und er bekommt von Jesus den Auftrag: »Weide meine Lämmer!« In ähnlichen Wendungen wiederholt sich dieses Gespräch noch zweimal. – Unwillkürlich fragt man sich, ob hier (ein erneuter?) Sendungsauftrag erteilt wird. – Dann wendet Jesus sich an Petrus mit den Worten: »Als du jünger warst, hast du dich selbst gegürtet und gingst, wohin du wolltest. Wenn du aber alt wirst, wirst du deine Hände ausstrecken und ein anderer wird dich gürten und führen, wohin du nicht willst«. – Das versteht man (wenn man noch nicht auf die Fortsetzung achtet) doch zunächst einmal so: Petrus wird nun *ganz* in Dienst genommen; es kommt jetzt nicht mehr auf seinen, sondern allein auf den Willen seines Herrn an. – Der Erzähler aber will das anders verstehen, denn er fügt ein, daß Jesus damit auf den Märtyrertod des Petrus hingewiesen habe (21,19). Danach spricht Jesus wieder selbst: »Folge mir nach!« Und nun wendet sich Petrus zu dem Jünger um, den Jesus liebhatte, und fragt, was mit dem nun würde. Die Antwort ist ein Rätselwort: »Wenn ich will, daß er bleibt, was geht das dich an? Folge du mir nach!« – Wieder kommentiert dann der Erzähler: Unter den Brüdern ging die Rede aus, daß dieser Jünger nicht sterbe. (Das muß offenbar einmal die Meinung gewesen sein, die sich dann aber – nach dem Tode dieses Jüngers? – als Irrtum herausgestellt hat. Darf man vermuten, daß zwischen der Abfassungszeit des Evangeliums und der des Nachtragskapitels der Tod dieses Jüngers liegt?) Jedenfalls wird jetzt die Meinung, Jesus habe sagen wollen, dieser Jünger sterbe nicht, als Irrtum zurückgewiesen, und Jesu Wort an Petrus wird wiederholt, das nun tatsächlich als Rätselwort stehenbleibt. Sodann wird dieser Jünger als wahrhafter Zeuge bezeichnet; und dann folgt ein neuer Buchschluß (21,24 u. 25).

Das Kapitel 21 wirft natürlich eine Fülle von Fragen auf; und man kann sich unschwer vorstellen, daß die Forscher darauf sehr verschiedene Antworten gegeben haben. Insbesondere hat man immer wieder versucht, das seltsame Nebeneinander von Petrus und dem anderen Jünger zu erklären. Doch wie immer man die Lösung zu finden hoffte, eines wird man sicher sagen können: Das Nebeneinander ist typisch johanneisch. Nur das vierte Evangelium kennt den Jünger, den Jesus liebhatte. Dreimal begegnet er neben Petrus: beim Wettlauf zum Grabe, beim Fischzug und bei der Beauftragung. Hier haben also der Evangelist (20,2–10) und der Verfasser des 21. Kapitels in die Tradition eingegriffen. Hebt man diesen Eingriff vorsichtig ab, dann bleibt in Kap. 21 als ältere Tradition erkennbar: ein überraschendes Erscheinen Jesu vor Petrus beim Fischen in Galiläa und die Beauftragung des Petrus, nun nicht mehr im eigenen Namen, sondern im Namen eines anderen ans Werk zu gehen.

Das lassen wir jetzt erst einmal so stehen und wenden uns nach der Betrachtung der Evangelientexte wieder dem Faden unserer Vorlesung zu.

IV. Ergebnisse und weiterführende Fragen

Wir erinnern uns dazu an unsere Fragestellung. Wir wollten Information gewinnen, genauer: Wir wollten feststellen, mit Hilfe welcher Vorstellungen die Evangelisten die Glaubensaussage »Jesus ist auferstanden« ausgedrückt haben.

Nun ist zunächst festzustellen, daß die Auferstehung selbst an keiner Stelle in den Blick kommt. Darin ist die gesamte Tradition einheitlich: Nirgendwo wird behauptet oder dargestellt, daß irgend jemand Zeuge der Auferstehung Jesu gewesen sei. Immer handelt es sich um Begegnungen mit Jesus nach seinem Tode. Die setzen natürlich voraus, daß zwischen der Kreuzigung Jesu und diesen Begegnungen etwas passiert ist. Was aber passiert ist, bleibt im Dunkel. Niemals wird dieses Geschehen dargestellt oder erzählt.

Wir nennen das, was passiert ist, Auferstehung. Aber was ist das nun? Das wollten wir doch festzustellen versuchen. Darauf bekommen wir aber (wenigstens unmittelbar) keine Antwort.

Die einzige Möglichkeit, das näher zu beschreiben, besteht

darin, daß man versucht, von den Begegnungen aus zurückzuschließen. Man könnte dann etwa fragen: Was *muß* passiert sein, damit diese Begegnungen möglich wurden?

Hier stehen wir jedoch vor der Schwierigkeit, daß sehr unterschiedliche Darstellungen der Begegnungen vorliegen. Der Befund scheint, wie wir gesehen haben, verwirrend. Kann man ihn irgendwie ordnen, um zu einem vertretbaren Ergebnis zu kommen?

Von einer gewissen Gemeinsamkeit kann man ausgehen. Durchweg liegen sehr »massive« Vorstellungen vor. Das zeigt sich insbesondere an zwei Zügen: am leeren Grab einerseits, und andererseits an der Möglichkeit, Jesus zu betasten und daran, daß er mit oder vor seinen Jüngern ißt. So bekommt man fast den Eindruck, daß der verstorbene Jesus in seinem alten Leibe bzw. in seinem alten Körper wieder ins Leben zurückgekehrt ist. Man wird dann wohl auch ziemlich sicher sagen können, daß zumindest die Evangelisten sich die damals geschehene Auferstehung so vorgestellt haben; zumindest hätten sie, wenn sie danach gefragt worden wären, so geantwortet.

Dennoch wird dieser Eindruck durchkreuzt von anderen Zügen. Obwohl Identität vorliegt, kann man Jesus nicht ohne weiteres erkennen (Emmaus-Jünger; Maria Magdalena; die Fischer am See Tiberias). Hier müssen dann immer erst die Augen der Zeugen geöffnet werden; und so fragt man unwillkürlich: Warum ist das nötig, wenn Jesus doch in seinem alten Leibe erscheint?

Dasselbe Motiv begegnet dann auch in einer anderen Gestalt: Die Identität wird nicht erst nach einiger Zeit festgestellt, sondern gleich anschaulich dargestellt: Jesus zeigt seine Wundmale (bei Lukas Hände und Füße; bei Johannes Hände und Seite). Hier kommt doch zum Ausdruck: Der, den die Jünger sahen, ist identisch mit dem Gekreuzigten. Wieder die Frage: Warum muß diese Identität ausdrücklich demonstriert werden?

Schließlich muß man in diesem Zusammenhang auch noch auf den Zweifel der Zeugen hinweisen. Wir hören davon im Matthäus-Schluß, sodann bei Lukas (wo bei der Erscheinung Jesu vor den in Jerusalem versammelten Jüngern der Zweifel Schritt für Schritt abgebaut werden muß). Bei Johannes schließlich wird das Motiv in der Thomas-Geschichte thematisch dargestellt.

Obwohl es sich also immer um den aus dem Grabe gekommenen Jesus handelt, ist die Identität doch nicht unmittelbar zu erfahren. Sie wird entweder erst nach Öffnung der Augen erkannt; oder sie muß ausdrücklich betont werden; oder der Zweifel muß überwunden werden. Als Frage und Antwort formuliert lautet das Problem so: »Ist es wirklich *Er*, den sie gesehen haben?« – »Ja, es ist *Er*!«

Ein weiterer Komplex kommt hinzu. Die »Leiblichkeit« des erscheinenden Jesus wird unterschiedlich gedacht bzw. vorgestellt. Neben den »massiven« Zügen (das Grab war leer; Jesus ißt; er kann betastet werden) gibt es den, daß Jesus durch verschlossene Türen gehen kann. Beides ist nicht recht miteinander vereinbar. – Und in diesem Zusammenhang muß man sich doch auch die Frage stellen, wie sich die Evangelisten denn eigentlich den Verbleib des auferstandenen Jesus gedacht haben. Nur Lukas ist hier konsequent, indem er (zumindest in der Apostelgeschichte) von der Himmelfahrt erzählt. (Lk 24,51 bestehen ja, wie wir gesehen haben, textkritische Schwierigkeiten. Aber immerhin handelt es sich auch hier um eine ausdrückliche Abschiedsszene.) – Bei Markus erfahren wir nichts (was immerhin noch mit einem fehlenden Schluß erklärt werden könnte). Matthäus und Johannes schweigen.

Wir sind natürlich leicht geneigt, den Abschluß bei Lukas stillschweigend in den anderen Evangelien mitzudenken. Aber hier muß man vorsichtig sein. Warum erzählen sie denn nicht davon? Wenn man an der Leiblichkeit des Auferstandenen *interessiert* ist, wenn es einem darauf ankommt, eine zutreffende Vorstellung darüber zu vermitteln, dann kann man doch dieses Problem nicht einfach mit Stillschweigen übergehen! Das gilt um so mehr, als wir ja nicht unsere Kenntnis von *vier* Evangelien so in die frühe Urgemeinde zurückprojizieren dürfen, daß wir sie auch dort alle vier als bekannt voraussetzen können. Matthäus z. B. wollte vollständig sein. Er hat nicht etwa daran gedacht, seine Leser würden durch Lukas erfahren, daß Jesus in den Himmel aufgefahren ist. Wenn Matthäus etwas von der Himmelfahrt Jesu gewußt hätte, hätte er sie bestimmt im Anschluß an die Szene auf dem Berg in Galiläa erzählt. – Doch wie kommt es, daß er davon nichts gewußt hat und auch gar keine Notwendigkeit zu empfinden scheint, die Frage nach dem Verbleib des Auferstandenen auch nur anzudeuten? Immerhin erhalten wir nun doch eine Antwort: Der Auferstandene bleibt bei seinen Jüngern bis an der Welt Ende. Nur wird das ja nicht in *der* Leiblichkeit der Fall sein, in der er vorher als Auferstandener vorgestellt ist.

Das alles zwingt doch zu der Frage: Sollte es so sein, daß das, was uns interessiert (die Leiblichkeit des Auferstandenen), damals gar nicht interessiert hat? Gerade das so uneinheitliche Bild legt diese Vermutung einfach nahe.

Nun wollten wir ja nicht nur nach den Vorstellungen fragen, die man damals benutzte, als man die Auferstehung Jesu bezeugte, sondern wir wollten auch fragen, ob man heute beim Bekenntnis »Jesus ist auferstanden« dieses »auferstanden« in einer ganz bestimmten Vorstellung denken *muß* und nur in ihr dieses Bekenntnis wirklich ausdrücken kann. Eben das wird ja heute behauptet, wie ich am Anfang der Vorlesung schon andeutete und wie es am Bußtag (1967) in der Düsseldorfer Erklärung der sogenannten Bekenntnisbewegung erneut formuliert worden ist. (Ich gehe gleich noch auf diese Erklärung kurz ein.)

Angesichts der hier vorliegenden Schwierigkeit zieht man häufig Paulus zu Rate. Hilft er wirklich weiter? Zwar sagt Paulus 1 Kor 15 nichts von der Leiblichkeit des Auferstandenen, aber er spricht vom »Leibe«, in dem die Toten auferstehen werden. Wenn Paulus dann 1 Kor 15,20 Christus als den Erstling der Auferstehung bezeichnet, dann könnte es ja vielleicht erlaubt sein, aus der Leiblichkeit, in der die Toten auferstehen werden, auf die Leiblichkeit zurückzuschließen, in der Jesus auferstanden ist. Das hat man mehrfach getan, indem man einen Begriff, den Paulus verwendet, zur Erklärung der Evangelien-Schlüsse (wo er aber nicht vorkommt!) heranzog. Paulus spricht von einem pneumatischen (einem »geistlichen«) Leibe, in dem die Toten auferstehen und in den die bei der Wiederkunft Christi noch Lebenden verwandelt werden. Damit scheint sich eine Lösung anzubieten. Weil Jesus in einem pneumatischen Leibe auferstanden ist, war er nicht gleich erkennbar, konnte er durch verschlossene Türen gehen.

Diese Lösung ist jedoch völlig unbrauchbar. Man darf nicht einen bei Paulus (und nur bei ihm) vorkommenden Begriff aus dem Kontext herauslösen und in die Darstellung der Evangelisten eintragen. Man muß zumindest vorher klären, was Paulus selbst unter einem pneumatischen Leib versteht. Das kann man nur feststellen, wenn man 1 Kor 15,35–55 ganz liest. Ich muß mich hier auf Andeutungen beschränken.

Zunächst gilt es zu sehen, daß Paulus in diesem Kapitel polemisiert. In Korinth gibt es Leute, die die Auferstehung der Toten leugnen. Sie tun das offenbar mit dem sehr rationalen Argument: Der Leib zerfällt in der Erde. In welchem Leibe soll der Mensch nun auferstehen? Darauf antwortet Paulus: in einem pneumatischen Leibe.

An dieser Stelle liegt nun aber ein Übersetzungsproblem vor. Das hängt damit zusammen, daß hier zwei grundverschiedene Anthropologien aufeinanderstoßen. Paulus spricht von σῶμα. Das Wort übersetzt man im allgemeinen mit »Leib«. Wenn *wir* nun »Leib« sagen, verstehen wir darunter im allgemeinen »Körper«. Der Körper zerfällt aber in der Erde. – Paulus versteht unter σῶμα jedoch nicht den Körper, sondern er drückt mit diesem Begriff die Identität der Person vor und nach dem Tode aus. Die Auferstandenen sind dieselben wie die, die gelebt haben. Es handelt sich (wie wir sagen würden) um dasselbe Ich.

Wenn Paulus nun vom irdischen Leib (wir übersetzen besser vom irdischen Ich) spricht, dann gilt von diesem irdischen Ich, daß es anschaubar, betastbar ist, daß es essen und trinken kann; es ist »Fleisch und Blut«. Das Auferstehungs-Ich (= der pneumatische Leib) existiert in einer davon vollständig unterschiedenen Existenzweise. Wie dieser Leib (dieses Ich) aussieht, kann Paulus gerade *nicht* angeben, versucht es auch gar nicht. Er behauptet (eben mit Hilfe des Begriffes »Leib«) nur die Identität des Ich – allerdings in totaler Andersartigkeit.

Interessant ist nun für uns, wie der Übergang vorgestellt wird. Den irdischen Leib (= das Ich in »Fleisch und Blut«) vergleicht Paulus mit einem Samenkorn, das ausgesät wird, stirbt und zerfällt. Der pneumatische Leib (= das Ich in völlig anderer, nicht ausdenkbarer Existenzweise) setzt aber nun nicht voraus, daß Fleisch und Blut, daß der Körper, der in die Erde gelegt war, mit neuem Leben erfüllt wird. An dieser Stelle gibt Paulus dem korinthischen Einwand recht: Der Körper verwest – und darum setzt ein pneumatischer Leib auch kein leeres Grab voraus. Was ins Grab gelegt wird, ist nach Paulus gerade nicht der Leib (das Ich), der *werden* soll, sondern ist vergänglich, sterblich, verweslich (vgl. V. 42!). Der pneumatische Leib (das Auferstehungs-Ich) ist darum auch nicht so etwas wie ein ätherischer Körper (also: *noch* Körper, nur den irdischen Bedingungen entnommen), dem man zwar die irdische Körperlichkeit noch *ansieht*, der aber nun nicht mehr in der irdischen Materie da ist.

Mit der Bezeichnung »pneumatischer Leib« wird also die Identität mit dem irdischen Ich behauptet; nur entzieht sich der pneumatische Leib *jeder* Vorstellung. Nur mit Bildern und Vergleichen kann Paulus ausdrücken, was er meint. – Damit wird aber deutlich: Man darf nicht einfach einen Begriff, der bei Paulus vorkommt, aus dem Kontext lösen und sich dabei eine eigene Vorstellung zurechtlegen, die dann in einen ganz anderen Zusammenhang zu passen scheint. Sie paßt einfach nicht! Und darum kommt man auf diesem Wege nicht aus den Schwierigkeiten heraus. Hier würde sogar das leere Grab stören. Und selbstverständlich kann ein (paulinisch verstandener) pneumatischer Leib nicht essen und betastet werden.

Wir stellen nun den Zusammenhang wieder her. Wir haben gefragt, ob die Möglichkeit besteht, von der »Leiblichkeit« aus, in der die Evangelisten den Auferstandenen darstellen, auf die Auferstehung selbst zurückzuschließen. Das ist uns wegen der unterschiedlichen Darstellungen nicht gelungen. Nun müssen wir uns darüber klar sein, daß wir uns unsere Fragestellung von dem Punkt geben ließen, der heute kontrovers ist. Wir haben also *unser* Interesse an die Texte herangetragen. Auf *unsere* Fragen geben die Texte (wenigstens unmittelbar) keine Antwort. Von hier aus gelingt keine Ordnung des verwirrenden Befundes. Selbstverständlich können wir unsere Frage nicht vergessen, aber wir müssen sie erst zurückstellen und statt dessen fragen, ob es einen anderen Weg gibt, mit den verwirrenden Eindrücken der Texte fertig zu werden, ob wir dieses (ich möchte jetzt schon betonen: scheinbare) Durcheinander dennoch in eine Ordnung bringen können. Das ist m. E. der Fall.

Trotz aller Differenzen in Einzelheiten gibt es ja auch eine Gemeinsamkeit. Gehen wir von der aus! Sie besteht darin, daß alle Evangelisten das »Ostergeschehen« als einen Ablauf von Ereignissen darstellen. Mögen diese in Einzelheiten unterschiedlich gezeichnet sein – immer ist es ein Ablauf; und mehrfach habe ich auf die bewußten Verklammerungen hingewiesen (etwa bei den Namen der Frauen, bei der Geschichte von den Grabeswächtern usw.).

Nun war uns auch schon beim Apostolikum ein Ablauf begegnet, dort den *ganzen* Weg Jesu referierend. *Eine* Etappe dieses Weges war: am dritten Tage auferstanden von den Toten. Diese eine Etappe erscheint jetzt in den Evangelien als ein differenzierter Ablauf, als eine Folge von Geschehnissen.

Wir müssen das freilich noch etwas genauer sagen. Das Apostolikum ist ja jünger als die Evangelien. *Diese* nennen einen Ablauf von Ereignissen. Das Apostolikum faßt sie aber nicht eigentlich zusammen, sondern das Apostolikum nennt *das* Ereignis, das *vor* dem Ablauf der Ereignisse in den Evangelien liegt, das diese selbst aber nicht darstellen: am dritten Tage auferstanden.

Wenn wir nun also feststellen: Die Evangelien stellen die Osterereignisse als einen Ablauf dar, dann müssen wir zwei Dinge auseinanderhalten. Es ist *eine* Sache, daß die Evangelisten das Ostergeschehen als Folge, als Ablauf von Ereignissen darstellten (und dann natürlich auch davon überzeugt sind, daß dieser Ablauf der richtige war). Es ist aber eine *andere* Sache, ob sie damit den Ablauf so darstellten, wie er wirklich geschehen ist. Das also muß man auseinanderhalten. Die Meinung, die jemand von einem Geschehen hat, muß sich nicht ohne weiteres mit dem tatsächlichen Geschehen decken.

Ich frage wieder: Muß man es Skepsis nennen, wenn man so unterscheidet? Das ist doch wohl nicht der Fall, denn unsere Texte *zwingen* uns ja einfach zu dieser Unterscheidung. Man könnte ihr nur entgehen, wenn man mit einer Hypothese arbeitet, die man allerdings oft benutzt hat. Man behauptet dann, die einzelnen Evangelisten stellten nicht das gesamte Ostergeschehen dar, sondern immer nur einen Teil davon. Sie hätten ausgewählt. Wir aber müßten (wenn wir den tatsächlichen Ablauf erfahren wollen) nun zusammenschauen, müßten ordnen. Diese Hypothese erweist sich jedoch als völlig unbrauchbar, wenn wir bereit sind, die Texte so zu nehmen, wie sie nun einmal lauten. Dennoch wollen wir diese Hypothese einmal kurz verfolgen. Wir erkennen dann, warum sie unbrauchbar ist. Eben dadurch werden wir aber auf eine Spur stoßen, der wir dann weiter nachgehen können.

Am Anfang steht immer die Geschichte vom leeren Grab. Auf die unterschiedlichen Darstellungen will ich jetzt nicht näher eingehen. Wir haben ja schon gesehen, daß Matthäus und Lukas von Markus abhängig sind, daß aber auch die johanneische Tradition (Maria Magdalena) irgendwie mit der von Markus gebotenen zusammenhängt. Man könnte nun also, wenn man harmonisieren wollte, sagen: Als erstes Geschehen in diesem Ablauf ist das leere Grab zu nennen. Mögen Spätere auch die Darstellung modifiziert haben (und dann mindestens in den Details keinen richtigen Ablauf mehr bieten), dann haben wir wenigstens bei Markus die ursprüngliche Tradition vor uns. Gelingt also hier zur Not noch so etwas wie eine Harmonisierung, dann setzen beim Versuch der Rekonstruktion des weiteren Ablaufs unüberwindliche Schwierigkeiten ein.

Am auffälligsten sind da zunächst die Unterschiede in den Ortsangaben. Wollte man hier harmonisieren, müßte man natürlich das Geschehen in (und um) Jerusalem dem Geschehen in Galiläa zeitlich vorordnen. Dann käme etwa folgende Reihenfolge heraus:

1. Die Erscheinungen Jesu am Grabe vor zwei Frauen (bei Matthäus; bei Johannes nur vor Maria Magdalena). Dem widerspricht aber (nun nicht etwa zufällig, sondern ganz ausdrücklich) Lukas, und zwar in doppelter Weise.

   a) Die Emmaus-Jünger sagen zu ihrem (noch unerkannten) Begleiter, daß Frauen das Grab leer gefunden und eine Erscheinung von Engeln gehabt hätten, daß auch Jünger das Grab dann leer gefunden hätten, *aber gesehen hat man Jesus nicht* (24,24). – Damit soll ja gesagt werden, daß eine Erscheinung Jesu den Zweifel beseitigt hätte. So wird also die Erscheinung vor Frauen am Grabe ausdrücklich bestritten.

   b) Dadurch, daß die Emmaus-Jünger nach der Rückkehr nach Jerusalem nicht zu Wort kommen, sondern ihnen zugerufen wird: »Der Herr ist wahrhaftig auferstanden und dem Simon erschienen«, wird die Priorität der Erscheinung vor Petrus behauptet. Die muß man sich dann in Jerusalem denken (wenn auch nicht am leeren Grab). Jedenfalls soll sie die erste gewesen sein.

   Es konkurrieren also miteinander die Angaben: erste Erscheinung vor Frauen am Grabe und Ersterscheinung vor Petrus.

2. Die Erscheinung vor den Emmaus-Jüngern. Zwar bietet nur Lukas diese Geschichte; aber da sie am späten Nachmittag und Abend des Ostersonntags datiert ist (zwei Stunden von Jerusalem entfernt) stößt sie sich nicht unmittelbar mit der Reihenfolge in den anderen Evangelien. Diese könnten sie (aus welchen Gründen auch immer) ausgelassen haben.

3. Die Erscheinung in einem Hause in Jerusalem vor dem Jüngerkreis. Davon erzählen Lukas (24,36–49) und Johan-

nes (20,19–23), aber in sehr unterschiedlicher Darstellung. Gemeinsam ist lediglich: Aufzeigen der Identität, Missionsbefehl. Unter den vielen Differenzen ist erheblich: Bei Johannes erfolgt hier schon die Geistverleihung, bei Lukas erst 50 Tage später.

Man wird doch auf keinen Fall (wenn man schon harmonisiert) behaupten wollen, daß es sich um zwei verschiedene Erscheinungen handelte. Wenn es aber *eine* war – wer erzählt sie dann richtig?

Hatten die Jünger zuerst Zweifel (Lukas) oder freuten sie sich sofort (Johannes)? Mit welchen Worten sendet Jesus die Jünger aus? Gab es ein Anblasen durch Jesus mit Geistverleihung (Johannes) oder nicht (Lukas)?

4. Die Erscheinung vor Thomas eine Woche später. Kein anderer Evangelist erzählt davon. Das Problem liegt aber hier anders als bei der Geschichte von den Emmaus-Jüngern (oben Ziffer 2), denn hier taucht ja doch im Blick auf Galiläa die Frage auf, ob die Jünger denn noch so lange in Jerusalem geblieben sind, obwohl sie (nach Matthäus) alsbald nach Galiläa ziehen sollten. Es wird doch auch offenbar das Sehen in Galiläa als *erstes* Sehen in Aussicht gestellt.

5. Die Erscheinungen in Galiläa, und zwar:

a) Auf dem Berge in Galiläa vor den elf Jüngern (Matthäus-Schluß),

b) beim wunderbaren Fischzug vor Petrus und sechs weiteren Jüngern (Joh 21).

Hier die Reihenfolge bestimmen zu wollen, wäre sehr schwierig, wobei man vorher allerdings noch anmerken müßte, daß nach Lukas Erscheinungen in Galiläa (wieder: nicht zufällig, sondern ausdrücklich) ausgeschlossen sind. Das zeigt einmal seine Veränderung von Mk 16,7 (Hinweis auf Galiläa) in Lk 24,6 (Erinnerung an Galiläa), sodann die Aufforderung Jesu an die Jünger, bis Pfingsten in Jerusalem zu bleiben (Lk 24,49), was sie dann (nach Lukas) auch tun.

Doch jetzt kommen noch andere Schwierigkeiten hinzu. Wenn man den Matthäus-Schluß ganz unbefangen liest, kommt man doch nicht auf den Gedanken, daß hier eine Erscheinung erzählt wird, der andere Erscheinungen vor demselben Kreis in Jerusalem vorausgegangen sind. Außerdem fragt man sich, warum der Missionsbefehl wiederholt werden muß, wenn er schon in Jerusalem gegeben wurde (siehe Ziffer 3). Noch seltsamer mutet die Erscheinung beim wunderbaren Fischzug an. Daß die Jünger (sogar nach dem Johannes-Evangelium selbst) bereits in Jerusalem den Sendungsauftrag bekamen, wirkt Johannes 21 überhaupt nicht nach. Sie gehen ihrem täglichen Geschäft nach, als wäre nichts passiert.

Der Schluß ist unvermeidbar: Eine synchronisierende Harmonisierung des verschieden dargestellten Ablaufs erweist sich als unmöglich. Wer sie dennoch versucht, muß die Texte verändern und die Differenzen für Belanglosigkeiten erklären.

In diesem Zusammenhang möchte ich kurz einen Punkt der schon angeführten Düsseldorfer Erklärung der sogenannten Bekenntnisbewegung zitieren. Es heißt dort: »Es muß auch die falsche Lehre verworfen werden, die Osterzeugen des Neuen Testamentes hätten ihre Botschaft in mythisch gefärbte Legenden gekleidet oder nicht die Absicht gehabt, die Erscheinungen des Auferstandenen als Grund und Voraussetzung des Glaubens so zu berichten, wie sie wirklich geschehen sind.« – In diesem Satz sind mehrere Motive miteinander verbunden. Auf das Problem, das mit den Worten »mythisch gefärbte Legenden« gemeint ist, komme ich in einem späteren Zusammenhang. Sodann wird gesagt, daß die Osterzeugen des Neuen Testaments (das sind doch offenbar nicht vor-neutestamentliche Zeugen eines Geschehens, deren Zeugnisse wir nicht mehr besitzen, sondern – in unserem Fall – die Evangelisten) die Erscheinungen des Auferstandenen als Grund und Voraussetzung des Glaubens darstellen wollten. Dies halte ich für richtig. Aber auch das muß später noch erläutert werden. – Schwierig wird es aber nun, wenn man es als »falsche Lehre« bezeichnet, zu behaupten, die Evangelisten hätten nicht die Absicht gehabt, die Erscheinungen *so* zu berichten, *wie* sie wirklich geschehen sind. Damit das Gesagte deutlich wird, kehre ich den Satz um. »Richtige Lehre« wäre dann: Die Osterzeugen des Neuen Testaments hatten die Absicht, die Erscheinungen des Auferstandenen (als Grund und Voraussetzung des Glaubens) *so* darzustellen, *wie* sie wirklich geschehen sind.

Ich lasse es dahingestellt, ob man hier sinnvollerweise von einer »Lehre« reden kann, muß aber die Frage stellen: Woher wissen die Verfasser der Düsseldorfer Erklärung, welche Absicht die Evangelisten hatten? Das kann man doch wohl nur den Texten entnehmen. Wenn man sie aber sorgfältig liest (ich fürchte, das hat man nicht getan) und dann behauptet, die Evangelisten wollten die Erscheinungen so darstellen, wie sie wirklich geschehen sind, dann muß man doch sofort hinzufügen: Geschafft haben sie aber natürlich nicht, was sie wollten. Was soll dann aber die »richtige Lehre«? Einerseits stellt man die Evangelisten damit bloß, denn man muß nun deren Unvermögen, das durchzuführen, was sie wollten, konstatieren. Andererseits verbaut man sich die Möglichkeit, u. U. doch noch an das Geschehen heranzukommen, das man erreichen will.

Ich habe ein größeres Zutrauen zur Leistung der Evangelisten als die Verfasser dieser Erklärung. Ich glaube schon, daß sie erreicht haben, was sie wollten. Sie wollten nur etwas anderes als das, was die Düsseldorfer Erklärung ihnen unterstellt. Dabei will ich nicht einmal bestreiten, daß die Evangelisten (sehr wahrscheinlich) der Meinung waren, das Ostergeschehen habe sich so zugetragen, wie sie es darstellen. Nur gingen hier ihre Meinungen dann inhaltlich offensichtlich auseinander. Dann ist man aber gezwungen, die Unterscheidung durchzuführen, auf die ich schon hinwies, nämlich zu differenzieren zwischen der Überzeugung, die man vom Ablauf eines Geschehens hat, und dem Geschehen selbst. Das heißt dann aber: Zu der Zeit, als die Evangelisten ihre Evangelien schrieben, gab es in der Urgemeinde keine einheitliche Auffassung mehr vom Wie des Ostergeschehens. Offenbar spielte das damals nicht die entscheidende Rolle, die man ihm heute oft zuschreibt. Denn wenn man wirklich am Wie interessiert gewesen wäre, hätte man das Wie doch auch einheitlich dargestellt.

Damit stehen wir aber vor der Frage, die allein weiterführt. Will man den Evangelisten kein Unvermögen vorwerfen, dann muß man fragen, was sie denn wirklich geleistet haben. Da eine Harmonisierung des Ablaufs nicht möglich ist, muß man weiter fragen, warum das nicht möglich ist. Womit hängt es zusammen, daß die Evangelisten den Ablauf so unterschiedlich darstellen *konnten* und es auch getan haben? Diese Frage läßt sich nun in der Tat sicher beantworten; und diese Antwort führt dann weiter.

Wieder dürfen wir den Schluß der Werke nicht isoliert betrachten. Die Evangelisten sind hier nämlich nicht anders vorgegangen, als sie es sonst auch taten. Ich erinnere an die Zwei-

Quellen-Theorie. Markus hat zwar für Matthäus und Lukas den Aufriß geliefert, in diesen Aufriß haben dann aber diese beiden noch Einzeltraditionen eingefügt. Wir wissen heute sicher, daß die Jesus-Überlieferung als Überlieferung von Einzeltraditionen begann. Ganz offenkundig gilt das auch von den Ostertraditionen. Da Matthäus und Lukas die Markusvorlage nur bis zur Geschichte vom leeren Grab kannten, war ihnen kein weiterer Ablauf vorgegeben. Den aber schufen sie nun eben selbst, indem sie (ursprüngliche) Einzeltraditionen aneinanderfügten. Für das Johannes-Evangelium kann man das (außer für Kap. 21) zwar nicht so direkt nachweisen, da wir seine Vorlage nicht mehr besitzen. Aber da auch hier die Ostergeschichte aus einzelnen Elementen besteht, darf man im vierten Evangelium Entsprechendes voraussetzen. Daraus folgt aber: Die Reihenfolge, in der die Evangelisten die Einzeltraditionen anordnen, geht auf ihr eigenes Konto.

Das führt dann zu einer weiteren Frage: Kann man Motive erkennen, von denen sich die Evangelisten bei der Anordnung der Einzeltraditionen in ihren Werken leiten ließen? Denkbar wäre ja folgendes: Die Evangelisten finden die Einzeltraditionen vor und fragen sich nun, in welcher Reihenfolge sich die Ostergeschehnisse abgespielt haben könnten. Da es dafür in der Urgemeinde keine einheitliche Überlieferung gab, versuchte nun jeder, so gut er konnte, die vermutlich richtige Reihenfolge herzustellen. Das könnte die unterschiedliche Anordnung erklären.

Man muß nun aber noch etwas beachten. Wir wissen heute sicher, daß jeden der Evangelisten bei der Abfassung seines Werkes eine bestimmte Konzeption leitete. Die war bestimmt durch die Zeit, in der er schrieb, durch den Leserkreis, für den er schrieb, durch theologische Probleme, die ihm aufgegeben waren. Ihren Niederschlag fand die Konzeption u. a. in der Anordnung des Stoffes im ganzen Werk – und zu den ganzen Werken gehörten dann eben auch die Schlüsse. – So läßt sich z. B. bei Lukas zeigen, daß er seine Konzeption unter anderem mit Hilfe geographischer Angaben durchführt. Die Kirche nimmt von Jerusalem ihren Ausgang. Galiläa ist eine Größe der Vergangenheit. Darum läßt Lukas (im Gegensatz zu seiner Markusvorlage) die Sendung der Jünger *nach* Galiläa aus (Mk 16,7). Statt dessen erinnert er an das, was Jesus (vorher!) in Galiläa angekündigt hatte (Lk 24,6). Das hat dann zur Konsequenz, daß Lukas die Osterereignisse in und um Jerusalem lokalisiert.

In unserem Zusammenhang kann ich nicht ausführlich auf die Konzeption der einzelnen Werke eingehen. Das ist für unseren Gedankengang aber auch nicht nötig, denn bei allen Differenzen der Einzelkonzeptionen bleibt eine Gemeinsamkeit hinreichend deutlich. Auf die sollte man in erster Linie achten. Trennt man die Schlüsse nicht vom Anfang, versteht man die Werke also wirklich als Einheiten, dann erkennt man: *Allen Evangelisten liegt daran zu zeigen: Das Wirken Jesu geht weiter.* Es geht trotz seines Kreuzestodes weiter; und es ist immer das Wirken dessen, der vorher auf Erden gewirkt hat. Die Schlüsse der Werke wollen also immer begründen, warum das, was über die Vergangenheit (über Jesu Reden und Wirken) erzählt wird, keine vergangene Sache ist, sondern ihre Gegenwart etwas angeht. Anders formuliert: Die Evangelisten wollen ihre Leser anreden – aber es soll dennoch *Anrede durch Jesus* bleiben.

Das Motiv der Identität, das uns in den einzelnen Ostergeschichten mehrfach begegnete, begegnet nun (wenn auch auf je eigene Weise) in der Einheit der vier Werke. Es besteht also eine Kontinuität vom Auftreten Jesu bis zu seiner gegenwärtigen Wirksamkeit.

Wenn man aber sagen will: Das Wirken Jesu geht weiter, dann ist es in der Tat relativ gleichgültig, ob man das in einer »historisch« richtigen Reihenfolge sagt, oder (wenn man die gar nicht mehr kennt) in einer nur als richtig angesehenen. Es handelt sich dabei eben nicht um ein Problem, das mit historischer Genauigkeit zusammenhängt, sondern es ist ein *Sach*problem. Weil Jesus nicht (wie andere Menschen der Vergangenheit) tot ist, sondern lebt, darum bestimmt sein damaliges Reden und Tun *heute* den Glauben. Genau das aber kommt am Schluß der Werke zum Ausdruck.

Es geht also (man muß hinzufügen: wunderbarerweise) nach Karfreitag weiter. Und *daß* es weitergeht, geht immer auf ein neues Auftreten und Eingreifen Jesu zurück, auf ein neues Senden. Die Vorstellungen, *wie* man sich die Auslösung des neuen Sendens denkt, sind durchaus unterschiedlich. Hier war man ganz offensichtlich (um es modern auszudrücken) nicht »dogmatisch« festgelegt. Das Wie ist zweifellos keine Frage des Glaubens.

Man muß das wieder etwas genauer formulieren: Zu der Zeit, als die Evangelisten ihre Werke schrieben, war das Wie keine

Frage des Glaubens, gehörte es nicht zu einer gemeinchristlichen Überzeugung. Man konnte also vom Weiterwirken Jesu überzeugt sein, ohne daß man *einheitlich* zum Ausdruck bringen *mußte,* wie es (genau) zu diesem Weiterwirken kam.

Dazu erinnern wir uns noch einmal an eine Frage am Anfang dieser Vorlesung: Gehört zum Glauben an den Auferstandenen unabdingbar eine bestimmte Vorstellung vom Wie der geschehenen Auferstehung dazu? Die Evangelisten beantworten diese Frage ganz eindeutig mit nein. Darf man das aber auch für die frühere Zeit (vor unseren Evangelien, die zwischen etwa 70 und 100 n. Chr. abgefaßt wurden) voraussetzen? Diese Frage nötigt uns, hinter die Evangelien zurückzufragen.

C. Die vor-evangelischen Traditionen

Von dem Zwang, uns an eine bestimmte Reihenfolge der Osterereignisse in den Evangelien zu halten, sind wir nun befreit, weil sich die Reihenfolge als sekundär erwiesen hat. Dann haben wir jetzt aber die Möglichkeit, die Einzeltraditionen (unabhängig von der Reihenfolge und auch unabhängig von den geographischen Angaben, die in den Evangelien vorliegen) zu vergleichen.

Dabei fällt sofort ein Typus von Erscheinungserzählungen auf, den man allgemein charakterisieren kann als Erscheinung vor den Jüngern mit Missionsbefehl. Nun ist zwar die Zahl der Jünger nicht immer gleich angegeben. Nach Lukas sind es die Elf und die bei ihnen waren (24,36 vgl. 24,33); Matthäus nennt nur die Elf (28,16), Johannes allgemein die Jünger (20,19). Es ist doch aber stets an den Kreis zu denken, mit dem der irdische Jesus zusammen war. – Auch die Ausgestaltung der Erscheinungserzählungen dieses Typus ist nicht gleich. Der Missionsbefehl ist jeweils unterschiedlich formuliert. Man kann leicht zeigen, daß manches in den Darstellungen kennzeichnend für gerade den betreffenden Evangelisten ist, er also hier selbst gestaltet hat. Hebt man das ab, wird die Übereinstimmung um so größer. Das heißt aber, daß diese drei Parallelerzählungen offenbar von einer Grunderzählung herkommen. Sie gehören in *einen* Traditionszusammenhang.

Die Sache liegt ähnlich wie bei den Erzählungen vom leeren Grab. Dennoch muß man auf einen wichtigen Unterschied hinweisen. Bei den vier Erzählungen vom leeren Grab konnte man zeigen, daß die von Matthäus und Lukas bestimmt auf die von Markus zurückzuführen sind und daß auch bei Johannes (Maria Magdalena am Grabe) eine Weiterbildung vorliegt, die man von der Darstellung bei Markus aus erklären kann. In diesem Fall haben wir also die Möglichkeit, eine älteste erreichbare Gestalt zu ermitteln. – Bei den Erscheinungen vor den Jüngern ist das aber nicht der Fall. Eine gegenseitige Abhängigkeit läßt sich nicht feststellen. Wir können nicht angeben, wie die Grunderzählung genau aussah, wohl aber, welche Momente sie wahrscheinlich enthielt: Erscheinung vor den Jüngern (möglicherweise Motiv des Zweifels), Identitätsmotiv, Sendungsbefehl.

Damit haben wir eine erste Ordnung erreicht. Aus dem jeweiligen Kontext gelöst, begegnen uns *eine* Erzählung vom leeren Grab (die von Markus überlieferte) und *eine* Erzählung einer Erscheinung vor den Jüngern. Dazu kommen dann weitere Erscheinungserzählungen, die nur einmal überliefert sind: Emmaus-Jünger, Thomas-Geschichte (diese aber vermutlich johanneischen Ursprungs), Abschiedsszene in Bethanien (diese vermutlich lukanischen Ursprungs), wunderbarer Fischzug am See Tiberias (stark überarbeitet). Die Reihenfolge der Erscheinungen muß vorläufig offenbleiben. Waren die Emmaus-Jünger die ersten, die Jesus sahen? War es Petrus? Waren es die Elf? Oder waren es Frauen? – Damit sind wir nun etwa in der Situation der Evangelisten. Wir haben Einzelüberlieferungen und stehen vor der Frage, ob wir sie ordnen können.

Nun sind wir in der glücklichen Lage, einen Text zu besitzen, der uns weiterhelfen kann: 1 Kor 15,3–8. Wir wollen freilich nicht zu schnell eine Harmonisierung dieses Textes mit den Einzeltraditionen versuchen, zumal wir gesehen haben, wie problematisch Harmonisierungen sind. (Ich erinnere an das Stichwort: pneumatischer Leib.) Deshalb betrachten wir zunächst einmal 1 Kor 15 für sich.

Wodurch die Ausführungen veranlaßt sind, sagt Paulus V. 12: Es gibt in Korinth Leute, die die Auferstehung der Toten leugnen. Paulus schließt daraus, daß dann auch die Auferstehung Christi geleugnet werde (V. 13). Um dieser Meinung zu begegnen, nennt der Apostel am Anfang des Kapitels die christliche Tradition. Er hat sie den Korinthern überliefert, wie er selbst sie auch empfangen hat (V. 3). Die Terminologie, die hier begegnet, zeigt an, daß Paulus nicht selbst formuliert, sondern übernommenes Traditionsgut weitergibt. Dieses lautet: »Christus ist für unsere Sünden gestorben nach den Schriften und begraben; und er ist auferweckt worden am dritten Tage nach den Schriften καὶ ὤφθη (und er erschien bzw. und er ließ sich sehen) dem Petrus, danach den Zwölfen (!). Danach erschien er mehr als 500 Brüdern auf einmal, von denen die meisten bis heute noch leben, einige aber sind entschlafen. Danach erschien er dem Jakobus, danach allen Aposteln. Zuletzt aber erschien er – gleich einer unzeitigen Geburt – auch mir (Paulus).«

Nun müssen wir ganz präzise formulieren. Wenn Paulus auch mit Hilfe dieser Zeugenkette darauf hinweisen will, daß sie alle die Auferstehung Jesu *verkündigen* (V. 11: »Seien es nun ich oder jene – so *verkündigen* wir, und so seid ihr zum Glauben gekommen«), dann sind doch die Genannten (wie auch er) nicht

Zeugen für die geschehene Auferstehung selbst, sondern Zeugen von Erscheinungen. Man muß das genau auseinanderhalten. Weil das heute oft nicht geschieht, verdeutliche ich es noch einmal. Man nennt die hier Genannten häufig Auferstehungszeugen. Diese Bezeichnung stimmt aber nur, sofern man damit ausdrücken will, daß alle die Auferstehung *verkündigen.* Sie haben sie aber nicht erlebt. Ihr *Erlebnis* wird vielmehr als ein Sehen Jesu angegeben.

Nun bietet dieser Abschnitt eine Fülle von Problemen, die keineswegs alle bis heute schon gelöst sind. So kann man z. B. fragen, wie weit eigentlich das von Paulus übernommene Traditionsgut geht und wo er selbst formuliert bzw. redigierend in die Tradition eingegriffen hat. Das, was er über die 500 Brüder sagt, paßt wegen seines Stils nicht in eine Formel hinein; und die Erwähnung der Erscheinung vor ihm selbst hat er sicher selbst angefügt. – Es fällt sodann auf, daß sich zwei Gruppen herausschälen lassen, denen jeweils ein einzelner vorgeordnet ist: Petrus/die Zwölf; und: Jakobus/alle Apostel. Hier erhebt sich die Frage nach dem Verhältnis der Zwölf zu den Aposteln. Sind die Apostel ein größerer Kreis? Petrus gehörte doch aber sowohl zu den Zwölf als auch zu den Aposteln. Hatte er dreimal eine Erscheinung? Paulus war auch ein Apostel, aber obwohl es heißt »allen Aposteln«, kann Paulus in diesem Kreis noch nicht mitgemeint sein.

Manche Lösungsversuche zu diesen (und weiteren) Fragen hat man erwogen, die ich jetzt aber nicht referieren will. Wir orientieren uns an dem, was man ziemlich sicher ermitteln kann. Paulus will doch ganz offensichtlich sagen, daß die Erscheinung vor ihm die letzte war. Dann wird man aber ebenso sagen können, daß nach Meinung des Paulus dem Petrus die erste Erscheinung widerfuhr. Vermutlich will Paulus hier überhaupt die Erscheinungen in ihrer Reihenfolge aufzählen, da die Anreihungswendung immer lautet: danach, danach (wenn auch im Griechischen dafür zwei verschiedene Worte stehen).

Das kann uns nun ein Stück weiterhelfen, wenn wir mit den Traditionen vergleichen, die wir aus den Evangelien herausgelöst haben. Jetzt wird man ordnen können: Die Ersterscheinung war die vor Petrus. Die Erscheinung vor den Zwölf ist danach einzuordnen. (Es ist hier schon darauf hinzuweisen, daß Paulus von den Zwölf spricht; nach den Evangelien könnte es sich aber nur um die Elf handeln.)

Weitere Vergleiche sind nicht mehr möglich. In keinem Evangelium (20 bis 50 Jahre nach Paulus verfaßt) wird eine Erscheinung vor Jakobus genannt, keine vor allen Aposteln und ebenfalls keine vor über 500 Brüdern auf einmal. Hat man davon später nichts mehr gewußt? Oder hat man (wenn man davon gewußt hat) das für sehr viel spätere Erscheinungen gehalten? Doch zumindest Lukas hätte sie in der Apostelgeschichte dann aber erwähnen müssen. – Wir können vorläufig nicht angeben, womit das Schweigen zusammenhängt. Darum begnügen wir uns erst einmal mit dem, was man einigermaßen sicher feststellen kann: Ersterscheinung vor Petrus, dann die vor den Zwölf.

Vergleichen wir nun mit den Angaben der Evangelien. Matthäus erwähnt die Erscheinung vor Petrus überhaupt nicht. Im Johannes-Evangelium wird sie zwar erzählt, aber nicht als erste Erscheinung, sondern im Nachtragskapitel. Freilich darf uns ja (nach dem früher Ausgeführten) die Reihenfolge in den Evangelien nicht mehr stören. Interessant wird dann aber etwas anderes.

Wir haben festgestellt, daß bei Lukas die Priorität der Erscheinung vor Petrus gewahrt werden soll. Das geschieht dadurch, daß die Jünger in Jerusalem den Emmaus-Jüngern ins Wort fallen. Zwar wird die Erscheinung vor Petrus nicht *dargestellt*; sie wird vielmehr lediglich genannt, und zwar in einer Formulierung, die (auch terminologisch) an 1 Kor 15,5 anklingt.

Wir erinnern uns weiter, daß beim Jüngerwettlauf zum Grabe (Joh 20,2–10) das *Anliegen* erkennbar war, eine Priorität des Petrus zu erhalten. Bevor Jesus der Maria Magdalena erschien und sie zum Glauben kam, kamen Petrus und der andere Jünger (allerdings durch das Sehen des leeren Grabes) zum Glauben.

Es zeigt sich also in der Tradition offenbar ein Wissen darum, daß Petrus der erste war, der zum Glauben kam. Wie das geschah, wird freilich uneinheitlich überliefert: 1 Kor 15,5 und Lk 24,34 einfach durch die Erwähnung einer Erscheinung, ohne daß diese ausgeführt dargestellt wird, Joh 20,6 dadurch, daß Petrus als erster ins leere Grab ging. Eine ausgeführte Erscheinungserzählung bietet dann erst Joh 21. Die ist aber (mindestens im Rahmen des johanneischen Werkes) nicht mehr als Ersterscheinung dargestellt. Doch erinnern wir uns daran, daß wir uns bei der Betrachtung von Joh 21 schon darüber verwunderten, daß Petrus und die anderen trotz des an sie in Jerusalem ergangenen Missionsbefehls in Galiläa ihrem Handwerk nachgingen, so als sei nichts geschehen. Herausgelöst aus dem Zusammenhang des Evangeliums macht die Geschichte den Eindruck, daß sie eine Ersterscheinung erzählen will.

Wir stehen nun vor der Frage, wie sich die einfachen *Erwähnungen*, daß Petrus als erster zum Glauben kam, zu der ausgeführten *Darstellung* seines Zum-Glauben-Kommens (Joh 21) verhalten. Im Rahmen der Petrus-Tradition ist das vorläufig undurchsichtig. Man findet nicht recht Motive, die man untersuchen und vergleichen soll. Weiter kommen wir, wenn wir dieselbe Frage erst einmal an den anderen Überlieferungskomplex richten, an den der Erscheinung vor den Zwölf (bzw. vor den Elf oder den Jüngern). Es kann, wie gesagt, kaum ein Zweifel darüber bestehen, daß wir es mit einer Tradition zu tun haben, die aus *einer* Wurzel kommt. Diese ist bei Matthäus, Lukas und Johannes aufgenommen und in *Darstellungen* hineingeführt worden, die unterschiedlich erzählen.

Wir dürften dann in der bloßen *Erwähnung* dieser Erscheinung in der von Paulus überlieferten Formel eine Frühform dieser Tradition vor uns haben. Sie lautete dann einfach: (und er erschien) danach den Zwölf. Wie man aber dieses »Jesus erschien den Zwölf« verstanden hat, das zeigen die Darstellungen in den Evangelien: Das Erscheinen vor Jüngern löste ihre Sendung aus. Der überall begegnende Missionsbefehl macht das deutlich. Das Interesse dieser Darstellungen lag dann nicht darin, zu berichten, *daß* Jesus erschienen ist, sondern zu begründen, warum man alle Völker zu Jüngern macht, indem man sie tauft und zu halten lehrt, was Jesus befohlen hat (Matthäus), warum man im Namen Jesu Buße verkündigt unter allen Völkern (Lukas), warum man sich von Jesus gesandt weiß, wie der Vater Jesus gesandt hatte (Johannes). Etwas umschreibend kann man die Aussage so formulieren: Es ist nicht unsere Sache, die wir nun betreiben, sondern es ist Jesu Sache, die wir weiter-treiben; und wir tun das, weil er uns nach seiner Kreuzigung erschien und weil uns das in Glauben und Mission hineingestellt hat.

Wir müssen jetzt freilich kontrollieren, was wir gemacht haben. Wir haben das *eine* Glied der von Paulus überlieferten Formel (er erschien den Zwölf) in Zusammenhang mit der nachfolgenden Tradition interpretiert. Darf man das aber? Ist das, was die nachfolgende Tradition *sagt*, schon in dem einen Glied der paulinischen Formel angelegt? Zugespitzt und als Alternative formuliert: Soll in dem »Er erschien den Zwölf« einfach und nur berichtet werden, was die Zwölf *erlebt* haben? Oder soll mit dem »Er erschien den Zwölf« zugleich die Funktion begründet werden, die die Zwölf nun haben? Dem einfachen Wortlaut in der Formel kann man das ja nicht entnehmen.

Man darf nun allerdings beides nicht als Alternative einander gegenüberstellen. Wenn der Akzent auf der Funktion liegt, dann ist damit das Sehen (als Grundlage für die Ausübung der Funktion) ja nicht bestritten. – Liegt der Akzent jedoch auf dem Gesehen-Haben, dann setzt dieses noch nicht ohne weiteres eine Funktion aus sich heraus.

Wir haben es also wieder mit demselben Problem zu tun, das ich am Anfang der Vorlesung andeutete. Der Gegenwartsbezug des Bekenntnisses »Jesus lebt« negiert nicht die Vergangenheit: Der tote Jesus ist wieder lebendig geworden. Andererseits will eine starke Betonung des vergangenen Geschehens ja auch dahin führen, daß das, was geschehen ist, für heute Bedeutung hat. Nur hat sich die Sache gegenüber den früheren Ausführungen insofern verschoben, als das Problem jetzt nicht um die Auferstehung selbst kreist, sondern um das Gesehen-Haben. Wir werden dann also die Beziehung zwischen Sehen und Auferstehung noch durchklären müssen. Aber wir bleiben zunächst an unserem Faden.

Wir haben zwei Traditionen: ein Glied aus der paulinischen Formel (Jesus erschien den Zwölf; hier wird die Funktion nicht ausdrücklich formuliert) und die Tradition in den Evangelien (wo – durch den Missionsbefehl – die Funktion ausdrücklich genannt wird). Die Frage aber lautet: Darf oder muß man die Funktion in dem einen Glied der Formel wenigstens mitdenken? Obwohl sich das für die Formel selbst nicht entscheiden läßt, bleiben wir bei dieser Frage doch nicht völlig ohne Antwort, denn man kann zeigen, wie zumindest Paulus die Formel verstanden hat. Wir erinnern uns: Der Apostel polemisiert gegen Leute in Korinth, die die Auferstehung der Toten leugnen und dann (wie Paulus hinzufügt) auch die Auferstehung Jesu leugnen müssen. Als Grundlage seiner Argumentation nennt er Zeugen und betont von allen: Sie haben Christus gesehen. Nun schließt er die Zeugenliste aber nicht (wie es vielleicht nahegelegen hätte) mit der Bemerkung: Da wir alle ihn gesehen haben, muß er also auferstanden sein; und ebendarum ist euer Zweifel an der Auferstehung der Toten unbegründet. Hätte Paulus das gesagt, hätte er das Sehen in der Formel so verstanden, daß es isoliert ein Interesse fordert und so die Tatsächlichkeit der

Auferstehung verbürgt. Doch genauso argumentiert Paulus nicht. Sondern er kommt (nachdem er sich als letzten Zeugen eines Sehens genannt und dabei das Außerordentliche seines Sehens betont hat) unmittelbar auf seine Funktion zu sprechen: »Ich habe mehr gearbeitet als sie alle« (1 Kor 15,10). Das Sehen hat ihn (und die anderen) also an die Arbeit gebracht, d. h. in die Mission geführt. Dann fährt Paulus fort: »Aber ob nun ich oder sie – so verkündigen wir und so seid ihr zum Glauben gekommen«.

Es kann kein Zweifel herrschen: Paulus versteht die Formel (auch wenn sie nicht ausdrücklich von einer Funktion redet) als funktions*begründend*. – Damit ist freilich noch nicht gesagt, ob der, der diese Formel zum ersten Male prägte, auch sofort die Funktion mitgedacht hat, oder ob er einseitig das Sehen herausstellen wollte.

Beweisen kann man hier nichts. Aber man kann (noch bevor geklärt ist, wie das Sehen verstanden werden muß) eine Überlegung anstellen. Ich stelle zwei Möglichkeiten gegenüber. Hat man zuerst Jesus gesehen, dieses Sehen dann formuliert – und sich nach der Formulierung überlegt, welche Konsequenzen sich aus dem Sehen ergeben müßten, dann aber erst gesagt: Das Sehen zwingt zur Mission? Oder aber waren von Anfang an Sehen und Missionsauftrag eines – und konnte dann auch einmal das Sehen isoliert genannt werden, weil man dabei die Funktion ohnehin mitdachte?

Traditionsgeschichtlich würde das Folgendes bedeuten. Im ersten Fall (wo es um ein Nacheinander geht) müßte man die von Paulus gebotene Formel für den ältesten erreichbaren Ausgangspunkt der Tradition halten, der dann einseitig an der Konstatierung eines Sehens lag. Daraus hätte sich später eine Tradition gebildet, die das Missionsmotiv dazunahm; und diese Tradition hätte dann (nach noch weiterer Fortbildung) den Weg in die Evangelien genommen. – Im anderen Fall (wo Sehen und Mission von Anfang an verbunden waren) müßte man urteilen, daß alle Traditionen Weiterbildungen dieses Anfangs sind. In der von Paulus wiedergegebenen Form wurde dann (aus einem noch zu klärenden Grunde) nur das Sehen erwähnt. In den Traditionen, die in die Evangelien-Schlüsse gelangt sind, hätten wir Weiterbildungen des Anfangs vor uns.

Beide Möglichkeiten sind denkbar. Ich halte zwar die zweite für wahrscheinlicher, doch ist das kein Argument. Wie kommt man weiter? Ich denke so, daß wir noch einmal zu den Petrustraditionen zurückkehren und dabei das in den Jüngertraditionen Beobachtete auswerten.

Wir wenden uns da zuerst an die ausgeführte Erzählung im Nachtragskapitel des vierten Evangeliums. Sie machte, wie wir feststellten, den Eindruck, es solle eine Ersterscheinung dargestellt werden. War es wirklich eine?

Versuchen wir, die redaktionelle Bearbeitung abzutragen. Zu ihr gehört auf jeden Fall der Jünger, den Jesus liebhatte. Den müssen wir aus der Geschichte herauslösen, wenn wir der alten Gestalt näherkommen wollen. Wahrscheinlich gehören aber auch die anderen Jünger nicht ursprünglich in die Geschichte, denn sie sind hier ja sozusagen nur Statisten. Das kann man auch bei einem Vergleich mit den anderen Erscheinungserzählungen erkennen. In diesen bezieht sich das funktionale Moment (Missionsbefehl) auf alle, die an der Erscheinung beteiligt waren. In unserer Geschichte gibt es nun auch dieses funktionale Moment, aber es betrifft nur Petrus. Die anderen Jünger scheinen »vergessen« zu sein. Das berechtigt zu der Vermutung, daß sie später in die Geschichte eingefügt worden sind.

Dieses funktionale Moment begegnet nun in doppelter Gestalt. Zuerst haben wir es mit einem dreifach gegliederten Weideauftrag an Petrus zu tun. Das Weiden setzt voraus, daß es eine Gemeinde gibt, die geweidet werden kann. Gibt es die aber schon? Nun, man braucht da nicht unbedingt an die Gemeinde zu denken, die nach Ostern durch die Mission gesammelt wird, sondern das Wort kann sich durchaus auf die Jünger beziehen, die nach der Kreuzigung auseinandergelaufen waren. Ihrer soll sich Petrus annehmen. – Sodann finden wir das Wort: »Als du jünger warst, gürtetest du dich selbst und gingst, wohin *du* wolltest. Wenn du aber alt wirst, wirst du deine Hände ausstrecken, und ein anderer wird dich gürten und führen, wohin du *nicht* willst.« – Im Zusammenhang von Joh 21 wird das Wort auf das Martyrium des Petrus gedeutet. Diese Deutung dürfte aber sekundär sein. Was war der ursprüngliche Sinn? Ich meine, es handelt sich um etwas Ähnliches wie einen Missionsauftrag. Bisher hat Petrus im eigenen Namen gehandelt, nun soll er im Namen eines anderen handeln. Man könnte das auch so formulieren (und dabei stellt sich sofort eine Assoziation ein): Bisher hat Petrus Fische gefangen; nun aber soll er – im Namen Jesu – Menschenfischer werden.

Es ist ja immerhin interessant, daß gerade dieses Wort als Wort an Petrus noch in einem anderen Zusammenhang begegnet, der dem unsrigen sehr ähnlich ist. Die Geschichte vom wunderbaren Fischzug Lk 5 weist eine Fülle von parallelen Zügen zu Joh 21 auf. Lk 5,10b lautet: »Und zu Simon sprach Jesus: *Von nun an* wirst du Menschen fangen!« – Im Zusammenhang des Lukas-Evangeliums wird Petrus aber gar nicht *sofort* Menschen-Fischer (wie das nach dem »von nun an« doch eigentlich zu erwarten wäre). Nach Ostern aber wurde er es. Die Vermutung scheint also begründet, daß wir es Lk 5,1–11 mit einer ins Leben Jesu zurückgelegten Ostergeschichte zu tun haben. Dann muß aber die Frage erlaubt sein, ob das Wort vom Gürten durch einen anderen – an Petrus – eine Spätform des Wortes vom Menschen-Fischer ist. Exakt läßt sich so etwas nie beweisen; aber die Ähnlichkeit der Motive legt die Vermutung nahe. Der Missionsbefehl an die Elf bzw. die Jünger liegt ja auch in unterschiedlichen Fassungen vor; und wir haben gesehen: Auf den gleichen Wortlaut kommt es nicht an, sondern auf das, was (trotz unterschiedlichen Wortlauts) doch im gleichen Sinne gemeint ist. Unsere Geschichte enthielt dann zwei Funktionen: Gemeindeleitung (bzw. -sammlung und -leitung) und Mission.

Dieses Nebeneinander begegnet auch sonst. Bei der Erscheinung Jesu vor den Jüngern Joh 20,19–23 ergeht der Sendungsauftrag, dem so etwas wie ein Leitungsauftrag (Vollmacht der Sündenvergebung) folgt, der hier aber den Jüngern insgesamt gegeben wird.

Ist man erst einmal auf diese Spur gekommen, stellt sich alsbald eine weitere Parallele ein. Nach Mt 16,19 bekommt Petrus die Schlüsselgewalt; nach Mt 18,18 aber bekommt die Gemeinde (mit fast demselben Wortlaut) die Schlüsselgewalt. Sind auch das ins Leben Jesu zurückverlegte Ostermotive? Denn natürlich fragt man, wer denn nun die Schlüsselgewalt bekommen hat, Petrus oder die Gemeinde? Aber vielleicht ist diese Frage als Alternative falsch gestellt. Hier könnte ja der Nachhall eines Nacheinanders vorliegen. Dann hätte zunächst Petrus den Auftrag bekommen, der dann später an die Gemeinde übergegangen wäre.

Hängt das dann aber mit der Ersterscheinung vor Petrus zusammen? Spiegelt sich hier dieses Nacheinander: Zuerst erschien Jesus dem Petrus, dann den Zwölf? Das sind Fragen, die man alle mit ja zu beantworten geneigt ist. Es ginge dann um eine Weitergabe von Funktionen.

Doch wie es sich nun auch verhalten mag – in der ausgeführten Erzählung der Erscheinung vor Petrus (hinter Joh 21) war von Anfang an das funktionale Moment ausgedrückt. Gilt das auch von den Petrustraditionen, die in formelhaften Wendungen vorliegen?

Besonders interessant ist in diesem Zusammenhang Lk 24,34. Es heißt dort, daß die Jünger (nach Lukas: in Jerusalem) zum Glauben gekommen sind, obwohl Jesus doch bisher nur dem Petrus erschienen ist. Den zurückkehrenden Emmaus-Jüngern rufen sie entgegen: »Der Herr ist wahrhaftig auferstanden und dem Simon erschienen!« Sie sagen das (und glauben also an den Auferstandenen), bevor sie selbst eine Erscheinung erfahren haben. Von der wird erst nachher erzählt.

Nun dürfen wir natürlich nicht unsere bisherigen Überlegungen vergessen: Die Reihenfolge der Erscheinungen in den Evangelien geht auf das Konto der Evangelisten. Wir dürfen also von Lk 24,34 nur innerhalb des Lukas-Evangeliums sagen: Die Jünger glaubten, bevor sie selbst eine Erscheinung erfuhren. Ob das tatsächlich der Fall war, läßt sich darum jetzt noch nicht sagen.

Aber diese Beobachtung bei Lukas zwingt uns dennoch zu einer Überlegung. Wir können davon ausgehen, daß sich in der Urgemeinde lange Zeit ein Wissen darüber durchgehalten hat, daß Petrus der erste war, der zum Glauben an den Auferstandenen kam. Das ist, wie wir sahen, sogar noch bei Johannes der Fall, dort freilich nicht im Zusammenhang mit einer Erst*erscheinung*, sondern mit dem Ersteintritt ins leere Grab. Ist letzteres auch ziemlich sicher unhistorisch, so wird doch eben die Priorität des *Glaubens* des Petrus deutlich. Es gibt also keinen Grund zu bezweifeln, daß Petrus wirklich der erste war, der nach Karfreitag zum Glauben an Jesus kam.

Damit aber ist Petrus (zumindest zeitlich) von den anderen abgesetzt. Sie kamen später zum Glauben. In den ältesten erreichbaren Traditionen wird dieses Zum-Glauben-Kommen des Petrus begründet mit einem Sehen Jesu. – Nun kann man fragen: Hat Petrus diese Erscheinung zunächst für sich behalten und mit dem Erzählen davon gewartet, bis auch andere (die Elf – oder nur Zehn?) erzählt haben: »Jesus ist uns erschienen«, um dann zu betonen, daß ihm Jesus aber eher erschienen sei? Oder hat Petrus schon vorher den anderen von seiner Erscheinung – und damit natürlich auch von seinem Glauben erzählt?

Die erste Möglichkeit scheint mir völlig undenkbar zu sein.

Dann aber kam Petrus nicht nur als erster zum Glauben, sondern hat auch zu anderen davon gesprochen. – Kamen aber die Hörer dieser Verkündigung des Petrus dadurch auch zum Glauben? Lukas stellt das so dar; freilich nur er.

Damit sind wir aber bei einer ganz entscheidenden Frage im Rahmen des Gesamtthemas unserer Vorlesung: Bedurfte es noch einer Erscheinung Jesu vor den anderen, damit sie dann auch zum Glauben kommen konnten?

Natürlich bin ich mir klar darüber, daß das keine exakt zu beantwortende Frage ist. Wer will bestimmen, was nötig ist? Dennoch hat diese Frage heuristischen Wert. Sie hilft uns nämlich zu erkennen, was das (jeweilige!) Sehen bewirkt – und was es nicht bewirkt bzw. nicht mehr zu bewirken braucht.

Wer nämlich behauptet, daß es noch einer Erscheinung Jesu vor den anderen bedurfte, damit sie zum Glauben kommen konnten, muß nun konsequent sein. Er müßte dann doch zugeben, daß man überhaupt (bis heute!) nur dann zum Glauben kommen kann, wenn man eine Erscheinung Jesu erlebt hat. Das wird aber kaum jemand behaupten wollen.

Damit kehrt sich aber schon bei der zweiten Erscheinung das Problem in gewisser Weise um. Warum wird diese überhaupt noch erzählt, nachdem die Elf (Zehn) schon zum Glauben gekommen sind? Nicht die Erscheinung selbst ist hier ein Problem, sondern umgekehrt: Ein Problem ist die Notwendigkeit einer Erscheinung vor schon Glaubenden! Nicht ihr Gesehen-Haben ist ein Problem, sondern ein Problem ist, warum man ihr Gesehen-Haben, das nicht begründend war für den Glauben, noch besonders erwähnt.

Dasselbe Problem begegnet dann bei allen weiteren Erscheinungen, bei der vor über 500 Brüdern, bei der vor Jakobus, bei der vor allen Aposteln. Warum erzählt man von Erscheinungen vor ihnen? – Nur Paulus bildet hier eine gewisse Ausnahme.

Auf zwei Antworten kann man ausweichen. Man kann sagen, daß die Zehn besonders skeptisch waren (skeptischer als wir, die wir ja ohne Erscheinung glauben). Sie waren alle wie Thomas. Darum mußte ihnen eben auch eine Erscheinung widerfahren. Aber diese Antwort dürfte kaum befriedigen. – Sodann könnte man sagen, daß die Erscheinungen nun einmal wirklich geschehen sind; warum sollte man sie dann nicht auch erzählen? Das kann man zugeben. Man *muß* aber hinzufügen, daß für das Zum-Glauben-Kommen dieser Zehn die Erscheinung nicht nötig war. Geglaubt haben sie vorher schon. Und das heißt, daß auch ihr Glaube an der Erscheinung vor Petrus hing.

Dann können wir aber nun die vorhin gestellte Frage beantworten. Da die Erscheinung vor Petrus andere in den Glauben führte, war mit dieser Ersterscheinung von Anfang an das funktionale Moment verbunden. Eine andere Antwort scheint mir undenkbar. Wenn also auch in der Formel (»Jesus erschien dem Petrus«) das funktionale Moment nicht ausdrücklich genannt ist, ist es dennoch auch dort schon enthalten und also mitzudenken. Das gilt mindestens für das erste Glied der Formel.

Gilt das deswegen auch für die anderen Glieder? – (Wir hatten ja die Frage liegengelassen, ob im zweiten Glied der Formel – »Jesus erschien den Zwölf« – das funktionale Moment implizit enthalten sei.) Mit dem Hinweis auf den völlig parallelen Aufbau aller Glieder könnte man die Frage zu bejahen versuchen, denn der Gleichklang legt nun einmal von vornherein gleiches Verständnis nahe.

Diese Vermutung kann gestützt werden, wenn man einmal etwas genauer auf den Personenkreis blickt, dem Erscheinungen widerfahren. Auf gewisse Eigentümlichkeiten habe ich schon aufmerksam gemacht. Es ist von den Zwölf die Rede, nicht aber von den Elf. Unklar ist das Verhältnis der Zwölf zu allen Aposteln; auf jeden Fall überschneiden sich beide Kreise zum Teil. Und soll man sich vorstellen, daß die mehr als 500 Brüder eine geschlossene Gruppe bildeten, zu der weder die Apostel noch die Zwölf noch Petrus gehörten? Gab es also Doppelerscheinungen? Wie viele hat Petrus erlebt? In der Literatur gibt es zu diesen Fragen eine Fülle von Erwägungen, Vermutungen, Hypothesen, die alle umstritten geblieben sind.

Statt neue Antworten zu suchen oder alte besser begründen zu wollen, sollte man einmal prüfen, warum man hier so unsicher ist. Das heißt grundsätzlich: Wenn trotz allen Bemühens kein Konsensus über die Antwort auf eine Frage zu finden ist, sollte man kontrollieren, ob etwas mit der Frage selbst nicht stimmt, ob sie etwa falsch formuliert oder gar unsachgemäß gestellt ist. Das ist, wie ich meine, bei unserem Problem der Fall. Man fragt nämlich stets unmittelbar historisch: In welcher Reihenfolge geschahen die Erscheinungen? Welche Personen waren dabei? Wie oft waren sie es? Man fragt aber nicht zuerst: Warum wird das eigentlich erzählt? Fragt man jedoch so, ergibt sich die Antwort, wie ich meine, ganz leicht.

Ich gliedere diese Frage nun auf. Warum wird erzählt, daß die Zwölf eine Erscheinung hatten? Warum wird erzählt, daß die mehr als 500 Brüder eine Erscheinung hatten? Warum wird das von Jakobus erzählt? Warum von allen Aposteln?

Offenbar gab es in der Urgemeinde den Kreis der Zwölf. Ihre Funktion kann man nicht genau erkennen, doch waren sie wahrscheinlich die Träger der Jesus-Tradition. Es gab sodann in der frühen Urgemeinde einen Kreis von Aposteln. Ihre Funktion war sicherlich in erster Linie die Mission. Von Jakobus wissen wir, daß er nach Petrus der Jerusalemer Gemeinde vorstand. Seine Funktion war also die der Leitung. Etwas unklar ist die Gruppe der mehr als 500 Brüder. Ist aber die Vermutung abwegig, daß es sich hier um die Gesamtgemeinde (zu einem bestimmten Zeitpunkt, vielleicht auch an einem bestimmten Ort) handelte? Geht man vom Personenkreis aus, wird man sagen können, daß diese (bestehenden!) Gruppen sich sicher mannigfach überschnitten. Manche Christen gehörten zwei, manche vielleicht auch drei Gruppen an. Das können wir heute nicht mehr genau übersehen.

Und nun erst wird die Frage sinnvoll: Warum wird erzählt, daß die einzelnen Gruppen eine Erscheinung Jesu erlebt haben? Was will man damit sagen? Ich meine dieses: Ihr Glaube, die mannigfachen Funktionen, die sie ausübten, gründen zuletzt alle in der Ersterscheinung vor Petrus. Sie alle werden in diese Ersterscheinung mit hineingenommen.

Ich will damit nun keineswegs behaupten, daß es überhaupt nur eine Erscheinung gegeben hätte. (Über den Sonderfall der Erscheinung vor Paulus müssen wir ohnehin noch sprechen.) Wir müssen uns nur methodisch über folgendes klar sein. *Wir* fragen immer ganz schnell: Was ist passiert? Und selbstverständlich will ich diese Frage nicht durchstreichen. Man kann sie stellen, wie man jede Frage stellen kann. Man muß nur – methodisch – beachten, daß man (bevor man eine Antwort auf die eigene Frage erwarten darf) geklärt haben muß, *warum* das Erzählte erzählt worden ist. Wir müssen klären, was die Verfasser der Texte sagen wollten. Wenn wir dann feststellen, daß der Ausgangspunkt für die Formulierung unserer Formel nicht beim Geschehen liegt, sondern bei den Gruppen, die in der Gemeinde (später) da sind, von ihnen aus aber auf ein »Geschehen« zurückgeschlossen wird, dann ist uns durch die Texte ein *un*mittelbarer Zugang zum Geschehen eben verstellt.

Nun kann man natürlich behaupten, es sei Willkür, wenn ich mich nicht am Geschehen selbst orientiere, sondern an den Gruppen, von denen das Widerfahrnis eines Geschehens ausgesagt wird. Aber diese Willkür ist nicht größer, als wenn jemand umgekehrt verfährt. Beide vertreten Hypothesen. Die Frage ist nur, wer seine begründen kann.

Ich meine nun, man kann zeigen, daß man die Glieder unserer Formel von der Gemeinde aus verstehen muß. Am deutlichsten wird das an der Angabe der Zwölf. Wir hatten ja schon gesehen, daß in den ausgeführten Erscheinungserzählungen in den Evangelien-Schlüssen immer (wenn überhaupt eine Zahl genannt wird) von den Elf die Rede ist. Von den Evangelisten aus gedacht, kann man ja auch nur (nach dem Ausscheiden des Judas) von elf Jüngern sprechen. Warum aber redet die Formel (unter offensichtlicher Mißachtung der – freilich späteren – Passionsgeschichte) von den Zwölf?

Ich muß dazu eine kleine Zwischenbemerkung einfügen. Es ist eine vieldiskutierte und bis heute nicht einhellig beantwortete Frage, ob der Zwölferkreis auf den irdischen Jesus zurückgeht oder ob er erst in der Urgemeinde entstand. Wenn es die Zwölf erst in der Urgemeinde gab, dann ganz bestimmt noch nicht *sofort* nach Karfreitag. Dann wäre schon das Beweis genug dafür, daß die Formel von der Gemeinde, nicht aber vom Sehen aus konzipiert ist. Doch ist das ja nur eine Hypothese. Wir wollen es uns mit ihr nicht zu leicht machen, sondern wir nehmen nun einmal (um wirklich ganz vorsichtig zu sein) die entgegengesetzte Position an. Danach hat Jesus während seines irdischen Lebens die Zwölf berufen. Vor der Passion fiel Judas aus. Später wurde der Kreis durch eine Nachwahl ergänzt. Davon erzählt aber nur die Apostelgeschichte – und erst nach der Himmelfahrt Jesu (1,15–26). Damals waren aber (wenigstens nach Lukas) die Erscheinungen schon abgeschlossen. Ebendarum kann es bei Lukas keine Erscheinung vor den Zwölf geben.

Man könnte nun einwenden: Die Nachwahl hat früher stattgefunden, als in der Apostelgeschichte (die hier falsch informiert war) erzählt wird. Doch auch wenn man das unterstellt, kann die Nachwahl des Matthias keinesfalls vor der Erscheinung vor Petrus stattgefunden haben, denn da bestand ja noch gar kein Grund für eine Nachwahl. Hat man sie unverzüglich danach vorgenommen, dann verdankt der Kreis der Zwölf seine *Existenz* auf jeden Fall der Erscheinung vor Petrus.

Er verdankt seine Existenz aber nicht der Erscheinung vor den Zwölf.

Jetzt kann man natürlich weiter behaupten: Als der Kreis dann bestand, widerfuhr ihm eine Erscheinung. Das will ich selbstverständlich nicht als Möglichkeit ausschließen. Das ändert aber nichts daran, daß dieser Kreis von (inzwischen) Glaubenden seine Existenz *nicht* dieser Erscheinung verdankt. Konstitutiv dafür war allein die Erscheinung vor Petrus.

Man kann also nicht bestreiten, daß der Glaube der Zwölf (!) nicht in der Erscheinung Jesu *vor ihnen* seinen Grund hatte, sondern er hatte ihn ausschließlich in der Erscheinung vor Petrus. Eben das aber zeigt uns, daß die Formel, wenn sie von den Zwölf redet, von Glaubenden und das heißt von der *bestehenden* Gemeinde aus konzipiert ist. Sie kann nicht begründen wollen, daß das Sehen den Kreis der Zwölf konstituierte.

Bleibt man konsequent bei dieser Blickrichtung (vom Personenkreis aus), dann entfallen für die Formel auch manche Schwierigkeiten, die man sonst oft empfunden hat, aber nicht recht lösen konnte. Es ist nun gar nicht mehr nötig, für Petrus das Erlebnis mehrerer Erscheinungen anzunehmen (zuerst allein, dann im Kreis der Zwölf, dann im Kreis aller Apostel, dazwischen vielleicht auch noch im Kreis der mehr als 500 Brüder). Das hat ja immer wieder zu der Frage geführt, welche Bedeutung die späteren Erscheinungen für Petrus hatten. Konstitutiv für seinen Glauben konnten sie doch nicht mehr sein.

Es ist weiter nicht mehr nötig, sich komplizierte Gedanken zu machen über die Erscheinung vor »allen Aposteln«. Kamen diese zufällig einmal *alle* zusammen, als sie schon Apostel *waren?* Oder handelte es sich um Einzelerscheinungen, die man sozusagen addiert hat, so daß man dann von der Erscheinung vor allen Aposteln reden konnte? – Man kann jede dieser Möglichkeiten durchprobieren, stößt dann aber (wenn man bereit ist, konsequent zu denken) alsbald auf immer neue Schwierigkeiten.

Viel einfacher wird die Sache jedoch, wenn man (wie ich es versucht habe) umgekehrt fragt und von der Gemeinde ausgeht. Die Zwölf waren dann Träger der Jesus-Tradition, aber sie trieben nicht alle Mission. Es bildete sich sodann eine Gruppe heraus, die Mission betrieb: Petrus, einige der Zwölf und andere. Das waren die Apostel. Jetzt aber will man die Frage beantworten, mit welcher Begründung sie Mission treiben. Als Grund wird genannt: Sie haben Jesus gesehen.

Fragt man also nicht zuerst eigenwillig (weil man damit seine eigenen Interessen an den Text heranträgt), was passiert ist, sondern schaltet man (weil man ein methodisch vertretbares Ergebnis gewinnen will) die Frage vor, warum überhaupt erzählt wurde, dann ergibt sich: Es gab (sicherlich im Nacheinander) diese Gruppen in der Urgemeinde; und es gab Funktionen (auch Funktionen einzelner). Die Aufzählung in der Formel hat aber nun nicht den Sinn, ein mehrfach wiederholtes Sehen vor immer verschiedenen Personen und Gruppen darzustellen, sondern es sollen gerade umgekehrt die verschiedenen Personen und Gruppen zusammengefaßt werden, indem von allen das Gemeinsame gesagt wird: Sie haben gesehen.

Genauso benutzt auch Paulus diese Formel. Er fügt zwar die Erscheinung vor sich an die Reihe derer an, die gesehen haben. Das geschieht jedoch ganz deutlich nicht in der Absicht zu sagen: Schließlich gab es auch noch die weitere Erscheinung vor mir; sondern es verhält sich wieder genau umgekehrt: Paulus will sich mit diesem Kreis zusammenschließen. Er will sagen, daß auch er (obwohl er früher Verfolger der Gemeinde war) in ebendiesen Kreis mit hineingehört. (»Sei es nun ich, seien es jene – so haben wir verkündigt und so seid ihr zum Glauben gekommen«; 1 Kor 15,11.)

Ich möchte kein Mißverständnis aufkommen lassen und wiederhole darum, daß ich keineswegs behaupten will, es habe nur eine Erscheinung gegeben (nämlich die vor Petrus). Das könnte man nicht beweisen. Aber dennoch muß man feststellen, daß die Formel nicht die *Zahl* der Erscheinungen *referieren* will; sondern sie will spätere Funktionen, sie will den späteren Glauben der Gemeinde und auch die spätere Leitung durch Jakobus als aus *einer* Wurzel kommend begründen: Aus der Erscheinung.

Diese Erscheinung aber geschah als erstem dem Petrus. Und nun kann man (das Gesagte zusammenfassend) knapp so formulieren: Für Petrus gilt, daß das Sehen die Sendung auslöste. Die Formel aber will sagen, daß die Sendung auf ein Sehen zurückgeht und dort ihren Grund hat (wobei in diesem Fall Sendung der zusammenfassende Ausdruck für verschiedene Funktionen ist).

Es liegt also in der Formel durchaus das funktionale Moment vor. Es wird in ihr nicht vom Sehen aus entfaltet, sondern von Personen und Personenkreisen aus, deren Funktionen mit einem Sehen begründet werden.

Auch dann, wenn es später noch Erscheinungen gab (was keinesfalls ausgeschlossen, aber ebensowenig sicher behauptet werden kann), hatte die erste nicht einfach und nur die Bedeutung einer zeitlichen, sondern zugleich auch die einer sachlichen Priorität: Sie löste bei Simon den Glauben aus. Dadurch wurde Simon Fels, wurde er Petrus. Sein Glauben führte auch die anderen zum Glauben; und eben deswegen hat man in der frühen Urgemeinde formuliert: »Der Herr ist wahrhaftig auferstanden und dem Simon erschienen« (Lk 24,34). Das Wissen aber darum, daß Simon Petrus der erste war, hat sich dann auf sehr unterschiedliche Weise in den späteren Traditionen niedergeschlagen (bis dahin, daß er nach dem Jüngerwettlauf zum Grabe, obwohl er dort als zweiter ankam, als erster ins Grab hineinging).

Damit dürften wir ein historisch ziemlich sicheres Ergebnis erreicht haben. Ich versuche, es möglichst präzise zu formulieren: Nach Karfreitag war Simon der erste, der zum Glauben an Jesus kam. Wir dürfen aber nicht als historisches Ergebnis formulieren: Simon war der erste, der Jesus gesehen hat, sondern wir müssen die Beziehung zwischen Glauben und Sehen so ausdrücken: Simon war der erste, der zum Glauben kam; die Begründung für dieses Zum-Glauben-Gekommen-Sein wird angegeben, indem man sagt, Simon habe Jesus gesehen.

Wir müssen uns ja klar darüber sein, daß wir bei dieser historischen Rückfrage keinen *un*mittelbaren Zugang zum Sehen des Simon bekommen haben; sondern historisch greifbar wird uns lediglich der Glaube des Simon, dieser aber nun nicht verstanden als ein innerlicher Vorgang (den können wir selbstverständlich auch nicht erreichen), sondern in seiner gemeindegründenden Funktion. Man muß beides scharf auseinanderhalten. Ich sage das nicht, weil ich etwa das Sehen des Simon bestreiten will. Man kann aber (nach unseren bisherigen Überlegungen) noch nicht das Sehen *selbst* als ein geschehenes behaupten, sondern die Sache liegt so: Auf die Frage, was auf dem Wege historischer Rückfrage feststellbar ist, können *wir* nur antworten: der gemeindebildende Glaube des Simon und die *Behauptung* der Urgemeinde, daß dieser Glaube seine Wurzel in einem Sehen Jesu hatte.

Damit stehen wir an einem Schnittpunkt unserer Vorlesung, von dem aus sich drei verschiedene Aspekte ergeben, die nun zu klären sind.

1. Wir sind durch die auf den ersten Blick so verwirrend erscheinenden Ostertraditionen mit Hilfe einer radikalen Reduktion auf einen einzigen Punkt gestoßen: das Zum-Glauben-Gekommen-Sein des Petrus. Daraus ergibt sich die Frage: Läßt sich von diesem einen Punkt aus die nachfolgende Tradition wirklich hinreichend erklären? Kann man deutlich machen, wie es von diesem Punkt aus zu den späteren Aussagen kam; und sagen diese späteren Aussagen dann wirklich noch das, was in diesem Punkt angelegt war? – Ich konkretisiere diese Frage. Kann man von diesem Glauben des Petrus aus die Erzählung vom leeren Grab erklären? Oder wird durch die Erzählung vom leeren Grab unser Ergebnis erschüttert? Damit wird deutlich, daß der Versuch, die spätere Tradition von diesem einen Punkt aus zu erhellen, zugleich eine Prüfung der Richtigkeit unseres Ergebnisses darstellt.

2. Es ist zu bedenken, daß das Thema unserer Vorlesung lautet: Die Auferstehung Jesu von Nazareth. Aber die Auferstehung selbst ist uns bei diesem Schnittpunkt, den wir nun erreicht haben, noch gar nicht in den Blick gekommen. In dem frühen Bekenntnis Lk 24,34 wird sie zwar genannt, aber wir haben immer nur vom Sehen gesprochen. So ergibt sich die Frage: In welchem Verhältnis steht das behauptete Sehen des Petrus zu der Behauptung des Bekenntnisses »Jesus ist auferstanden«?

3. Um diese Frage beantworten zu können, müssen wir erklären, wie wir uns dieses behauptete Sehen zu denken haben, welcher Art dieses Sehen war. Ich erinnere dazu an unsere Überlegung bei der Betrachtung der Evangelien. Wir haben damals mehrfach gefragt, ob man aus der Art, wie die Erscheinungen erzählt werden, erschließen kann, was geschehen sein muß, damit solche Erscheinungen möglich wurden. Das gelang jedoch nicht, weil die Erscheinungen so unterschiedlich erzählt werden. Gelingt uns der Rückschluß jetzt?

Es liegt nahe, daß wir mit der dritten Aufgabe beginnen. Freilich besteht hier eine Schwierigkeit. Petrus selbst können wir nicht befragen, von ihm selbst besitzen wir kein unmittelbares Zeugnis, sondern uns liegen nur Zeugnisse anderer vor, die behaupten, er habe Jesus gesehen. Wir kennen aber einen Mann in der Urgemeinde, der unmittelbar von sich selbst behauptet, ihm sei ein Sehen Jesu widerfahren: Paulus. So empfiehlt es sich, mit ihm zu beginnen.

D. Das »Sehen« des Paulus

Wir setzen an der Stelle ein, wo das Sehen des Petrus und das Sehen des Paulus unmittelbar nebeneinander genannt werden, wo also Beziehungen zwischen dem Sehen beider zu bestehen scheinen: 1 Kor 15,5 u. 8. In beiden Fällen begegnet hier der Terminus ὤφθη.

Nun hat man oft versucht, durch Beachtung der grammatischen Form (Aorist Passiv) eine Erklärung des Sehens zu finden. Aber leider gibt es mehrere Übersetzungsmöglichkeiten. Am einfachsten wäre: Er wurde gesehen. – Wenn man (was durchaus möglich ist) deponentiale Bedeutung annimmt, kann man übersetzen: Er erschien, oder: Er ließ sich sehen, oder: Er zeigte sich. – Man kann aber das Passiv auch so verstehen, daß es (wie im Judentum verbreitet) benutzt wurde, um das Aussprechen des Gottesnamens zu vermeiden. Dann könnte man übersetzen: Gott hat sichtbar werden lassen. – Wir sehen also: In diesem einen Wort sind viele Möglichkeiten des Verstehens angelegt. (Darf ich eben einmal unterbrechen, um auf Folgendes aufmerksam zu machen? Ich sagte im vorletzten Satz: »Wir sehen also...«. – Haben wir wirklich etwas »gesehen«? Trotzdem konnte ich diese Vokabel benutzen, und sie war keineswegs mißverständlich. Auch dieser Sinn kann sich aber mit dem Verbum »sehen« im Griechischen verbinden.)

Für welche der genannten Bedeutungen muß man sich nun entscheiden? In der Forschung besteht keine Einigkeit. Da wir, wie gesagt, Petrus nicht unmittelbar befragen können, müssen wir versuchen, ob wir durch die Befragung des Paulus weiterkommen, denn er behauptet ja, ein ὤφθη erlebt zu haben (1 Kor 15,8). Natürlich ist dieses ὤφθη ein späteres, ist darum nicht identisch mit dem des Petrus. Aber bezeichnend ist, daß Paulus sein Erlebnis auch mit ὤφθη angeben kann. Damit stellt er sein Erlebnis in eine Reihe mit dem des Petrus. Wenn wir damit auch nicht ermitteln können, welcher Art das ὤφθη des Petrus war, dann doch aber vielleicht, wie *Paulus* es verstand. Ob er es richtig verstand, ist damit freilich noch nicht gesagt. Immerhin erkennen wir aber dadurch, wie ein Mensch der damaligen Zeit, der die Sprache und Vorstellungen kannte, dieses Sehen verstehen zu können und verstehen zu dürfen meinte. – Nun kämen wir natürlich keinen Schritt weiter, wenn wir bei Paulus auch nur diese eine Vokabel fänden. Da Paulus aber an anderen Stellen andere Terminologie benutzt und ganz offensichtlich immer an dasselbe Erlebnis denkt, kann ein Vergleich weiterhelfen.

Man hat schon oft in der angedeuteten Weise gefragt und verglichen. Aber leider hat man das fast immer zu direkt getan. Man wollte schnell ein Ergebnis, überlegte sich aber nicht immer sorgfältig genug, welchen Weg man beschreiten mußte, um ein vertretbares Ergebnis zu erreichen. – Ich möchte nun zwar unnötige Längen vermeiden, andererseits aber doch vorsichtig vorgehen, um nicht in Sackgassen zu geraten, zumal wir unser Problem (was meint Paulus, wenn er von seinem »Sehen« spricht?) nicht von dem trennen können, wie sich bei Paulus das Sehen und die behauptete Auferstehung Jesu zueinander verhalten.

Man pflegt gelegentlich zu sagen, daß das Damaskus-Erlebnis das Ostererlebnis des Paulus war. Es liegt ja auch nahe, daß man so formuliert, weil man jedes einzelne Sehen in der Zeugenreihe von 1 Kor 15 auf die Auferstehung bezieht. Uns ist aber schon deutlich geworden, daß das nicht ohne Problematik ist, weil vom zweiten Glied der Kette an das Sehen keinen konstitutiven Sinn für den Glauben an den Auferstandenen mehr hat; den hatte nur das Sehen des Petrus. Wie steht es dann aber bei Paulus? Wenn man hier von einem Ostererlebnis spricht, muß man doch fragen, wie »Ostern« noch einige Jahre später erlebt werden konnte. Das heißt aber, wir müssen erst einmal den Ort bestimmen, den Paulus im Rahmen der Tradition der Osterverkündigung einnimmt, dürfen darum nicht sofort unmittelbar nach seinem Damaskus-Erlebnis fragen.

Paulus hatte die Gemeinde verfolgt. Das setzt voraus, daß Paulus im wesentlichen darüber informiert war, worum es der Gemeinde ging. Er kannte also ihre Botschaft und ihr Verhalten auf Grund der Botschaft. – Was wußte Paulus?

Gelegentlich hört man, der Apostel habe sich daran gestoßen, daß die Christen den am Kreuz hingerichteten Jesus als Messias bekannten. Es gibt jedoch keinen Text, in dem Paulus dieses als Grund für seine frühere Verfolgungstätigkeit angibt. Die Texte lassen vielmehr erkennen, daß der eigentliche Streitpunkt die gesetzeskritische Haltung der Christen war. Indem sie die Gültigkeit des Gesetzes in Frage stellten, wurden sie zu einer Gefahr für das Judentum. Eben das hatte der Pharisäer Paulus erkannt. Die behauptete Messianität Jesu interessierte ihn bei der Verfolgung dann höchstens, sofern sie die Begründung für die Gesetzeskritik der Christen bildete. Sie war aber nicht selbst Grund für die Verfolgung.

In diesem Zusammenhang muß man nun fragen, ob Paulus auch die christliche Behauptung der Auferstehung Jesu kannte. Auch sie wäre kein Grund zur Verfolgung gewesen, sondern höchstens wieder nur, sofern sie eine Begründung für die Gesetzeskritik der Christen bildete.

Mit letzter Sicherheit kann man nicht angeben, ob Paulus schon als Verfolger von der Auferstehung Jesu gehört hatte. Uns mag das erstaunlich scheinen, weil wir es für selbstverständlich halten. Wir müssen aber daran festhalten, daß wir zumindest unmittelbar nichts erfahren.

Ist ein mittelbarer Schluß möglich? Der ist schon deswegen schwer, weil uns Paulus-Briefe erst aus sehr viel späterer Zeit vorliegen. Der älteste (1. Thessalonicherbrief) ist mehr als ein Jahrzehnt nach dem Damaskus-Erlebnis geschrieben worden. Nun fällt hier (und auch in den späteren Briefen) auf, daß Paulus die Auferstehung Jesu oft in Zusammenhängen nennt, die deutlich formelhaften Charakter tragen, also vermutlich nicht von Paulus selbst stammen. Offen bleibt dabei aber die Frage, wann er diese formelhaften Wendungen übernommen hat. Sie können ja zu einer Zeit zu ihm gelangt sein, als er schon Christ war. So bleibt es in der Tat denkbar, daß Paulus erst als Christ von der Auferstehung Jesu gehört hat. Ich halte das zwar für wenig wahrscheinlich, doch was man nicht wissen kann, muß man offenlassen.

Dennoch hilft uns diese Überlegung. Wir müssen nämlich fragen, wie Paulus sein Damaskus-Erlebnis in Beziehung zur Aussage von der Auferstehung Jesu bringt. Das geschieht bemerkenswerterweise nur 1 Kor 15. Dort ist es aber einfach dadurch veranlaßt, daß Paulus sein ὤφθη an die vorgegebene Formel anhängt. In dieser vorgegebenen Formel aber war von der Auferstehung die Rede.

Wir haben es also mit einem ganz eigentümlichen Tatbestand zu tun. Paulus selbst bringt (obwohl in fast allen Briefen irgendwie von der Auferstehung Jesu die Rede ist – freilich längst nicht so oft, wie man meist annimmt) die Auferstehung Jesu nicht in Beziehung zu seinem Damaskus-Erlebnis. Das scheint mir insofern wichtig zu sein, als Paulus dadurch eben nicht zu erkennen gibt, ob sein Damaskus-Erlebnis ihn von der Auferstehung Jesu überzeugt hat. Beide Traditionen (Damaskus und Auferstehung) laufen eigentümlich unverbunden nebeneinander her. Eine Ausnahme bildet lediglich 1 Kor 15. Doch ist das eben eine nur scheinbare Ausnahme, weil Paulus sein Sehen an das Sehen anderer anschließt, das seinerseits vorher schon mit der Auferstehung verbunden war.

Wir betrachten jetzt zunächst die Stellen, an denen Paulus von seinem Damaskus-Erlebnis spricht. Dabei beachten wir die chronologische Reihenfolge der Briefe.

Erstmalig ist von diesem Erlebnis Gal 1,15–17 die Rede: »Als es aber dem gefiel, der mich von meiner Mutter Leibe an ausgesondert und durch seine Gnade berufen hat, seinen Sohn in mir zu offenbaren (ἀποκαλύψαι), damit ich ihn unter den Völkern verkündigte, besprach ich mich nicht mit Fleisch und Blut, ging auch nicht alsbald hinauf nach Jerusalem zu denen, die vor mir Apostel waren, sondern zog nach Arabien ...«

Diese Stelle ist höchst merkwürdig. Zunächst einmal konstatieren wir eine Übereinstimmung mit 1 Kor 15,10: Das funktionale Moment ist betont. Paulus weiß sich durch das Erlebnis von Damaskus als zur Heidenmission ausgesandt.

Eigentümlich ist nun aber, daß Paulus hier nicht von einem Sehen Jesu spricht, sondern davon, daß Gott seinen Sohn in ihm offenbarte. Man hat über diese Stelle viel herumgerätselt, dabei natürlich oft versucht, dieses »offenbaren« als ein Sehen zu verstehen. Man wollte der Schwierigkeit ausweichen, die entsteht, wenn man die Aussage im Sinne einer subjektiven Vision auslegt. Man betonte demgegenüber, daß hier mehr gesagt werden solle als ein Vorgang im Inneren des Paulus oder ein bloßes Innewerden, ein Überführt-Werden von der Wahrheit der christlichen Botschaft. Man argumentierte dann mit anderen Stellen. Dort redet Paulus von einem Sehen, setzt dieses Sehen in Parallele zum Sehen anderer. Da das Sehen der anderen aber keine »innere Schau« sei, könne Paulus das Gal 1,16 auch nicht meinen.

Doch so darf man nicht argumentieren. Es ist methodisch unzulässig, vom Sehen der anderen (dessen Art ohnehin noch keineswegs sicher ausgemacht ist) auf das »offenbaren in mir« zu schließen. (Man darf das »in mir« freilich nicht pressen. Es ist grammatisch möglich – nicht aber nötig –, die Wendung als Dativ zu verstehen. Sie wäre dann zu übersetzen: Gott offenbarte mir seinen Sohn.)

Wir wollen an dieser Stelle nicht ins Spekulieren verfallen, sondern uns nur an das halten, was man sicher sagen kann. Wenn Paulus von seinem Damaskus-Erlebnis spricht, dann *muß* er das *nicht* mit Hilfe der Vokabel »sehen« tun. Er kann es auch mit einem anderen Begriff bezeichnen, dessen allgemeine Bedeutung ist: Enthüllung von etwas sonst oder bisher Verborgenem. Wie diese Enthüllung geschieht, ist dabei völlig offen.

Wenn wir nur diese Angabe über sein Damaskus-Erlebnis besäßen, kämen wir nie darauf, daß Paulus durch ein Sehen Christ geworden sei. Man würde dann etwa sagen, daß er die Verkündigung der Christen gekannt, sie zuerst abgelehnt habe, dann aber doch von ihr überwältigt worden sei. Die Wahrheit wurde ihm enthüllt (= offenbart). Paulus drückte das dann so aus: Gott offenbarte seinen Sohn (in) mir.

Bemerkenswert ist nun noch Folgendes. Im Zusammenhang von Gal 1 u. 2 geht es Paulus darum, die Unmittelbarkeit seines Apostolats (und damit die Unabhängigkeit seines Apostolats von Jerusalem) zu begründen. Wenn wir uns einmal fragen, wie Paulus das (nach unserer Meinung) am besten hätte tun können, dann würden wir doch wahrscheinlich antworten, daß Paulus so hätte argumentieren sollen: Ihr sagt, ich sei in meinem Apostolat von den Jerusalemern abhängig? Das stimmt nicht, denn ebenso wie *sie* Jesus gesehen haben, so habe auch *ich* ihn gesehen. – Damit hätte er dann die Unmittelbarkeit und Unabhängigkeit seines Apostolats gesichert.

Doch gerade so geht Paulus nicht vor. Er nennt sein Erlebnis, bezeichnet es mit »offenbaren« und zeigt seine Unabhängigkeit von Jerusalem dadurch, daß er betont: Ich war doch Verfolger; und auch nach der Offenbarung ging ich gar nicht gleich nach Jerusalem, nicht zu den früheren Aposteln, besprach mich mit keinem Menschen, sondern zog sofort zur Mission nach Arabien. (Daß Paulus in Arabien missioniert hat, darf man daraus schließen, daß wir von seiner Verfolgung durch den Ethnarchen des Königs Aretas wissen – 2 Kor 11,32 u. 33.) Paulus begründet hier also seine Unmittelbarkeit, indem er nachweist, daß er seine Mission unabhängig von Jerusalem begonnen hat.

An der nächsten zu besprechenden Stelle (1 Kor 9, 1 u. 2) bezeichnet Paulus sein Erlebnis zum erstenmal als ein Sehen: »Bin ich nicht frei? Bin ich nicht ein Apostel? Habe ich nicht Jesus, unseren Herrn, gesehen (ἑόρακα)? Und seid ihr nicht mein Werk in dem Herrn? Wenn ich auch für andere nicht Apostel bin, für euch aber bin ich es, denn das Siegel meines Apostolats seid ihr in dem Herrn.«

Wieder ist sofort festzustellen, daß Paulus dieses Erlebnis des Sehens im Zusammenhang mit seiner Funktion als Apostel sieht. Sodann muß man darauf achten, daß auch diese Stelle apologetischen Charakter hat. Freilich verfolgt die Apologie hier eine etwas andere Richtung als die im Galaterbrief. Ging es dort um die Unmittelbarkeit des paulinischen Apostolats, dann hier um die *Tatsächlichkeit* seines Apostolats. Der Apostolat der anderen ist offenbar unbestritten (oder Paulus meint, daß er unbestritten sei). Man sitzt über Paulus zu Gericht, sagt er in V. 3. Man will ihm die Freiheit bestreiten; und V. 5 verweist Paulus auf die Freiheit, die die »anderen Apostel und des Herrn Brüder und Kephas« für sich in Anspruch nehmen. Paulus will nun in dieser Apologie zum Ausdruck bringen, daß er in diesen Kreis mit hineingehört. Das aber begründet er damit, daß auch er Jesus gesehen habe.

Doch nun taucht eine Frage auf. Wie kann er die Korinther davon überzeugen, daß er tatsächlich Jesus gesehen hat? Bei den Galatern lag es ja anders. Hier konnte Paulus die Unabhängigkeit von Jerusalem nachweisen, indem er die Orte angab, wo er war: eben nicht in Jerusalem. Wenn man wollte, konnte man das kontrollieren; dann mußte man der Behauptung des Paulus recht geben. – Den Korinthern gegenüber kann er aber so nicht argumentieren. Er kann hier auf nichts verweisen, was man kontrollieren könnte. Denn wenn Paulus seinen Apostolat mit der Behauptung begründet, er habe Jesus gesehen, dann könnte man ihm doch sofort entgegenhalten, daß er das zwar behaupten, aber nicht nachweisen könne. Paulus versucht diesen Nachweis auch gar nicht. Er könnte ja nicht gelingen. Dennoch führt er hier einen Beweis, nämlich den »des Geistes und der Kraft«. – »Wenn ich auch für andere nicht Apostel bin, für euch aber bin ich es; denn das Siegel meines Apostolats seid ihr in dem Herrn.«

Das heißt aber, Paulus redet die Korinther darauf an, daß sie durch seine Arbeit zur Gemeinde Jesu geworden sind. Bei ihnen ist etwas passiert. Sie sind zum Glauben gekommen. Durch die Predigt des Paulus in Korinth ist der Beweis des Geistes und der Kraft erbracht. Weil die Korinther das aber erfahren haben, darum müssen sie zugeben, daß Paulus wirklich ihr Apostel ist, darum kann auch der Apostolat des Paulus nicht fraglich sein. –

Wenn andere den Apostolat des Paulus bestreiten, dann können sie es tun. Sie haben sogar ein gewisses Recht dazu, denn diese anderen sind ja nicht durch ihn Christen geworden. Darum *können* sie auch gar nicht sagen, Paulus sei Apostel. Die Wahrheit des Apostolats kann nur erfahren und aussagen, wer durch die Wirkung des Apostels zum Glauben gekommen ist.

Nur wenn man den ganzen Zusammenhang betrachtet (nicht aber lediglich die Erwähnung des Sehens), merkt man, welchen »Stellenwert« dieses Damaskus-Erlebnis hat. Für Paulus hat es sehr viel bedeutet; aber überführend argumentieren kann er mit dem Hinweis auf dieses Erlebnis eben nicht. Das könnte er auch dann nicht, wenn er dieses Erlebnis bis in die Details beschreiben würde. Damit könnte er nicht *wirklich* überzeugen. So genügt ihm im Rahmen dessen, worauf es ihm ankommt, dieser kurze Hinweis: Ich habe Jesus, unseren Herrn, gesehen.

Jetzt muß aber wohl die Zwischenfrage erlaubt sein: Starren wir heute (zumal in den theologischen Auseinandersetzungen) vielleicht auf einen Punkt, der (mindestens in der Argumentation des Paulus) überhaupt nicht die Rolle spielt, die wir hier im allgemeinen vermuten? Wenn wir moderne Begrifflichkeit benutzen, können wir formulieren: *Historisch* begründet Paulus zwar seinen Apostolat mit dem Damaskus-Erlebnis; *theologisch* aber begründet er ihn mit der Existenz der Gemeinde. Die historische Begründung hat nun aber keine Bedeutung für sich, hat keine Bedeutung, die – isoliert – noch etwas austragen könnte. – Schließlich ist noch darauf hinzuweisen, daß in diesem Zusammenhang wieder nicht von der Auferstehung Jesu die Rede ist.

Daß das dann an der letzten zu besprechenden Stelle (1 Kor 15,8) der Fall ist, hängt einerseits einfach mit dem Problem zusammen, das in diesem Kapitel verhandelt wird, andererseits, wie schon ausgeführt, mit der Formel, die Paulus zitiert. Mit dem ὤφθη in V. 8 liegt aber keine besondere Charakterisierung seines Erlebnisses durch Paulus vor, sondern der Apostel bezeichnet es einfach mit dem vorgegebenen Begriff.

Stellen wir nun erneut die Frage, welcher Art das Sehen des Paulus war. Das ὤφθη aus 1 Kor 15,8 können wir aus den genannten Gründen nicht heranziehen. Dann bleiben die beiden Wendungen »Gott offenbarte (in) mir seinen Sohn« und »Ich habe Jesus, unseren Herrn, gesehen«. Aber damit kann man nun auch herzlich wenig anfangen. Sicher ist nur, daß Paulus sein Erlebnis nicht als Sehen bezeichnen *muß*.

In zwei Richtungen kann man nun fragen. Einmal: Handelte es sich um ein Sehen; und hat Paulus das dann (aus welchen Gründen auch immer) Gal 1,16 als »offenbaren« bezeichnet? Oder: Läßt Paulus die Art seines Erlebnisses zuerst undeutlich und spricht erst später von einem Sehen, vielleicht aus dem Grunde, weil er damit seine *Offenbarung* in das von den anderen behauptete *Sehen* einfügen kann? Exakt beweisen läßt sich hier natürlich nichts. Immerhin gibt es einige Indizien.

Man kann z. B. zeigen, daß Paulus Gal 1,16 nicht gleichsam zufällig von einem Offenbaren redet, sondern einem ihm wahrscheinlich geläufigen Sprachgebrauch folgt. Er verwendet denselben Begriff schon einmal unmittelbar vorher. Gal 1,11 u. 12 sagt er, daß das Evangelium, welches er gepredigt habe, nicht menschlicher Art sei; er habe es auch nicht von einem Menschen empfangen oder gelernt, sondern »durch die Offenbarung Jesu Christi«. Damit kann er natürlich nicht sagen wollen, daß er durch eine Audition vor Damaskus den Inhalt seiner Predigt mitgeteilt bekommen habe. Den kannte er (wenigstens zum Teil) bereits als Verfolger. Daß diese Inhalte aber Evangelium waren, keine (wir würden sagen: nur) menschlichen Worte, das haben ihm keine Menschen vermittelt, sondern das hat er »durch Offenbarung Jesu Christi« erfahren. – Man kann also mindestens vermuten, daß Paulus sein Erlebnis früher unreflektiert allgemein als Offenbarung bezeichnet hat. Die Präzisierung dieser Offenbarung als ein Sehen geschah dann erst in Angleichung an den (wahrscheinlich) üblichen Sprachgebrauch. *Daß* Paulus eine solche Angleichung vornehmen kann, darf man deswegen nicht ausschließen, weil er es 1 Kor 15,8 (nun mit Hilfe des ὤφθη) bestimmt getan hat.

Dann läge hier im Wandel der Terminologie durch Paulus etwas ganz Ähnliches vor wie das, was wir schon bei den früheren Gliedern der Zeugenkette eines Sehens in 1 Kor 15,5–7 beobachtet haben: Bestehende Funktionen werden (wie immer sie entstanden sind) durch ein Gesehen-Haben begründet, das seinen Ursprung im ersten Gesehen-Haben durch Petrus hatte. Auf jeden Fall aber ist im Nacheinander der Formulierungen des Paulus eine immer größere Annäherung an die Formulierungen der Tradition zu erkennen. Man kann das für einen Zufall halten und sagen: Das Damaskus-Erlebnis *war* ein Sehen. Das wäre *eine* Hypothese. Man kann aber auch sagen: Paulus wurde mit der Zeit aus apologetischen Gründen gezwungen, seine Formulierungen denen der Tradition anzupassen. Das wäre eine *andere* Hypothese, die freilich nicht mit dem Zufall rechnen muß, sondern wenigstens einige Indizien für sich in Anspruch nehmen kann.

Aber beides bleiben Hypothesen. Darum kommen wir an das, was bei Damaskus tatsächlich passiert ist, nicht heran (außer natürlich, daß aus dem Verfolger ein Verkündiger wurde; nur *wie* das genau geschah, können wir nicht mehr ermitteln). Dann sollte man das aber auch zugeben und nicht versuchen wollen, unser Nicht-Wissen durch eine bloße Behauptung zu überspielen.

Offensichtlich hält Paulus es nicht für wichtig, seine Leser über die genauen Vorgänge seines Erlebnisses zu informieren. Dennoch kann man eines erkennen. Was immer Paulus erlebt hat, er sagt hier: *Gott* hat an mir gehandelt. Darum ist sein Evangelium nicht menschlicher Art, sondern ist von Gott. Paulus will sagen (um es einmal ganz einfach auszudrücken), er sei von außen angestoßen worden; und dieser Anstoß kam von Gott.

Daß es Gott war, der an ihm gehandelt hat, kann Paulus zwar bekennen; aber das kann er natürlich niemandem beweisen. Darum schiebt er den »Beweis« dorthin, wo er allein erbracht werden kann: in die Gemeinde. Wo sie wirklich zum Glauben gekommen ist, da ist sie dessen gewiß, daß sein Evangelium von Gott stammt, nicht aber von ihm selbst. Sie könnte dessen nicht etwa dadurch noch gewisser werden, daß Paulus sein Erlebnis bis ins Detail beschriebe. Sie wäre dann zwar informiert über das Zustandekommen des Glaubens bei Paulus. Diese Information könnte aber ihren eigenen Glauben nicht begründen. So ist es von der Sache her verständlich, daß Paulus sein Damaskus-Erlebnis nur andeutet und in dieser Andeutung offenhält, daß sein Evangelium von Gott kommt. Das aber kann die Gemeinde nur erfahren, wenn sie – auf Grund des Evangeliums – selbst zum Glauben kommt.

Doch nun müssen wir noch einmal die Frage aufnehmen, in welchem Verhältnis dieses Erlebnis zur paulinischen Verkündigung der Auferstehung Jesu steht.

Negativ haben wir bereits festgestellt, Paulus läßt nirgendwo erkennen, daß ihn dieses Widerfahrnis vor Damaskus zu der Überzeugung gebracht habe, Jesus sei auferstanden. Man darf darum das Damaskus-Erlebnis nicht »das Ostern des Paulus«

nennen – es sei denn, man versteht hier unter Ostern das Zum-Glauben-an-Jesus-Kommen. In diesem Sinne könnte man dann natürlich bei vielen Christen von einem Ostern reden. Nur werden sie dadurch ja keine Zeugen der Auferstehung Jesu; und es bedarf auch keines Sehens. Dieses Zum-Glauben-Kommen kann ganz verschieden geschehen. Immer aber ist es eine »Offenbarung« in dem Sinne, daß das, was bisher für Menschenwort gehalten wurde, sich als Gottes Wort offenbarte, dem man sich dann auslieferte. Man wurde dessen inne, man »sah«, was man vorher nicht sah – oder wie immer man dieses Wunder (und das *ist* ein Wunder!) ausdrücken will. Dennoch macht ein so verstandenes »Ostern« heute keinen Christen zu einem Zeugen der (damals geschehenen) Auferstehung Jesu. Es hat aber auch Paulus nicht zu einem Zeugen der Auferstehung Jesu gemacht. Soll man das dann aber Ostern nennen? – Nun, vielleicht ist gerade das tatsächlich Ostern.

Aber wenden wir uns erst wieder an Paulus. Man zitiert gern, wenn man auf das Gewicht hinweisen will, das die Auferstehung Jesu bei Paulus hat, den Satz: »Wäre Christus nicht auferstanden, dann wäre unser Kerygma (unsere Verkündigung) leer; dann wäre auch euer Glaube leer« (1 Kor 15,14). Reißt man diesen Satz aus dem Zusammenhang, könnte man tatsächlich sagen, es hinge schlechthin alles an der wirklich geschehenen Auferstehung Jesu. Ist sie nicht wirklich geschehen, dann hat die Predigt keinen Inhalt; und Glaube ist dann nicht mehr möglich. Selbst wenn wir unterstellen, Paulus wollte das sagen, müssen wir zweierlei festhalten. Einmal erfahren wir dann noch nicht unmittelbar, was Paulus unter Auferstehung Jesu versteht. Zum anderen wüßten wir immer noch nicht, woher Paulus von der Auferstehung Jesu weiß, denn Zeuge der Auferstehung Jesu ist Paulus durch das (Jahre später liegende) Damaskus-Erlebnis nicht geworden. Er kann nur auf anderem Wege davon gehört haben. Selbst also wenn Paulus sagen wollte, die tatsächlich geschehene Auferstehung Jesu sei die unabdingbare Voraussetzung dafür, daß es Predigt und Glauben gibt, bliebe die Auferstehung Jesu immer noch eine Behauptung des Paulus. Wir müßten ihn dann fragen, woher er davon weiß. Er sagt zwar ein wenig später: »Nun aber *ist* Christus auferstanden ...« (1 Kor 15,20); doch auch das bleibt ja eine Behauptung.

Man darf aber den Satz 1 Kor 15,14 wieder nicht aus dem

Zusammenhang reißen. Achten wir daher auf den Kontext! – Paulus spricht anschließend davon, daß die Verkündiger als falsche Zeugen erfunden *würden;* sie *hätten* dann gegen Gott gezeugt, er *hätte* Christus auferweckt, den er ja nicht auferweckt hat (nicht auferweckt haben kann), wenn die Toten nicht auferstehen. Wenn also Christus nicht auferstanden ist, dann ist der Glaube der Korinther nichtig, dann sind sie noch in ihren Sünden (vgl. 1 Kor 15,15–17).

Wenn man sich den ganzen Zusammenhang ansieht, merkt man, daß Paulus dauernd im Irrealis redet. Er stellt Konsequenzen dar, die sich ergeben müßten, wenn die Voraussetzung zuträfe. Das heißt aber, Paulus spricht die Korinther daraufhin an, daß der Irrealis gar nicht stimmt. Er sagt ihnen (die Aussagen nun positiv formuliert): Ihr steht doch im Glauben; ihr habt doch die Sündenvergebung erfahren. Dann aber *hat* doch unsere Predigt einen Inhalt; dann *können* wir doch keine falschen Zeugen sein.

Die Sache liegt also so: Wenn in Korinth einige die Auferstehung der Toten leugnen, dann müssen sie konsequenterweise auch die Auferstehung Jesu leugnen (1 Kor 15,13). Die ist ihnen doch aber verkündigt worden; und diese Verkündigung hat ihre Wirkung gehabt (1 Kor 15,11). Die Korinther müßten also etwas leugnen, von dessen Wirklichkeit sie wissen: ihr eigenes Christ-Sein, ihren eigenen Glauben, die Erfahrung der Sündenvergebung.

Man muß auf den Zusammenhang achten. Dann erkennt man, daß Paulus hier nicht etwa einen Tatsachenbeweis für die geschehene Auferstehung Jesu führt (den könnte er überhaupt nicht erbringen), sondern er führt einen »Beweis« innerhalb einer bestimmten theologischen Logik. Die sieht so aus: Weil ihr wißt, daß ihr zum Glauben gekommen seid, müßt ihr doch auch zugeben, daß euer Glaube eine Voraussetzung hat. Paulus argumentiert also nicht von der Voraussetzung aus, die er zunächst einmal als sicher hinstellt, um *dann* zu sagen: Weil die Voraussetzung sicher ist, treffen auch die Folgen zu. Sondern Paulus argumentiert gerade von den Folgen aus. Da diese (wie die Korinther wissen) unbestritten sind, müssen auch die Voraussetzungen stimmen.

Ist diese Argumentation aber zwingend? Darf man überhaupt so argumentieren? Konkret gefragt: Kann man vom Glauben aus (in dem man steht!) die geschehene Auferstehung erschließen? Ich habe ja schon früher einmal gezeigt, daß der Glaube nicht als Erkenntnisorgan für vergangenes Geschehen mißbraucht werden darf, weil er das nicht ist.

Wir behalten diese Fragen im Auge, erinnern uns inzwischen aber noch einmal an 1 Kor 9,1–3. Dort ging es um den Apostolat des Paulus. Er hatte ihn, wie wir sahen, damit begründet, daß die Korinther das Siegel seines Apostolats seien. Indem sie glauben, erfahren sie die Wahrheit: Die Botschaft des Paulus ist von Gott. Paulus hätte an dieser Stelle auch formulieren können: »Wäre ich nicht von Gott gesandter Apostel, dann wäre meine Verkündigung leer, dann wäre auch euer Glaube leer. Da euer Glaube aber, wie ihr wißt, nicht leer ist, zeigt euch das, daß ich euer von Gott gesandter Apostel bin.«

Gemeinsam ist beiden »Beweisgängen«, daß der Glaube ein Woher hat, das Woher aber bei Gott liegt. Daß dieses Woher bei Gott liegt, erfährt man erst im Glauben. – Ich formuliere das in theologischer Fachsprache. Der Glaube hat ein »extra nos« (wörtlich: außerhalb von uns). – Wir sehen nun, daß Paulus dieses extra nos verschieden angeben kann: 1 Kor 9,1 u. 2 mit Hilfe seines Apostolats, 1 Kor 15,14–17 mit Hilfe der Verkündigung der Auferstehung Jesu. Die Struktur der Argumentationen bleibt dieselbe. Sie geht immer von etwas Gewissem aus: Die Gemeinde steht im Glauben.

Wir stellen nun einmal beide Argumentationsreihen nebeneinander. Die aus 1 Kor 9 lautet: Glaube der Gemeinde – Apostolat des Paulus – Empfang dieses Apostolats durch das Sehen Jesu. – Die Argumentationsreihe aus 1 Kor 15 lautet: Glaube der Gemeinde – *Predigt* der Auferstehung Jesu – Auferstehung Jesu.

Jetzt fragen wir noch einmal, wessen die Korinther im Glauben gewiß werden können. Die Antwort ist: immer nur des mittleren Gliedes. Im Glauben erfahren sie die Wahrheit, daß Paulus von Gott gesandter Apostel ist. Wie er das wurde, kann er ihnen zwar mitteilen; aber das gehört nicht mehr zur Wahrheit ihres Glaubens, denn das ist lediglich eine Sache der Information. Wie unwesentlich Paulus diese Information ist, erkennt man daran, daß er sie ganz unterschiedlich formulieren kann.

Jetzt die andere Argumentationsreihe. Wessen können die Korinther im Glauben gewiß werden? Lediglich daß die *Predigt* der Auferstehung sie in den Glauben an Christus geführt hat und sie durch sie die Wahrheit der Sündenvergebung erfahren haben. Welche historischen Fakten aber hinter der Predigt von der Auferstehung Christi liegen, könnte ihnen zwar mitgeteilt werden (wird ihnen jedoch nicht mitgeteilt!); das gehört aber nicht zur Wahrheit ihres Glaubens. Das könnte bestenfalls Sache der Information sein.

Ich nehme die liegengelassene Frage noch einmal auf: Kann man vom Glauben aus die *geschehene* Auferstehung Jesu erschließen? Die Antwort lautet eindeutig nein. Darüber kann man nur informiert werden. Aber man kann vom Glauben aus der Wahrheit der *Predigt* von der Auferstehung Jesu gewiß werden.

Geraten wir durch diese Differenzierung zwischen der *Predigt* von der Auferstehung und der damals *geschehenen* Auferstehung nun nicht erneut in das alte Dilemma? Denn welchen Inhalt kann die Predigt von der Auferstehung haben, wenn nicht diese Auferstehung selbst? Doch erinnern wir uns an früher Gesagtes. Die *Predigt* von der Auferstehung Jesu kann ja zum Inhalt haben: Jesus lebt; und darum geht er mich unbedingt an. Eben das hat Paulus doch offensichtlich den Korinthern vermittelt. Wenn man sich an *diesem* Inhalt orientiert, dann könnte man nun auch formulieren: Wenn Jesus nicht lebt, dann ist die Predigt leer. – Aber zum Inhalt der Predigt von der Auferstehung muß dann noch nicht gehören, *wie* der gekreuzigte Jesus lebendig wurde. Als Lebendigen kann man Jesus im durch die Predigt ausgelösten Glauben erfahren. Wie er lebendig wurde, kann jedoch der Glaube nicht ermitteln.

Darum kann Paulus sein Damaskus-Erlebnis (wenn auch unterschiedlich) erzählen. Das hat er selbst erlebt. Dafür ist er unmittelbarer Zeuge. Nur – Zeuge der Auferstehung war er nicht.

Man wird zwar nicht bestreiten können, daß Paulus vom Geschehen-Sein der Auferstehung Jesu überzeugt war. Aber er führt weder 1 Kor 15 noch sonstwo einen »Tatsachenbeweis« dafür. Darum kann man sich auch nicht auf Paulus berufen, wenn man am Geschehen-Sein der Auferstehung Jesu (wie man es gelegentlich ausdrückt) »festhalten« will. Mit Hilfe seines Damaskus-Erlebnisses hat der Apostel nicht den »Tatsachenbeweis« für die geschehene Auferstehung Jesu geführt. Die Art seines Sehens bleibt unklar. Darum fällt der einzige uns bekannte unmittelbare Zeuge, der von sich ein Gesehen-Haben Jesu behauptet, aus, wenn wir fragen, wie man vom Sehen Jesu zur Auferstehung Jesu zurückkommen kann. So sind wir erneut auf das ὤφθη, das als dem Petrus widerfahren behauptet wird, zurückgeworfen.

E. Die Auferstehung Jesu – ein Wunder

Die Chancen, trotz der bisher angestellten Versuche doch noch die Auferstehung Jesu als Ereignis zu erreichen, sind nicht groß. Das hat zwei Gründe, einen historischen und einen theologischen. Einmal ist die Quellenfrage mehr als dürftig. Sodann liegt es an der Sache selbst, die wir suchen; sie entzieht sich dem Zugriff.

Auf die Quellenfrage werde ich gleich noch eingehen, nehme lediglich eine Überlegung vorweg. Wenn es bei dem einzigen unmittelbaren Zeugen, den wir befragen können, bei Paulus, nicht gelang, das ὤφθη, mit dem er schließlich (1 Kor 15,8) sein Damaskus-Erlebnis umschrieb, näher zu erklären, wie soll das dann beim ὤφθη des Petrus gelingen, von dem wir ja nur ein mittelbares Zeugnis besitzen?

Doch bevor ich darauf eingehe, möchte ich etwas zum theologischen Grund sagen, weswegen es schwierig ist, die Auferstehung Jesu zu erreichen. Wir haben es nämlich mit einem Wunder zu tun; ein Wunder entzieht sich aber jedem Zugriff. Damit soll nun nicht etwa eine Patentlösung angeboten werden, auf die man sich zurückziehen kann, wenn man nicht mehr weiterkommt. Weil man aber gerade das oft versucht hat, möchte ich im voraus ein wenig Licht auf die hier vorliegende Problematik werfen. Man darf nämlich nicht so vorgehen, daß man behauptet, die Wissenschaft könne hier gar nichts erkennen, weil wir es mit einem Wunder zu tun haben – und dann doch alsbald anfängt, dieses Wunder zu beschreiben, wobei man sich aber keine Rechenschaft darüber ablegt, wodurch man zu dieser Beschreibung in der Lage ist. Hier wird die Auskunft, daß es sich um ein Wunder handelt, tatsächlich zu einer unzulässigen »Patentlösung«. Dabei wird gerade nichts gelöst. Man muß anders vorgehen.

Wir orientieren uns dazu wieder an früher Gesagtem. Ganz am Anfang der Vorlesung machte ich auf die beiden Akzente aufmerksam, die in der Aussage »Jesus ist auferstanden« liegen. Der Satz kann einerseits (präsentisch akzentuiert) bedeuten: Jesus lebt; darum geht er mich heute unbedingt an. Andererseits kann dieser Satz (nun mit dem Akzent auf der Vergangenheit) besagen: Gott hat Jesus am dritten Tage auferweckt. Bei welchem dieser Akzente liegt nun das Wunder?

Wahrscheinlich wird man darauf ganz schnell antworten: Das Wunder ist in der Vergangenheit geschehen, denn daß Gott Jesus auferweckt hat, das ist doch (oder das gilt als) das Wunder schlechthin. Aber diese Auskunft scheint mir voreilig zu sein.

Zunächst einmal muß man, wie ich meine, betonen, daß das Wunder beim präsentischen Akzent liegt, beim heutigen Glauben. – Man könnte sofort zurückfragen, ob denn das Geschehen in der Vergangenheit kein Wunder sei. Ich will das keineswegs bestreiten, meine aber, daß es unmöglich ist, ein Wunder der Vergangenheit *als Wunder* zu erkennen. Daß es sich damals um ein Wunder handelte, kann ich bestenfalls ahnen – aber *nur* dann, wenn ich um das entsprechende Wunder *heute* weiß.

Ich hoffe, Ihnen das zeigen zu können – und zwar gerade am Scheitern unserer historischen Rückfrage, der wir uns jetzt wieder zuwenden. Wir stoßen da auf zwei Daten, die ich zuerst entfalten und dann in Beziehung zueinander bringen will.

1. Einmal handelt es sich um das ὤφθη des Petrus. Es begegnet uns in der Form einer Behauptung, die aber (jedenfalls wie sie uns vorliegt) nicht von Petrus stammt, sondern die andere aufstellen. Andere behaupten, Jesus sei Simon erschienen.

Man muß an dieser Stelle ganz genau reden, weil man sonst schnell die Klarheit verliert. Das geschieht z. B., wenn man einfach sagt, Petrus habe doch Jesus gesehen. Ich will das nicht bestreiten, nur müssen wir mitbedenken, wie wir zu diesem Wissen gekommen sind. Das geschah durch die Behauptung anderer.

Diese Behauptung konnte man niemals überprüfen, auch schon zu Lebzeiten des Petrus nicht. Immerhin konnte man damals noch, wenn man hörte, daß der Herr Simon erschienen sei, zu diesem hingehen und ihn fragen, ob das stimme. Wir können nicht einmal mehr diese Frage stellen. Uns begegnet dieses letzte Datum in einer Behauptung, die mindestens schon zwei Traditionsstufen durchlaufen hat: die Aussage des Simon, daß er Jesus gesehen habe, und die Aussage anderer, daß Simon Jesus gesehen habe.

Doch selbst das muß man noch präzisieren. Ich betone das nicht etwa aus übergroßer Skepsis, sondern lediglich, um uns das methodische Problem ganz klarzumachen. Wenn man im Ablauf darstellte, konnte man die beiden Traditionsstufen in der genannten Reihenfolge aufzählen. Wir müssen aber berücksichtigen, daß *uns* zuerst die Behauptung der anderen begegnet; *von da aus* können wir dann auf eine mögliche Behauptung des

Simon zurückschließen. Ich sage ausdrücklich, auf eine *mögliche* Behauptung. Denn wir müssen doch u. U. damit rechnen, daß Simon selbst sein Widerfahrnis ganz anders ausgedrückt hat. Man darf nicht sagen, daß das eine bloß theoretische Möglichkeit sei, und nun gar denen, die die Behauptung anders formulieren, als Simon es vielleicht getan hat, Unwahrhaftigkeit vorwerfen. Der Vorwurf müßte dann auch gegenüber Paulus erhoben werden. Bei ihm haben wir ja gesehen, daß er zuerst von einem Offenbaren, später von einem Sehen sprach – und dabei doch immer dasselbe Erlebnis meinte: sein Zum-Glauben-Kommen vor Damaskus. So ist es wenigstens *denkbar*, daß Simon zum Glauben gekommen ist, andere das dann aber dadurch ausdrückten, daß sie sagten, Jesus sei Simon erschienen.

Diese Überlegungen zeigen, daß selbst der eine scheinbar so feststehende Ausgangspunkt, das ὤφθη des Simon, eine nicht ganz unkomplizierte Problematik enthält. Man muß sie durchschauen, wenn man Klarheit erreichen will. Mit dem Schwert läßt sich dieser Knoten nicht durchhauen; man muß ihn vorsichtig auflösen. Darum muß ich Sie hier einfach um Geduld bitten. Aus der riesengroßen Verwirrung, in der wir heute stecken, kommen wir nur heraus, wenn wir so behutsam wie möglich vorgehen. Die gegenwärtigen Mißverständnisse haben fast immer ihren Grund darin, daß man sich keine Zeit zum Nachdenken läßt.

2. Bei der Rückfrage erreichen wir als ein weiteres Datum die Behauptung, Jesus sei auferstanden. Diese Behauptung ist, sofern sie ein in der Vergangenheit geschehenes Faktum meint, überhaupt nicht mehr zu überprüfen. Hier hätte man (selbst wenn man in der ersten Generation gelebt hätte) zu niemandem gehen und ihn fragen können, ob das wirklich geschehen sei, ob er dabei war und das Ereignis gesehen habe. Zumindest aber muß man sagen, daß wir niemanden in der Urgemeinde kennen, der behauptet habe, Zeuge dieses Geschehens gewesen zu sein. Und man darf ziemlich sicher behaupten, daß wir darum wüßten, wenn es einen Zeugen gegeben hätte. Man behauptet also etwas, für das man keinen Zeugen angibt, wahrscheinlich auch nicht angeben kann.

Soviel zu diesen beiden Daten, auf die wir bei der Rückfrage stoßen. Deutlich ist, in einem wie unübersichtlichen Traditionszusammenhang wir uns bewegen. Dennoch müssen wir versuchen, beide Daten miteinander zu verbinden.

Formal ist das ja bereits Lk 24,34 und 1 Kor 15,3–5 geschehen. Dort begegnet uns das eben genannte Problem noch einmal. Die Reihenfolge in beiden Aussagen ist: auferweckt – erschienen. Aber das ist ja deutlich schon eine Umkehrung. Man hat beide Behauptungen so miteinander verbunden, daß man die Behauptung, für die man keinen Zeugen nennt, vor die Behauptung gesetzt hat, als deren Zeugen man Petrus angibt. Das heißt aber, *wir* müssen wieder bei dem einsetzen, was uns am nächsten ist. Wir können also nicht von der Auferstehung ausgehen, auch nicht vom Sehen des Simon, sondern ganz präzise: nur von der Behauptung anderer, daß dem Simon ein Sehen widerfuhr.

Dabei stoßen wir dann noch einmal auf das ὤφθη als dem einzigen Wort, in das die Behauptung gekleidet ist. Ich sagte früher schon, daß mehrere Übersetzungsmöglichkeiten bestehen, die Frage philologisch nicht zu entscheiden ist. Dennoch wollen wir überlegen, ob eine philologische Klärung sachlich weiterführen würde.

Hätten wir es mit einer unmittelbaren Aussage des Petrus zu tun, die etwa lautete: Jesus erschien *mir* (oder ähnlich), dann könnte man, wenn das Verbum eindeutig wäre, u. U. etwas über die Art des Sehens ermitteln. Aber es handelt sich ja eben um eine Aussage anderer; und darum würden wir bei Klärung des philologischen Tatbestandes immer nur ermitteln, wie diese das Sehen des Petrus ausgesagt und verstanden haben. – Wieder muß man auf Paulus verweisen. Er kann auch etwas, was er an anderer Stelle durch »offenbaren« ausdrückt, mit ὤφθη formulieren.

Macht man sich das klar, wird alsbald deutlich, wie fruchtlos eine Diskussion verlaufen muß, die hier die Alternative zwischen subjektiven und objektiven Visionen erörtert. Das ist früher häufiger geschehen, geschieht aber auch heute noch gelegentlich.

Nach der subjektiven Visionshypothese handelt es sich bei diesem Sehen um einen Vorgang im Inneren des Petrus (und der anderen Jünger). Das Sehen war dann sozusagen ein Produkt ihres Glaubens. Dann wäre der Glaube an Jesus das erste gewesen, und dieser Glaube hätte die Vision hervorgerufen. Petrus glaubte also schon an Jesus, als er ihn sah. Das Sehen konnte dann seinen (bereits vorhandenen) Glauben bestätigen. – Man wird nicht bestreiten können, daß so etwas denkbar ist und auch vorkommt.

Dennoch wäre diese Erwägung nur sinnvoll, wenn man es mit einer Selbstaussage des Petrus zu tun hätte. Bei Paulus, bei dem wirklich eine Selbstaussage vorliegt, ist diese Erklärung schon ganz unmöglich. Ob Paulus nun vor Damaskus wirklich gesehen hat oder nicht – auf jeden Fall war es doch so, daß nicht der glaubende Paulus das Erlebnis hatte, sondern der Verfolger. Durch dieses Erlebnis kam er dann zum Glauben. Er will (noch einmal: ob er nun gesehen hat oder nicht) zweifellos ausdrükken, daß der Anstoß zum Glauben von außen kam.

Wenn nun auch von Petrus nur die mittelbare Behauptung vorliegt, gesehen zu haben, kann man dennoch überhaupt nicht bestreiten, daß die, die sie formuliert und tradiert haben, ebenfalls sagen wollten, daß ein Anstoß von außen vorlag, der Petrus zum Glauben führte.

Darum scheitert eine subjektive Visionshypothese insofern an den Texten, als diese keinen Raum dafür lassen. Sie sind völlig eindeutig. Sie wollen (wenn man schon diese Alternative an sie heranträgt) auf jeden Fall von einer »objektiven Vision« reden.

Doch jetzt muß man vor einem gefährlichen Kurzschluß warnen. Man darf nämlich nun nicht sagen, daß also die objektive Visionshypothese im Recht sei. Dann legte man nämlich etwas, was in der Tradition auf zwei Ebenen liegt, auf einer zusammen. Die eine Ebene ist die, daß *andere* sagen, Petrus habe gesehen; das war ein Anstoß von außen. Die andere Ebene wäre eine Aussage des *Petrus* selbst. Wenn also andere die »objektive Vision« behaupten, dann ist damit eben noch nicht die objektive Vision des Petrus selbst schon gesichert.

Nur um das Problem klarzumachen (nicht aber weil ich sagen will, daß es so war), möchte ich einmal eine zugespitzte Konstruktion vortragen. Es ist doch denkbar, daß Petrus sich das Sehen eingebildet hat. Er war dann vielleicht subjektiv ehrlich davon überzeugt, er habe Jesus gesehen. Spätere stellen das dann als eine objektive Vision dar. – Greifbar ist uns also immer nur, was Spätere sagen. Wenn die aber eine »objektive Vision« behaupten, dann sind wir damit eben noch nicht bei der objektiven Vision selbst.

Nun kommt man aber auch keinen Schritt weiter, wenn man hier Gott mit in die Aussage hineinnimmt, das ὤφθη dann so versteht, daß *Gott* menschlicher Wahrnehmung sichtbar gemacht habe. Hier kommt man nicht einmal dann weiter, wenn man das als Aussage des Petrus selbst verstünde. Ein Gesehen-Haben könnte man Petrus abnehmen. Wenn er aber sagte, daß *Gott* ihm Jesus lebendig gezeigt habe, dann wäre das doch immer *seine* Erklärung für das Zustandekommen des Sehens, aber eben nur seine *Erklärung*.

Man hat auch noch anders argumentieren wollen. Man sagte, daß der Glaube mit dem Handeln Gottes rechne, und folgerte daraus, daß auch wir (im Glauben) damit rechnen dürfen, Gott war beim Sehen des Petrus am Werk. – Achten wir einmal genau auf das, was hier passiert. Mein Glaube rechnet mit Gottes Handeln. Dem wird jeder, der glaubt, selbstverständlich zustimmen. Aber dennoch kann mein Glaube (heute!) nicht darüber befinden, ob *Gott* das Sehen des Petrus (damals!) bewirkt hat. Dann würde doch mein Glaube heute über die Objektivität eines damaligen Sehens befinden. Man hat auf diese Weise freilich scheinbar die Objektivität des Sehens des Petrus »gerettet«; aber man hat nicht gemerkt, daß man vor diese »objektive Visionshypothese« die Subjektivität des eigenen Glaubens gespannt hat. Was sich so als objektive Visionshypothese ausgibt, ist daher, bei Licht besehen, *auch* eine subjektive – nur daß jetzt die Subjektivität bei *meinem* Glauben liegt. Verkürzt formuliert: Ich glaube; und *mein* Glaube schließt ein, daß Petrus wirklich Jesus gesehen hat. – So kann man doch unmöglich argumentieren!

Immerhin ist nun die Frage zu stellen, welche Rolle der Glaube in diesem Zusammenhang überhaupt spielt. Ich sagte vorhin, daß ich von einem vergangenen Wunder bestenfalls dann sagen könne, daß es sich um ein Wunder gehandelt hat, wenn ich das entsprechende Wunder heute erfahre. Wenn das stimmt (und wenn Wunder und Glaube zusammengehören), müßte man doch den Glauben in das Fragen einbringen können und auf diese Weise aus der Sackgasse herauskommen, in die wir geraten zu sein scheinen.

Ich bin wirklich davon überzeugt, daß man nur dann weiterkommt, wenn man den Glauben ins Spiel bringt. Aber man muß genau auf die Grenze dessen achten, was der Glaube im Rahmen dieses Fragens leisten kann. Man ist da gelegentlich Wege gegangen, die nicht zum Ziel führen. Es lohnt sich, kurz auf sie einzugehen, weil man aus den Fehlern lernen kann. Im allgemeinen war man da nicht am Sehen des Petrus, sondern an der Auferstehung Jesu als Ereignis orientiert. Das ist aber nur eine Differenz in den Objekten, die man erkennen möchte. Für die methodische Frage besteht hier kein Unterschied.

Es ist behauptet worden, die Auferstehung Jesu sei ein Ereignis, das jenseits der immanenten menschlichen Erkenntnismöglichkeiten läge. Mit anderen Worten: Mit Mitteln historischer Forschung ist das Ereignis Auferstehung Jesu nicht zu erreichen. Damit soll aber der Ereignischarakter der Auferstehung Jesu nicht preisgegeben werden; das sei auch nicht nötig, weil der pneumatische Mensch ihn erkennen könne.

Ich will gar nicht bestreiten, daß der pneumatische (und d. h. der glaubende) Mensch in einer spezifischen Weise erkennen kann. Man muß sich nur klar darüber sein, was er erkennen kann und was nicht. Wir machen uns das klar, indem wir einen (freilich sehr unglücklichen) Begriff einführen, den man im Zusammenhang dieser Argumentation oft benutzt. Man spricht von »Heilstatsachen« – und bezeichnet (u. a.) die Auferstehung als eine solche. Mit diesem Wort soll eine Tatsache bezeichnet werden, die mir das Heil verbürgt, die mir das Heil bringt, die zu meinem Heil wirklich geschehen ist. Der Ton liegt dabei auf »Tatsache«; und man argumentiert dann so, daß wenn der Tatsachencharakter verlorengehe, man auch nicht mehr von einer *Heils*tatsache reden könne. Das leuchtet zunächst ein, verdunkelt aber das eigentliche Problem. Wer befindet denn darüber, daß es sich bei der Heilstatsache wirklich um eine Tatsache (in unserem Fall: um ein wirklich geschehenes Ereignis) handelt? Das kann doch immer nur der Historiker.

Ich nenne ein Beispiel. Jesu Tun und Reden war ein wirklich geschehenes Geschehen (in dieser Terminologie: eine Tatsache). Daß es sich um ein Geschehen zum Heil des Menschen handelte (um eine Heilstatsache), kann freilich kein Historiker feststellen.

Nun hat man vor einigen Jahrzehnten die Behauptung aufgestellt, Jesus habe nie gelebt, seine Gestalt sei ein reiner Mythos. Das hat viele Christen damals aufgeschreckt. Ich bin auch der Meinung (und kein ernst zu nehmender Historiker ist anderer Meinung), daß diese Behauptung wissenschaftlich (historisch) unhaltbar ist. Nur muß man das auf dem Wege historischer Forschung zeigen. Man darf sich dafür nicht auf seinen Glauben berufen. Man kann also nicht argumentieren: Da Jesus für mich Heil bedeutet, da ich an ihn glaube, muß er auch gelebt haben; und deswegen kann diese Hypothese nicht stimmen. Der Glaube, der das unternähme, würde die Grenzen seiner Möglichkeiten überschreiten. Solange ich auf »Tatsachen« aus bin, muß ich die Methoden anwenden, mit deren Hilfe sie allein ermittelt werden können. Was ich (aus welchen Gründen auch immer) für eine *Heil*statsache halte, ist nicht deswegen schon eine Tatsache.

Man muß nun jedoch auch das andere sehen. Wenn man den Historiker fragt, ob Jesus auferstanden sei, er jetzt darauf mit nein antwortet, dann hat er die Grenzen seiner Möglichkeiten überschritten. Aber sicher kann er die *Überzeugung* vieler Menschen in der Urgemeinde ermitteln, daß Jesus auferstanden sei. Damit ist er allerdings noch nicht beim Ereignis selbst. Er muß doch zugeben, daß es viele Dinge (Ereignisse – oder vergangene »Tatsachen«) gibt bzw. gegeben hat, die wirklich geschehen sind, von denen wir aber überhaupt keine oder (wie in unserem Fall) nur sehr undurchsichtige Quellen besitzen. Zu behaupten, daß nur das wirklich geschehen sei, was eindeutig belegt werden kann, ist einfach unzulässig. Die Antwort des Historikers auf die Frage, ob Jesus auferstanden sei, muß daher lauten: Das weiß ich nicht; das kann ich nicht mehr feststellen. Mit dieser Antwort muß sich dann aber auch der Christ (sofern er an der Feststellung eines Ereignisses interessiert ist) zufriedengeben. Behauptet er dagegen mit Hilfe seines Glaubens (oder mit Hilfe einer pneumatischen Erkenntnis) den Ereignischarakter der Auferstehung Jesu, überschreitet er *seine* Grenze und redet unkontrolliert.

Nun sagte ich, daß der glaubende Mensch in einer spezifischen Weise erkennen könne. Er »sieht« dann in der Tat mehr, als andere Menschen sehen. Aber er sieht nichts anderes. Das muß man auseinanderhalten. Man konnte z. B. dem Tun und Reden Jesu nicht unmittelbar ablesen, daß hier Wunder geschahen. Wer hörte, was Jesus sagte; wer sah, was Jesus tat, konnte beides einfach konstatieren. Für die, die zum Glauben kamen, passierte nichts anderes als für die, die Jesus (auf Grund desselben Tuns und Redens) ablehnten oder gar verfolgten. Wer aber glaubte, »sah«, daß hier Gott am Werke war (so jedenfalls berichten die neutestamentlichen Zeugen). – Man kann heute auf Grund einer gehörten Predigt nicht »objektiv« feststellen, daß Gottes Wort erklungen ist. Der eine Hörer hört nur eine höchst langweilige Kanzelrede; für einen anderen aber ist dieselbe Rede ein – Heilsereignis. »Pneumatisches Erkennen« setzt aber die *Gegenwart* des Erkannten voraus. Dabei wird das Geschehen »durchschaut«; und darin liegt das »Mehr«. Es liegt aber nicht in dem, was historisch konstatierbar ist. Das ist für alle gleich. Ebendarum kann man durch den Glauben keine *Ereignisse* in der Vergangenheit ermitteln, die dem historischen Fragen unzugänglich bleiben. Auf diese Weise darf man also den Glauben nicht ins Spiel bringen, um an der Auferstehung Jesu als einem geschehenen Ereignis »festhalten« zu können.

In jüngster Zeit hat man das nun auch noch auf andere Weise versucht. Die Kirchenleitung der Evangelischen Kirche von Westfalen hat zum Reformationsgedenken 1967 eine Handreichung für die Gemeinden herausgegeben, in der sie versucht, in der gegenwärtigen Ratlosigkeit einen Rat zu erteilen (vgl. Vorwort). Ich zitiere verkürzt und nur so weit, wie es unser unmittelbares Problem betrifft: »Die Theologie hat mit Recht darauf aufmerksam gemacht, daß die Auferstehung Jesu mit den Mitteln der historischen Forschung nicht nachweisbar ist. Wenn aber daraus gefolgert wird, die Auferstehung Jesu Christi sei kein historisches Ereignis und keine Heilstatsache ..., so ist diese Lehre mit dem Auferstehungszeugnis der Heiligen Schrift nicht in Übereinstimmung zu bringen.«

Man könnte sofort auf den Widerspruch hinweisen, der in beiden Sätzen liegt. Wie kann man etwas ein *historisches* Ereignis nennen, was mit den Mitteln der historischen *Forschung* nicht nachweisbar ist? – Ich will aber nicht polemisieren; mir liegt lediglich daran, das Problem zu klären. Man hat hier sicher nur unbesonnen formuliert. Gemeint ist doch offenbar, daß am Ereignischarakter der Auferstehung Jesu auch dann festzuhalten ist, wenn man das Ereignis selbst mit den Mitteln historischer Forschung nicht erreichen kann.

Man muß nun freilich die Frage stellen, wie man denn überhaupt ein geschehenes Ereignis behaupten kann, wenn die historische Forschung dazu nicht in der Lage ist; und dann wäre das eben Ausgeführte zu wiederholen. Doch liegt hier eine etwas andere Problematik vor. Auf die Frage, woher man Kenntnis von einem wirklich geschehenen Geschehen bekommt, erfolgt hier ja nicht die Antwort: durch den Glauben, durch pneumatisches Erkennen; sondern in diesem Fall lautet die Antwort: durch die Heilige Schrift. In gewisser Weise müßte man sagen, daß diese Antwort richtig ist. Aber hilft sie wirklich weiter?

Man muß, wie die Vorlesung bisher gezeigt hat, durchaus zugeben, daß die Verfasser der (richtiger: einiger der) neutestamentlichen Schriften davon überzeugt waren, daß die Auferstehung Jesu am dritten Tage nach der Kreuzigung wirklich geschehen ist. Wer also sagt, es handle sich hier nicht um ein Ereignis, sagt etwas anderes, als was die Verfasser dieser Schriften dachten. Sagt er aber darum schon etwas Falsches? So viel muß man doch zugestehen: Die Verfasser trugen *ihre* Auffassung vor; wer etwas anderes sagt, trägt *seine* Auffassung vor. Beide Auffassungen gehen vielleicht auseinander. Dann muß man doch aber darüber diskutieren dürfen, wer recht hat. Denn wenn man es mit einem Ereignis zu tun hat, hat man es ja mit etwas zu tun, was in die Kompetenz des Historikers gehört. Über den Glauben kann man nicht diskutieren; den kann man nur bekennen. Historische Urteile aber sind prinzipiell überprüfbar. Ob das gelingt, ist eine andere Sache. Wenn die Verfasser dieser (wenigen) neutestamentlichen Schriften ihre Auffassung von dem Ereignis mitteilen (dessen Zeugen sie ja nicht waren), dann enthält sie ein historisches Urteil, das sich zumindest dem Versuch einer Überprüfung nicht grundsätzlich entziehen darf.

Hier sind wir wahrscheinlich am entscheidenden Punkt. Es ist in diesem Satz sicher nicht zufällig nicht von *einigen* neutestamentlichen Schriften, nicht einmal *nur* vom Neuen Testament die Rede, nicht von der Auffassung der *Verfasser*, nicht von *ihrem* historischen Urteil, sondern von der »Heiligen Schrift«. An dieser Stelle kommt nun aber das Problem des Glaubens in den Blick. Dieser Satz geht von einem *Glauben an die Schrift* aus – und damit von einem *heutigen* Glauben. Doch der wird nun überzogen. Das kann man erkennen, wenn man genauer fragt, worauf sich dieser Glaube richtet.

Wir machen uns das Problem klar, indem wir konstruieren. Wir setzen einmal voraus, Frauen haben das Grab Jesu leer gefunden. Sie konnten dieses Faktum konstatieren, brauchten es also nicht zu glauben. Nun erzählen sie ihre Entdeckung weiter. Von den Hörern wird jetzt Glaube gefordert, freilich nicht (wie man häufig ungenau formuliert) ein Glaube an das leere Grab; sondern dieser Glaube gilt den Frauen im Blick darauf, daß sie historisch zuverlässig unterrichteten. Nun besitzen wir ja kein unmittelbares Zeugnis von Frauen, die gesagt hätten: Wir haben das Grab leer gefunden. Sondern die Traditionskette ist länger. Wenn man jetzt vom Glauben redet, besagt der, daß man das Zutrauen hat, die Tradition habe das historische Faktum zuverlässig und unverändert weitergegeben. Doch wie will man einen solchen Glauben begründen?

Bei der Betrachtung der Ostertraditionen in den Evangelien haben wir doch gerade gesehen, daß man, was die historische Genauigkeit betrifft, sehr sorglos verfahren ist. Dieses Ergebnis kann kein Glaube widerlegen. Man kann es historisch bestreiten. Dazu muß man sich aber gerade der Methoden historischer Forschung bedienen. Mit ihnen aber kann man (was auch der erste Satz der Erklärung der Kirchenleitung feststellt) die Auferstehung Jesu nicht nachweisen. – So führt auch dieser Weg in eine Sackgasse.

Aber wie kann man dann den Glauben in sachgemäßer Weise ins Spiel bringen, wenn man weiterkommen will? Ich hatte ja behauptet, daß das möglich sei. – Ich meine, das kann dann geschehen, wenn man den Glauben historisch versteht, aber nicht so schnell den eigenen Glauben ins Spiel bringt. Es geht um einen fremden Glauben, und zwar um den Glauben der Urgemeinde. Nun ist natürlich niemand in der Lage, einen fremden Glauben zu kontrollieren. Das geht auch historisch nicht. Man kann nie feststellen, *ob* jemand wirklich glaubt, auch dann nicht, wenn er das behauptet. Sehr wohl aber kann man die *Äußerungen* des fremden Glaubens erkennen, sofern Zeugnisse darüber vorliegen; und das ist ja der Fall. Wir müssen also fragen, wie sich der Glaube der Urgemeinde ausspricht. Dabei ist zu bedenken, daß das nicht unbedingt mit Hilfe der Vokabel »Glaube« geschehen muß. Man muß nur sehen, daß hier von einer Bindung die Rede ist, die dem entspricht, was wir üblicherweise Glaube nennen. Wie wird diese Bindung formuliert?

An dieser Stelle kann uns die (an sich unbrauchbare) Alternative zwischen der subjektiven und der objektiven Visionshypothese mindestens noch einen heuristischen Dienst tun. In beiden Hypothesen hat der Glaube eine jeweils andere Stellung. Bei der subjektiven Visionshypothese geht der Glaube der Vision voraus. Bei der objektiven Visionshypothese ist es umgekehrt. Zu fragen wäre nun, wie sich Glaube und Vision tatsächlich zueinander verhalten.

Freilich dürfen wir, wie schon gezeigt wurde, nicht direkt fragen, wie es bei Petrus war. Das läßt sich nicht feststellen, da uns die Behauptung, Petrus habe gesehen, nur als Behauptung in der Tradition, als Behauptung anderer begegnet. Darum müssen wir die Frage nun so formulieren: Wie stellt man, wenn man behauptet, Petrus habe Jesus nach Karfreitag gesehen, das Verhältnis von Glaube und Vision dar?

Ausdrücklich tut man das nicht. Dennoch ist die Antwort (wie früher schon ausgeführt) ziemlich eindeutig. Man will sagen, daß es durch ein Sehen bei Petrus zum Glauben kam. In der Behauptung der Späteren kommt demnach dem Sehen Priorität gegenüber dem Glauben zu. – Nun hatten die, die das sagten, zum Sehen des Petrus keinen Zugang, wohl aber zu seinem Glauben, genauer: zu den Äußerungen seines Glaubens. Nach denen werden wir also zu fragen haben.

Daß wir hier den Glauben ins Spiel gebracht haben, hilft uns auch noch in einer anderen Hinsicht. Wir müssen die Frage stellen, warum man eigentlich die Aussage gemacht hat, der Herr sei auferstanden und dem Petrus erschienen. Man wollte damit doch ganz sicher nicht einfach andere Leute nur über ein wunderbares Erlebnis informieren, das Petrus hatte – wenngleich man das sicher auch wollte. *Zugleich* aber wollte man damit nun auch andere in denselben Glauben hineinrufen, in dem man Petrus erfahren hatte und in dem man nun selbst stand. Diese Aussage ist also ein Glaubenszeugnis in der doppelten Bedeutung dieses Wortes. Es wird sowohl der eigene Glaube bekannt, wie auch andere in diesen Glauben gerufen werden. Jetzt wird der ganze Zusammenhang dieser Aussage deutlich: Am Glauben des Petrus orientiert (dessen Zustandekommen man auf ein Sehen des Petrus zurückführt), in den man sich selbst gestellt weiß, ruft man andere in diesen Glauben.

Doch wie kommt nun die Auferstehung in diese Aussage hinein? Wir fragen das wieder nicht zu direkt, sondern bleiben erst noch einmal beim Glauben. Dieser hat immer einen Orientierungspunkt, ist immer Glaube *an*. Nun kann man natürlich sehr schnell sagen, daß es um den Glauben an Jesus gehe. Das ist bestimmt nicht falsch, bleibt doch aber eine rein formale Aussage, die (nun ganz wörtlich) »nichts-sagend« ist.

Diese Behauptung wird vermutlich überraschen, denn jeder Christ wird sagen, sein Glaube an Jesus sei alles andere als nichts-sagend. Das trifft zu, aber nur deswegen, weil er (mehr oder weniger unreflektiert) damit sehr viel verbindet: ein bestimmtes Verhalten, eine bestimmte Einstellung, ein bestimmtes Tun, eine bestimmte Hoffnung. Und das trägt der Christ dann in diesen Satz ein. Trägt er damit aber das Richtige ein?

Zunächst muß man doch sehen, daß Glaube an Jesus eine rein formale Aussage ist, die *so* noch keinen Inhalt hat. Die Sache liegt ganz ähnlich, wenn man sagt, es komme entscheidend darauf an, Jesus als Herrn anzuerkennen. Das stimmt ja; doch was heißt das? Fragt man danach, bekommt man leicht zur Antwort, das heiße, ihm zu eigen sein, ihm gehören, von ihm Leben, Reden und Tun regieren lassen. Aber auch damit kommt man aus dem Formalen nicht hinaus.

Bleiben wir bei einem Bild aus neutestamentlicher Zeit. Wenn damals ein Herr einen Sklaven hatte, war für diesen Sklaven der Herr so lange uninteressant, wie er nicht Bestimmtes von ihm forderte und *dadurch* zu ihm in Beziehung trat. Erst wo sich diese Beziehung konkret verwirklicht, da *wird* der Herr wirklich Herr (wiewohl er das natürlich auch ohne die Verwirklichung dieser Beziehung *ist*).

Daß Jesus der Herr ist, sagt darum so lange nichts, wie nicht *inhaltlich* angegeben wird, wie sich sein Herr-Sein konkret bei mir verwirklicht. Glaube an Jesus muß dann inhaltlich expliziert werden. Wenn Petrus nun nach dem Tode Jesu (erneut) zum Glauben an Jesus kam, müssen wir fragen (wenn das nicht eine rein formale und *darum* nichts-sagende Aussage bleiben soll), woher dieser Glaube seine Inhalte bezogen hat.

Die weitverbreitete Antwort lautet: aus der Auferweckung Jesu. Nun wissen wir noch nicht, was Auferweckung Jesu ist. Wir wissen noch nicht, wie man zum Reden von der Auferwekkung Jesu kam. Aber wenn wir diese Klärung noch zurückstellen und einmal einfach bei traditionellen Antworten bleiben, dann merken wir schnell, daß wir mit ihnen auch nicht weiterkommen. Man hört etwa: In der Auferweckung hat sich Gott zu dem Gekreuzigten bekannt; oder: Gott hat Jesus trotz seines sichtbaren Scheiterns bestätigt; oder ähnlich. Aber wenn man so formuliert, dann sagt man damit doch niemals, als *wen* Gott Jesus bestätigt hat, als *wen* er sich zu ihm bekannt hat.

Das ist doch so geschehen (und nun erst kommen Inhalte in die Aussage), daß Gott Jesus bestätigt hat als den, *wie er da war:* Jesus hat in seinem irdischen Leben den Menschen die Vergebung der Sünden im Namen Gottes zugesprochen. Er hat ihnen zugemutet, ihr Leben ganz auf Gott zu stellen, die Sorge um den kommenden Tag wirklich Sorge des kommenden Tages sein zu lassen. Er hat ihnen zugemutet, ganz für den Nächsten dazusein. Er hat ihnen zugemutet, ihr Leben (und das heißt, ihren

Versuch, sich selbst behaupten zu wollen) aufs Spiel zu setzen. Er hat ihnen zugemutet, auch dort für den Frieden einzutreten, wo das (menschlich kalkuliert) gefährlich ist, weil das Verzicht auf eigenes Recht bedeuten kann. Und er hat den Menschen verheißen, daß sie im Tun dieser Zumutung das wahre Leben, das Leben mit Gott finden würden. – Ich könnte leicht einen ganzen Katalog weiterer Aussagen hinzufügen. – Woher stammen diese Inhalte?

Der Glaube, in den Petrus nach dem Tode Jesu gestellt wurde, in den sich dann andere stellen ließen und in den diese anderen dann erneut andere riefen, kann inhaltlich nur so bestimmt werden, daß es der Glaube war, in den Jesus von Nazareth gerufen hatte.

Darum habe ich diese Vorlesung ganz bewußt »Die Auferstehung Jesu von Nazareth« überschrieben. Dieses »von Nazareth« will zum Ausdruck bringen, daß der nachösterliche Glaube (der Glaube an den Auferstandenen) keine anderen Inhalte hat als der vorösterliche Glaube, in den Jesus rief.

Damit begegnet uns nun eine sehr interessante Entsprechung. Wir haben ja dasselbe früher schon in den Evangelien (als Gesamtwerken) festgestellt. Da ist das Ostergeschehen zwar jeweils als Ablauf dargestellt. In den Einzelheiten (Reihenfolge, Orte, Personen) unterscheiden sich diese Abläufe z. T. ganz erheblich voneinander. Dennoch wollen die Evangelisten immer das Gemeinsame sagen: Es soll nach Karfreitag dasselbe angeboten, dasselbe gebracht und ausgeteilt werden, was Jesus von Nazareth vor Karfreitag angeboten, gebracht und ausgeteilt hat. Ich erinnere daran, wie das z. B. in den verschiedenen Missionsbefehlen deutlich wurde. Man darf bei den Evangelien eben nicht die Ostererzählungen von dem, was vorangeht, isolieren. Sie stellen einen durchgehenden Ablauf dar, in dem nun die Identität des Dagewesenen mit dem, der jetzt verkündigt wird, in einer besonderen Anschaulichkeit zum Ausdruck kommt. Das ist zwar eine spätere Entwicklung; aber sie bleibt sachlich genau bei dem, was am Anfang stand. Der Glaube, in den Petrus nach dem Tode Jesu gestellt wurde, in den sich dann andere stellen ließen (und nur ihre Aussage können wir ja erreichen) – und der Glaube, in den diese anderen dann wieder andere riefen, hat keinen anderen Inhalt als der Glaube, in den Jesus von Nazareth gerufen hat.

Das ist gemeint, wenn ich in früheren Veröffentlichungen gelegentlich gesagt habe, Ostern bedeutet: Die »Sache Jesu« geht weiter; oder (mit dem Kirchenlied): Er kommt auch noch heute. Dabei ist beides zu betonen: Es ist wirklich *Er*, der da kommt; und er kommt wirklich *heute*. – Und es kommt heute das, was Jesus von Nazareth brachte.

Wie Petrus das erfahren hat, können wir nicht mehr sicher feststellen. Spätere haben gesagt, Petrus habe das durch ein Sehen Jesu erfahren. Das kann sein, das kann auch nicht sein. Ich weiß das nicht. Wer aber meint, mehr zu wissen, muß Rechenschaft darüber ablegen, woher er das weiß.

Doch stellt sich jetzt nicht für einen Christen die vielleicht bange, besorgte Frage: Wird nun nicht alles unsicher? Verliert unser Glaube nun nicht den Boden unter den Füßen? Darauf möchte ich antworten: Für meinen Glauben an Jesus ist doch völlig unerheblich, *wie* Petrus nach Karfreitag zu seinem Glauben an Jesus kam. Das ist für mich ebenso unerheblich, wie es unerheblich ist, wie *der* zu seinem Glauben kam, der *mir* dann seinen Glauben vermittelte, so daß *ich* dann zum Glauben kam.

Die Art des jeweiligen Zum-Glauben-an-Jesus-Kommens ist so mannigfaltig, daß doch keiner wagen würde, einen Kanon darüber aufzustellen, wie allein man richtig zum Glauben kommen darf. Entscheidend ist doch, daß man jeweils in *denselben* Glauben gestellt wird, wenn dieser sich auch in den verschiedenen Zeiten verschieden ausdrücken kann: in unserer Generation anders als in der vorigen – und natürlich dann auch anders als in der ersten Generation. Doch auch wenn er im Laufe der Geschichte verschieden konkret wird, bleibt er doch, will er doch Glaube an Jesus bleiben. Unser Glaube ist nur dann christlicher Glaube, wenn er ein Mitglauben mit dem Glauben der ersten Zeugen, mit dem Glauben des Petrus ist. Darin ist Petrus nun wirklich der Fels der Kirche.

Unerheblich ist dabei, wie sein Glaube nach Karfreitag ausgelöst wurde. Man darf aber nicht sagen, alles würde unsicher, wenn man nicht genau weiß und genau angeben kann, wie Petrus zum Glauben kam. Wer das behauptet, muß die Konsequenz daraus ziehen, daß Petrus durch sein Zum-Glauben-Kommen eine Sicherheit gewonnen hat, die wir nicht haben, an der wir aber partizipieren müssen. Dann wäre aber im Grunde von Petrus gar kein Glaube gefordert worden; oder aber es war für ihn leichter, den Glauben zu wagen, weil sein Zum-Glauben-Kommen eben besonderer Art war und die Besonderheit darin lag, daß sie größere Sicherheit vermittelte.

Wenn man diese Konsequenz einmal durchdenkt, entdeckt man schnell, wie gefährlich sie ist. Mir wird – meist auf Grund der Verkündigung – zugemutet, daß ich mich auf Jesus einlasse. (Was das inhaltlich heißt, habe ich gesagt.) Nun kann ich den Glauben annehmen oder verweigern. – Wenn ich jetzt aber sage, ich könne den Glauben nur dann annehmen, wenn die Art, wie Petrus zum Glauben kam, sicher, wenn sie verbürgt ist, dann gerade verweigere ich den Glauben, weil ich ihn nicht mehr wirklich wagen will. Dann fordere ich Zeichen und Wunder, freilich solche, die in der Vergangenheit liegen. Eben das ist Glaubensverweigerung.

Andererseits werde ich mein Zum-Glauben-Kommen auf Grund der Predigt immer als Wunder erfahren. Ein anderer, der dieselbe Predigt hört, kommt vielleicht nicht zum Glauben. Erklären kann ich das nicht. Ich kann aber auch nicht, wenn ich glaube und meinen Glauben einem anderen bezeuge, bei ihm Glauben erzwingen. Ich kann nur damit rechnen, darauf hoffen, daß bei ihm das Wunder geschieht. Wenn es geschieht, dann kann ich sagen, daß hier Gott gehandelt hat. Aber ich bin nicht in der Lage zu beschreiben, was denn da wirklich geschehen ist.

Ich hoffe, daß deutlich geworden ist, warum ich vorhin sagte: Das Wunder geschieht heute. *Das Zum-Glauben-Kommen ist das Wunder.* Weil es sich aber um ein Wunder handelt, entzieht es sich meiner Beschreibung. Damit ist aber wohl auch deutlich geworden, warum ich von der Auferstehung sagte, daß sie sich unserem Zugriff entzieht. Sie ist ein Wunder. Denn »Jesus ist auferstanden« heißt nichts anderes als: Der gekreuzigte Jesus ruft heute in den Glauben.

Das muß nun allerdings noch näher erläutert werden. Wir müssen genau darauf achten, wie ich jetzt vorgegangen bin. Ich habe das Wunder meines Zum-Glauben-Kommens mit »Jesus ist auferstanden« umschrieben. Damit habe ich eine Formulierung benutzt, die man früher auch schon benutzt hat, und auch da im Zusammenhang mit früherem Zum-Glauben-Kommen. Wie kam man dazu, das so zu formulieren?

Ich meine, daß es gar nicht so schwer ist, das zu verstehen. Wenn man (wie auch immer) nach Karfreitag zum Glauben an Jesus kam, dann wußte man sich doch von *dem* Jesus in den Glauben gerufen, der hier auf Erden gewirkt, der in den Glauben gerufen hatte und dann am Kreuz gestorben war. Wenn der aber in den Glauben rufen *konnte* (und *daß* er das konnte, erfuhr man ja in der Wirklichkeit des eigenen Glaubens), dann erfuhr man damit *zugleich*, daß er nicht tot, sondern lebendig war. Eben das konnte man dann ausdrücken, indem man sagte: Er ist auferstanden.

Das konnte aber *nur* sagen, wer in der Wirklichkeit dieses Glaubens stand. Darum ist es kein Zufall, sondern mit der Sache selbst gegeben, daß ein Sehen Jesu nur von solchen erzählt wird, die glaubten. Ebenso konnten nur die, die glaubten, die Auferstehung Jesu bekennen, nur die, die um *sein* Kommen *heute* wußten, weil sie es erfahren hatten.

Wenn man sagt, daß Jesus auferstanden sei, trifft man damit also keine Feststellung, die unabhängig vom eigenen Zum-Glauben-Gekommen-Sein getroffen werden könnte. Aber man interpretiert das Zum-Glauben-Gekommen-Sein mit Hilfe einer Vorstellung. Mit der müssen wir uns nun beschäftigen, bevor wir erneut fragen können, was es denn heißt: Jesus ist auferstanden.

F. Der religionsgeschichtliche Hintergrund der Vorstellung von der Auferstehung

Wir müssen uns zunächst etwas klarmachen, was wir, die wir in christlicher Tradition leben, meistens übersehen oder gar nicht wissen. Wenn heute jemand sagt, daß es keine Auferstehung der Toten gebe, dann versteht man das durchweg so: Mit dem Tode ist alles aus. Für uns sind Auferstehungshoffnung und Zukunftshoffnung durchweg identisch. Darum meinen wir, daß, wer die Auferstehung bestreitet, damit zugleich jede Zukunftshoffnung leugnet. Aber man muß hier unterscheiden, weil die Auferstehungshoffnung nur ein Sonderfall der Zukunftshoffnung ist. – Ich möchte das nun kurz für die neutestamentliche Zeit zeigen.

Die Möglichkeit einer solchen Unterscheidung ergibt sich aus unterschiedlichen Anthropologien. Wenn man (wie im griechisch-hellenistischen Raum) eine *dualistische* Anthropologie vertritt, also zwischen Seele und Leib oder zwischen Ich und Körper unterscheidet, dann bezieht sich die Zukunftshoffnung durchweg auf die Seele, die als unsterblich gedacht ist. Sie bezieht sich auf das Ich, auf das Selbst, auf das Innere des Menschen – oder wie immer man das ausgedrückt hat. Der Dualismus in der Anthropologie zeigt sich darin, daß das Ich dem Körper gegenübersteht. Ist der irdische Mensch (also der Mensch, den man vor Augen hat) gestorben, kehrt die Seele zu Gott zurück, tritt sie die Himmelsreise an, geht sie an den für sie bestimmten Ort. Auch hier gibt es mannigfache Vorstellungen. – Es kann auch noch sozusagen ein Riegel vorgeschoben werden. Nicht jede Seele tritt die Himmelsreise an; vielmehr müssen bestimmte Vorbedingungen erfüllt sein. Die Seele muß z. B. Gnosis (Erkenntnis) erlangt haben über den Weg, den sie anzutreten hat. Diese Erkenntnis wird ihr durch eine Erlösergestalt vermittelt, die aus dem Himmel herab auf die Erde gekommen ist. Nach anderen Vorstellungen ist die Voraussetzung, daß man an Mysterien-Kulten teilgenommen hat, in denen sich durch kultische Begehung der Myste in den Weg des Gottes hineinnehmen läßt. Der Gott stirbt und lebt wieder auf. Der Kultus vermittelt ein Mitsterben mit dem Gott und ein Wiederaufleben (der Seele). – Es gibt auch Sakramente. Taufe und Mahlzeiten geben Anteil an der Gottheit. Die Speise wird dabei bezeichnet als Heilmittel zur Unsterblichkeit. Die Seele dessen, der die Speise genossen hat, ist damit ihrer Zukunftshoffnung versichert.

Bei allen Differenzen, wie man sich das Heil vermittelt denkt, bleibt im Rahmen einer dualistischen Anthropologie den Vorstellungen gemeinsam: Der Leib (genauer jetzt: der Körper) ist Materie und bleibt beim Tode auf der Erde zurück; er verwest. Aber das wird nun nicht etwa bedauert, sondern im Gegenteil gerade begrüßt. Denn unter diesem Dualismus leidet man. Der Körper ist das Gefängnis der Seele. Beim Tode wird die Seele endlich aus dem Gefängnis befreit, dadurch den irdischen Bedingungen entnommen.

Wenn man nun einem Menschen, der diese Anthropologie vertritt, die Auferstehung des Leibes als Hoffnung verkündet, dann gibt man ihm gerade keine Hoffnung, sondern man zerstört sie ihm. Er erwartet doch gerade, vom Leib befreit zu werden. So kann ihm nun gerade nichts Schlimmeres passieren, als daß man ihm die Auferstehung in Aussicht stellt. – Wenn es z. B. in Korinth Leute gab, die die Auferstehung der Toten leugneten (1 Kor 15,12), dann dürfen wir daraus auf keinen Fall schließen, daß sie deswegen auch die Zukunftshoffnung bestreiten (was Paulus wahrscheinlich annimmt; vgl. 1 Kor 15,32). Im Rahmen dieser Vorstellungen ist es vielmehr so, daß eine Auferstehungshoffnung gerade die *Hoffnung* für die Zukunft zerstören würde. Eben das ist uns im Rahmen unserer traditionellen Vorstellungen ganz ungewohnt.

In der Apostelgeschichte wird erzählt, daß Paulus zum Schluß seiner Rede auf dem Areopag die Auferstehung Jesu nennt. Die Reaktion der Zuhörer ist, daß Paulus verspottet wird (17,32). Die meisten wenden sich von ihm ab. – Nun haben wir es hier zwar nach ziemlich übereinstimmender Meinung der Forschung mit einer von Lukas komponierten Rede zu tun. Für unsere Frage ist das aber unerheblich. Hier spricht sich eine in der griechischen Welt verbreitete Vorstellung aus: Auferstehung – das ist Unsinn. Nur muß man eben sehen, daß die Leute, die diese Vorstellung vertreten, deswegen noch keineswegs ohne Zukunftshoffnung sind.

Freilich muß man auch ein Weiteres wissen; und das macht die Sache zugleich terminologisch etwas undurchsichtig. Man kann auch im Rahmen dieser dualistischen Anthropologie von Auferstehung reden. Dann meint man aber die »Auferstehung« der Seele aus dem Körper – also etwa die Auffahrt der Seele in den Himmel, ihre Himmelsreise. – Die Sache wird aber terminologisch dadurch noch einmal kompliziert, als man sagen kann, die Auferstehung sei schon geschehen. Das wird 2 Tim 2,18 ausdrücklich als Irrlehre abgewiesen. Was ist damit gemeint? – Nun, hier soll gesagt werden, daß die Seele, während sie noch im Körper ist, schon Gnosis bekommen hat und deswegen *schon jetzt* ihrer Zukunft sicher ist; sie *ist* schon auferstanden.

Das hat dann zur Folge, daß der Körper diese schon auferstandene Seele überhaupt nicht mehr tangiert. Meistens führt das zu einem Libertinismus, denn da die Seele ihrer Zukunft jetzt schon sicher ist, kann der Leib tun, was er will. Gelegentlich führt das aber auch zur Askese, weil die auferstandene Seele den Leib verachtet, in dem sie sich kurze Zeit noch aufhalten muß.

Nach dem Ausgeführten dürfte deutlich sein, daß man im Rahmen einer dualistischen Anthropologie nicht in dem Sinne von Auferstehung reden kann, wie wir Auferstehung meistens verstehen. Darum kann die Behauptung einer Auferstehung dann als unsinnig abgelehnt werden; und der Begriff kommt fast nie vor. Wird er aber ausnahmsweise doch benutzt, dann meint er etwas anderes, als was wir üblicherweise darunter verstehen. Außerdem wird er dann auch noch für Unterschiedliches gebraucht. Er kann die Rückkehr der Seele nach dem Verlassen des Körpers in den Himmel bedeuten oder die schon geschehene Erlösung der Seele. Was mit demselben Begriff gemeint ist, muß man also aus dem jeweiligen Kontext erheben. Der Begriff selbst ist mehrdeutig.

Nun hat diese dualistische Anthropologie zum Teil auch bei den Juden Eingang gefunden. Das geschah vor allem in der Diaspora, in den Synagogen. Juden lebten damals in großer Zahl in vielen Städten des Römischen Reiches. Hier haben sie sich auf die Dauer dem Hellenisierungsprozeß nicht entziehen können. Wir besitzen mancherlei literarische Dokumente aus diesem hellenistischen Judentum, in denen das ganz deutlich wird. Aber diese Hellenisierung hatte zu neutestamentlicher Zeit auch schon nach Palästina übergegriffen. Dadurch wurde das jüdische Erbe verändert; und es entstanden mannigfache Mischformen der Vorstellungen.

Das genuin jüdische Erbe sah anders aus. Die Anthropologie ist da *monistisch*. Doch muß man etwas vorsichtig sein, wenn man so formuliert. Die Betonung, daß die jüdische Anthropologie monistisch war, ist sinnvoll, wenn man sie damit der griechisch-hellenistischen Anthropologie gegenüberstellen will. Denn ohne diese Gegenüberstellung dualistisch/monistisch mißversteht man leicht die Begriffspaare, die im Judentum die Anthropologie bezeichnen. Es ist dort von Fleisch und Blut die Rede, auch von Leib und Seele. – In dieser Anthropologie ist es aber nun nicht so, daß sich Leib und Seele *gegenüber*stehen, die Seele unsterblich ist und es auf den Leib nicht ankommt. Die Seele (der Hauch, der Atem) ist das, was den Leib belebt. Gott haucht dem Erdenkloß den Atem ein und gibt ihm dadurch Leben (Gen 2,7). Zieht Gott den Atem zurück, tritt der Tod ein (Ps 104,29). Vieles ist hier unreflektiert, so z. B. wenn es heißt, daß die Stimme des vergossenen Blutes Abels zum Himmel schreit (Gen 4, 10). Im Rahmen einer dualistischen Anthropologie würde man das so verstehen, daß das Blut dieselbe Funktion hat wie die Seele oder das Ich. Doch wäre das ein Mißverständnis.

Von Dualismus kann man hier nicht reden. Da aber wegen der Begriffs*paare* auch die Bezeichnung dieser Anthropologie als monistisch mißverständlich ist, spricht man hier am besten von einer dichotomischen (einer zweiteiligen) Anthropologie. Der Ton liegt dann darauf, daß diese Teile einander *zugeordnet* sind, sich jedoch nicht *gegenüber*stehen.

Bezeichnend ist nun, daß man im Judentum lange Zeit keine individuelle Zukunftshoffnung kannte. Zwar gab es die Vorstellung einer postmortalen Existenz (einer Existenz nach dem Tode). Man wird, des Lebens satt, zu seinem Volk oder zu seinen Vätern versammelt (Gen 35,29 u. 49,29). Die Verstorbenen führen dann im Totenreich ein Schattendasein (vgl. Mt 4,16). Zukunftshoffnung aber erwartete man für Israel, also für das Volk, und zwar auf Grund der Bundestreue Jahwes. Hier liegt ein eigentümlich kollektives Denken vor, das u. a. auch im Namen der Stämme zum Ausdruck kommt. Im Jakobssegen wird Einzelpersonen, den Söhnen Jakobs, verheißen, was dem ganzen Stamm gilt (Gen 49). Der Stammvater lebt im Stamm. Daß man das Volk einfach als Israel, das Südreich später als Juda bezeichnen kann, macht dieses Denken schon im bloßen Gebrauch der Begriffe deutlich.

Erst in den beiden letzten vorchristlichen Jahrhunderten dringt (vermutlich aus dem Parsismus) die individuelle Zukunftshoffnung in das Judentum ein, nun als Hoffnung auf die Auferstehung der Toten. Diese Vorstellung wird dann insbesondere in der spätjüdischen Apokalyptik auf mannigfache Weise ausgebildet. Am Ende der Zeiten werden entweder alle Toten auferstehen oder nur die Gerechten oder nur Israel. Verbunden damit ist sehr oft der Gerichtsgedanke. Es gibt auch die Vorstellung einer doppelten Auferstehung, eines tausendjährigen Reiches, zu dessen Beginn einige, an dessen Ende alle auferstehen werden.

Charakteristisch ist nun aber, daß man mit der Auferstehung des Leibes, mit der Auferstehung des Körpers rechnet. Die Schatten, die sich so lange in der Unterwelt aufgehalten haben, werden neu belebt. Dann werden die Menschen wieder *so* dasein, wie sie zu Lebzeiten da waren. Auf jeden Fall spielt hier der Leib (immer als Körper verstanden) die entscheidende Rolle. Das ist auch dann der Fall, wenn der Leib nicht völlig in derselben Gestalt dasein wird, wie er früher da war, sondern nun ohne Krankheit, ohne Gebrechen, ohne Körperfehler. Die zukünftige Welt ist als heile Welt gedacht. – Von hier aus versteht man, was etwa Mt 11,5 gesagt wird: Blinde werden sehen, Lahme werden gehen, Aussätzige werden rein, Taube werden hören, Tote stehen auf. Hier sind Vorstellungen der Enderwartung zusammengetragen. Wenn das alles als Tun Jesu angegeben wird, dann soll damit gesagt werden: Das, was man vom Ende erwartet, bringt Jesus schon jetzt.

Nun wissen wir, daß man sich zur Zeit Jesu darüber gestritten hat, ob es eine Auferstehung der Toten gibt. Die Pharisäer vertraten sie; die Sadduzäer lehnten sie ab (Apg 23,8). Interessant ist, warum diese das taten. Sie vertraten eine konsequente Rechtgläubigkeit. Die Lehre von der Auferstehung der Toten war keine genuin jüdische Lehre aus dem Alten Testament, sondern durch Einfluß von außen in das Judentum eingedrungen. Hier hatte man mit Hilfe einer (damals!) modernen Weltanschauung das alte Glaubensgut verändert. Nun wies man darauf hin, daß der Lehre von der Auferstehung der Toten die »biblische Begründung« fehle. Wer orthodox war, wer am »Bekenntnis der Väter« festhalten wollte, wer das Alte Testament nicht aufgeben und »kein anderes Evangelium« wollte (und alles das vertraten die Sadduzäer), der konnte dieser Lehre einer »modernen Theologie« selbstverständlich nicht zustimmen. Man wollte doch keinem »Modernismus« verfallen! – Dennoch konnten die Sadduzäer die Entwicklung nicht aufhalten. Die Erwartung der Auferstehung der Toten hat sich im Judentum durchgesetzt. Im

»18-Bitten-Gebet« wird Gott als der bekannt, der die Toten auferweckt.

Doch geriet diese Vorstellung dann alsbald auch unter hellenistischen Einfluß. Das ist gar nicht überraschend, denn es ist ja ganz leicht vorzustellen, daß Juden, die die dichotomische Anthropologie mitbrachten, diese Dichotomie unter griechisch-hellenistischem Einfluß alsbald dualistisch verstanden. Begrifflich war das ja schon durch die Zweiteilung vorbereitet.

Wenn man nun fragt, wie man sich zur Zeit Jesu die Auferstehung der Toten vorstellte, dann ist das präzise gar nicht zu beantworten, weil die Vorstellungen eben auseinandergingen und der Begriff allein noch gar nichts über die damit ausgedrückte Vorstellung sagt. Das kann man sehr deutlich im Neuen Testament erkennen. Zum Teil haben wir das bei der Betrachtung der Texte schon gesehen. Da kann Auferstehung einerseits sehr massiv verstanden werden. Das ist in den Erzählungen vom leeren Grab der Fall und dort, wo der Auferstandene betastet werden kann oder wo er vor bzw. mit seinen Jüngern ißt. Hier wirkt ohne Zweifel die jüdische Vorstellung nach. Daneben gibt es dann aber auch weniger massive Vorstellungen. Der Auferstandene geht durch verschlossene Türen; man hält ihn für ein Gespenst. Das entspricht nicht mehr der jüdischen Vorstellung.

Ein weiterer Aspekt kommt in den Blick, wenn man sich an das Johannes-Evangelium wendet, dort nicht so sehr die Erzählungen von der Auferstehung Jesu betrachtet, sondern das, was über die Auferstehung der Toten gesagt wird. Vor der Auferweckung des Lazarus sagt Jesus zu Martha: »Dein Bruder wird auferstehen.« Martha setzt die jüdische Vorstellung voraus und antwortet: »Ich weiß, daß er auferstehen wird in der Auferstehung am jüngsten Tage.« Doch nun korrigiert bzw. modifiziert Jesus genau diese Meinung, indem er sagt: »*Ich* bin die Auferstehung und das Leben. Wer an mich glaubt, wird leben, auch wenn er stirbt. Und jeder, der lebt und an mich glaubt, wird in Ewigkeit nicht sterben« (Joh 11,25–26). Fast noch deutlicher ist ein anderes Wort Jesu aus dem vierten Evangelium: »Amen, amen, ich sage euch: Wer mein Wort hört und dem glaubt, der mich gesandt hat, der *hat* ewiges Leben; und er kommt nicht ins Gericht, sondern er ist hinübergegangen aus dem Tode in das Leben« (Joh 5,24). – So hätte ein Gnostiker auch reden können, denn hier wird etwas gesagt, was 2 Tim

2,18 als Irrlehre abgelehnt wird: Das ewige Leben ist *jetzt* schon da; wer glaubt, *hat* dieses Leben, kommt nicht mehr ins Gericht.

Daß Johannes diese Aussagen dennoch nicht gnostisch versteht, ist eine andere Frage. Das müßte man exegetisch begründen. In unserem Zusammenhang kam es nur darauf an zu zeigen, in welcher Breite die *Vorstellungen* von der Auferstehung schon im Neuen Testament begegnen, und ich wollte die Wurzeln dieser verschiedenen Vorstellungen nennen. Besonders am Johannes-Evangelium kann man dann erkennen, wie sich die verschiedenen Vorstellungen durchdringen, wie sie nebeneinander herlaufen und manchmal sogar unverbunden nebeneinander stehen. Trotz der genannten fast gnostisch anmutenden Aussagen finden sich daneben »massiv« jüdische: Obwohl Lazarus schon vier Tage im Grabe gelegen hat (Joh 11,17) und der Leichnam schon stinkt (Joh 11,39), kommt er leibhaftig-körperlich aus dem Grabe heraus (Joh 11,44).

Das zeigt nun aber, daß man nicht von *der* neutestamentlichen Vorstellung von Totenauferstehung reden kann. – Wenn es dann aber Menschen gibt (und es gibt sie), die meinen, man müsse als Christ auch die *Vorstellungen* des Neuen Testaments übernehmen, dann muß man sie fragen: Welche denn? – und da es verschiedene gibt: Wer bestimmt, welche man übernehmen muß?

Doch vielleicht will das Neue Testament gar keine Kenntnis über richtige Vorstellungen vermitteln. Vielleicht werden die Vorstellungen, in denen man lebt, die ja unabhängig von der Botschaft vorhanden sind, einfach in Dienst genommen, um mit ihrer Hilfe eine Aussage zu formulieren. Dann wäre es gar nicht verwunderlich, daß sich die jeweilige Aussage gerade solcher Vorstellungen bedient, die bekannt und geläufig sind. In ihnen läge dann gar nicht das spezifisch Christliche. Es gibt ja auch keine christliche Sprache, sondern die Predigt bedient sich immer der jeweils vorhandenen Sprache. Muß sie in einer anderen Sprache formuliert werden, bedeutet das noch nicht, daß sich damit die Botschaft ändert. Warum soll das beim Wechsel von Vorstellungen anders sein? Man muß nur darauf achten, daß die Botschaft – in neuer Sprache und mit Hilfe anderer Vorstellungen formuliert – so dicht wie möglich bei der alten Sache bleibt.

Aber damit habe ich schon vorgegriffen. Wir nehmen jetzt erst einmal den liegengelassenen Faden wieder auf.

G. Die Auferstehung Jesu – ein Interpretament unter anderen

Ich sagte vorhin, daß man sein von Jesus In-den-Glauben-Gerufen-Sein mit Hilfe der vorgegebenen Vorstellung interpretierte. Das ist nun zu präzisieren. Wunderbarerweise erfährt man, daß Jesus auch nach seinem Tode in den Glauben stellt. Jetzt fragt man nach dem Ermöglichungsgrund für dieses Zum-Glauben-Kommen. Dieser ist: Der tote Jesus lebt. Er ist also nicht im Tode geblieben. Wenn man aber einen Toten als Lebendigen aussagen wollte, dann stand dafür die Vorstellung von der Auferstehung der Toten zur Verfügung. Die benutzte man nun eben. Dabei brauchte man sich (wenigstens anfangs) noch gar nicht auf eine bestimmte Gestalt dieser Vorstellung festzulegen; und es ist durchaus möglich, daß man in verschiedenen Kreisen der Urgemeinde unterschiedliche Vorstellungen damit verbunden hat. Dennoch konnte man die gemeinsame Formel benutzen: Jesus ist auferstanden. Oder man konnte sie noch weiter interpretieren und dann formulieren: Gott hat Jesus von den Toten auferweckt.

Daß wir es hier mit einem Interpretament zu tun haben, ist m. E. überhaupt nicht zu bestreiten. Denn gesehen hat die Auferstehung Jesu ja niemand; jedenfalls kennen wir keinen, der das behauptet. Damit ist aber hinreichend deutlich, wie die Aussage von der Auferstehung Jesu entstanden ist: Sie ist erschlossen worden, und zwar vom eigenen Glauben aus. – Mag das Zum-Glauben-Kommen des Petrus durch ein Sehen ausgelöst sein, würde auch das nichts an der Feststellung ändern, daß es sich beim Reden von der Auferstehung Jesu um einen Rückschluß handelt, also um ein Interpretament.

Nun hat man gegen meine Bezeichnung der Auferstehung Jesu als Interpretament leidenschaftlich protestiert. Man hat insbesondere gesagt, wenn es sich um ein Interpretament handle, dann hätten wir es nicht mehr mit einer Wirklichkeit zu tun.

Ich werde diesen Einwand gleich näher untersuchen, möchte aber vorher eben auf das Eigentümliche der Argumentation hinweisen. Man geht so vor, daß man von einem Ergebnis auf die Konsequenzen schließt, die dieses Ergebnis haben müßte. Da man aber behauptet zu wissen, daß diese Konsequenzen falsch sind, schließt man zurück: Also muß auch das Ergebnis falsch sein. – Diese Argumentationsweise erfreut sich heute großer Beliebtheit. Aber man müßte doch merken, daß das überhaupt keine Gegenargumentation ist. Wenn man mein Ergebnis wirklich widerlegen will, dann muß man doch zeigen, wo ich auf dem Wege zu meinem Ergebnis einen Fehler gemacht habe. Ich kann mich ja tatsächlich irgendwo verrannt haben. Wenn man mir das zeigt, bin ich selbstverständlich sofort bereit, den Fehler einzusehen; oder ich versuche, noch besser zu begründen, warum ich dennoch meine, Recht zu haben. Nur kann man doch mit dem Hinweis auf mögliche Konsequenzen ein Ergebnis nicht »widerlegen«.

Ich nehme nun den Einwand wieder auf. Man hat gegen meine Bezeichnung der Auferstehung Jesu als Interpretament eingewandt, die Auferstehung sei nun keine Wirklichkeit mehr, Jesus sei dann ja gar nicht wirklich auferstanden. Wenn Jesus aber nicht wirklich auferstanden ist, kann man heute auch nicht mehr bekennen, Jesus sei auferstanden. Will man das aber bekennen, muß man (so sagt man) an der Wirklichkeit der geschehenen Auferstehung festhalten.

Prüfen wir diese Einwände! Sie bewegen sich in einem Zirkel, der uns schon häufiger begegnet ist. Die wirklich damals geschehene Auferstehung ist Voraussetzung dafür, daß man heute die Auferstehung bekennen kann. Das Bekenntnis zur Auferstehung heute sagt keine Wirklichkeit aus, wenn es sich nicht auf eine vergangene Wirklichkeit berufen kann. Wir brechen diesen Zirkel auf und halten dabei vorläufig Vergangenheit und Gegenwart auseinander.

Man muß sehen, daß man in der frühen Urgemeinde durchaus eine Wirklichkeit interpretiert hat, nämlich die Wirklichkeit des eigenen Zum-Glauben-Gekommen-Seins. Diese Wirklichkeit hat man als ein Wunder erfahren: Hier hat Gott gehandelt. Um nun dieses Handeln Gottes auszudrücken, um das Prae Gottes beim Zustandekommen des eigenen Glaubens festzuhalten, interpretiert man es mit Hilfe der Aussage: Jesus ist auferstanden.

Wir müssen genau darauf achten, was das Wunder ist. Das Wunder ist eben nicht, wie man leicht sagt, die Auferstehung Jesu, sondern das Wunder ist das Zum-Glauben-Gekommen-Sein. Der frühen Urgemeinde liegt nun aber daran, dieses Zum-Glauben-Gekommen-Sein *als Wunder* auszusagen. *Daß* das ein Wunder ist, mit dem man gar nicht rechnen konnte, weil Jesus ja gestorben war, sagt man *mit Hilfe* der Aussage aus: Jesus ist auferstanden.

Nun darf man doch aber nicht das Interpretament (Jesus ist auferstanden) von dem trennen, *was* damit interpretiert wird (das Zum-Glauben-Kommen), und *dann* sagen, dem Interpretament komme auch isoliert Wirklichkeit zu, ihm komme auch dann Wirklichkeit zu, wenn man es von der Wirklichkeit ablöst, die man erfahren hat.

Daß man das nicht darf, machen gerade auch die Texte deutlich. Nur von solchen, die glauben, wird ein Sehen behauptet. Es ist nicht möglich, das Sehen von der Wirklichkeit des Glaubens zu isolieren. – Und ebenso bekennen nur solche, die glauben: Jesus ist auferstanden. Wer unabhängig vom eigenen Zum-Glauben-Gekommen-Sein von der Auferstehung Jesu reden wollte, der müßte ungläubig davon reden. Eben das geht nicht. Er müßte sich dann ja auch auf eine der Vorstellungen festlegen. Er machte dann die Auferstehung konstatierbar.

In der frühen Urgemeinde lag also die Wirklichkeit beim Zum-Glauben-Gekommen-Sein; und der Wundercharakter *dieser* Wirklichkeit wird bezeichnet mit: Jesus ist auferstanden. Man muß sich klarmachen, daß ein isoliertes Reden von der Wirklichkeit der Auferstehung Jesu gar nicht mehr das Reden von einem Wunder wäre. Das wäre lediglich das Referat eines wenn auch nicht gerade alltäglichen Geschehens. Dieses Geschehen *müßte* historischer Forschung zugänglich sein.

Wir müssen unseren Wunderbegriff sehr genau kontrollieren. Es geschehen immer wieder Dinge, die man nicht erklären kann. Die darf man darum aber noch nicht gleich Wunder nennen. Theologisch kann man nur dann von einem Wunder reden, wenn man einen Eingriff Gottes behauptet. Dann aber ist zu beachten, daß das, was durch diesen Eingriff *sichtbar* wird (eine Krankenheilung, eine Dämonenaustreibung, eine Totenauferweckung) nicht *als Wunder* sichtbar wird. Was sichtbar wird, ist kontrollierbar; und es ist auch dann kontrollierbar, wenn es nicht gerade alltäglich ist und das Zustandekommen nicht erklärt werden kann. Das Faktum selbst ist vor aller Augen. Wenn es Zeugen für ein vergangenes Faktum gibt, kann der Historiker es später erreichen. Er könnte es aber nie als Wunder ausgeben. Das kann nur der, der das Faktum erlebt. Wenn nämlich jemand angesichts der konstatierbaren Wirklichkeit bekennt: Hier hat Gott eingegriffen, dann interpretiert er die konstatierte

Wirklichkeit als Wunder. Man kann das Wunder dann als Wirklichkeit bezeichnen, die Gott gewirkt hat, aber man kann das nur zusammen mit dem, *was* Gott gewirkt hat. Und *das* ist vor aller Augen.

Bei der historischen Rückfrage hinter unsere Texte stoßen wir aber nun nicht auf das Faktum Auferstehung Jesu, sondern auf den Glauben der frühen Urgemeinde nach dem Tode Jesu. Dieser Glaube ist in seinen Äußerungen eine konstatierbare Wirklichkeit. Zugleich stoßen wir auf die Behauptung, daß diese Wirklichkeit durch ein Wunder zustande kam. Daß man es bei dieser Wirklichkeit mit einem Wunder zu tun hatte, drückt man mit Hilfe der Vorstellung von der Auferstehung aus. – Wenn ich also sage, das Reden von der Auferstehung Jesu sei ein Interpretament, dann geht damit die Wirklichkeit nicht verloren. Man muß nur genau bestimmen, wo diese Wirklichkeit liegt.

Entsprechendes gilt heute. Wenn ich mein Zum-Glauben-Kommen als Wunder erfahre und wenn ich den Wundercharakter meines Zum-Glauben-Kommens damit ausdrücke, daß ich sage »Jesus ist auferstanden«, dann kann ich damit nicht mehr aussagen, als man in der frühen Urgemeinde damit ausgesagt hat. Man kann allerdings fragen, ob man das dann unbedingt so ausdrücken *muß*. Angesichts der heutigen Sprachverwirrung könnte man geradezu fragen, ob man das heute noch so ausdrücken sollte, weil die Gefahr besteht, daß man sofort mißverstanden wird. Darum habe ich andere Formulierungen vorgeschlagen: Die Sache Jesu geht weiter; oder: Er kommt auch noch heute.

Geht damit die Wirklichkeit verloren? Das kann nur behaupten, wer die Wirklichkeit wieder isoliert und an einer falschen Stelle sucht. Es ist doch die Wirklichkeit meines Zum-Glauben-Gekommen-Seins, die ich hier interpretiere. Die Wirklichkeit liegt nicht isoliert im Interpretament. Das sagt doch (wie immer ich es formuliere) den Wundercharakter der Wirklichkeit aus, betont das Prae Gottes bzw. das Prae Jesu beim Zustandekommen meines Glaubens. Diese Wirklichkeit des eigenen Zum-Glauben-Gekommen-Seins kann man nicht noch unter eine Bedingung stellen. Die Wirklichkeit erfährt man, kann sie aber nicht davon abhängig machen, daß man vom Interpretament selbst und unabhängig vom erfahrenen Glauben Wirklichkeit fordert. Man müßte dann ja wieder, ohne zu glauben, von der

Wirklichkeit der Auferstehung Jesu reden können. Man müßte also auch ungläubig sagen können: Jesus ist auferstanden.

Machen wir uns das an der Predigt klar. Es wird doch niemand behaupten wollen, daß in jeder Predigt ausdrücklich von der Auferstehung Jesu die Rede sein muß, weil es sonst keine christliche Predigt sei. Wenn nun in einer Predigt dem Hörer das Angebot Jesu begegnet, Gott als Vater anzunehmen, mit ihm durchs Leben zu gehen, von den Sünden der Vergangenheit befreit, befreit auch von den Mächten, die uns in dieser Welt bedrängen, dann ist der Hörer gefragt, ob er sich darauf einläßt oder nicht. Menschlich gesprochen ist es ein Risiko, sich darauf einzulassen. Denn wer sich darauf einläßt, riskiert den Weg, der am Kreuz enden kann. Das kann man vorher nicht wissen. Daß dieser Weg dennoch *Heils*weg ist, wird immer nur auf dem Wege selbst erfahren, nicht vorher; das kann also nur erfahren, wer das Risiko eingegangen ist.

Wenn das nun jemand tut und dann den Prediger fragt, auf wen er sich eigentlich eingelassen habe, als er diesen Weg wagte, dann wird dieser sagen (und sicher hat er es schon vorher in der Predigt getan): auf Jesus. Das heißt aber, Jesus ist im Worte der Verkündigung präsent. *Daß* er dort präsent *ist*, konnte der Prediger bei der Predigt nicht nachweisen, nicht demonstrieren. Daß Jesus in der Predigt präsent *war*, kann der Hörer, der den Weg wagt, nachher erfahren. Er erfährt also, daß sein Weg (und sein Weg ist ja sein Glaube) ein Woher hat. Paulus sagt: Der Glaube kommt aus dem Hören (Röm 10,17).

Von Auferstehung braucht bei all dem nicht ausdrücklich die Rede zu sein. Wer aber den Weg wagt, *muß* bekennen: Jesus lebt. Er hat nämlich die Wirklichkeit erfahren, von *ihm* in den Glauben gestellt worden zu sein. Daß dieser Glaube eine Wirklichkeit ist, wird doch niemand, der glaubt, bestreiten.

Soll ich nun aber die Wirklichkeit des Glaubens noch einmal sichern wollen? Soll ich gar die Möglichkeit dieser erfahrenen Wirklichkeit bestreiten, indem ich sie von einer (angeblich nötigen) anderen Wirklichkeit abhängig mache, die von meinem Glauben absieht? Das würde doch wieder heißen, den Glauben als Wagnis verweigern. Wer also erschrocken ist, wenn ich sage, daß das Reden von der Auferstehung Jesu ein Interpretament ist, das ausdrücken will: Mein Glaube hat ein Woher; und dieses Woher heißt Jesus – der kann eigentlich nur erschrocken sein, weil ihm nun zugemutet wird, den Glauben *wirklich* zu wagen; der kann nur erschrocken sein, weil er plötzlich entdeckt, daß er bisher noch gar nicht wirklich gewagt, daß er bisher also noch gar nicht – *geglaubt* hat.

Eine Theologie aber, die die Möglichkeit des heutigen Glaubens von der »Wirklichkeit« des Interpretaments abhängig macht, kann man nur als Theologie der Angst bezeichnen. Davon verspreche ich mir nicht viel. Ich kann nicht raten, sich darauf einzulassen. Wirklicher Glaube (ich sage gar nicht, daß er leicht ist; und jeder Christ weiß, daß es viel Versagen auf diesem Wege gibt) läßt die Angst hinter sich und überwindet diese schlechte Theologie.

Ich möchte aber auf noch einen Aspekt dieses Komplexes eingehen. Wie kommt es, daß man heute mancherorts verlangt, man müsse auch unabhängig vom eigenen Glauben davon reden können, daß Jesus auferstanden sei? – Das hat in der Tat einen berechtigten Grund. Es gilt nämlich, auf jeden Fall das Mißverständnis zu vermeiden, daß der Glaube die Auferstehung Jesu *schaffe*. In theologischer Fachsprache ausgedrückt heißt das, daß das extra nos (das Außerhalb-von-uns) des Glaubens gewahrt werden muß. Das ist ein richtiges Anliegen, das hinter diesem Einwand steht. Es wird nur falsch durchgeführt, wenn man das extra nos vom pro nobis (für uns) trennt. Es kann nämlich überhaupt nur im Zusammenhang mit dem pro nobis ausgesagt werden. Daß Gott mich in den Glauben gerufen hat (also das vorausgehende Handeln Gottes), kann immer nur der aussagen, der in diesem Glauben steht. Wer die Aussage des extra nos, also des vorausgehenden Handelns Gottes, außerhalb des Glaubens versucht, wer diese Aussage als eine außerhalb des Glaubens mögliche fordert, der macht das extra nos konstatierbar. Dann bleibt das Bekenntnis zum extra nos nicht mehr Bekenntnis, sondern wird Referat.

Aber wir müssen die Sache noch ein klein wenig weiter durchschauen. Ich denke, dann stoßen wir auf die Wurzel. Man fordert ja nicht nur, daß man an der Wirklichkeit der Aussage »Jesus ist auferstanden« unabhängig vom eigenen Glauben festhalten müsse, sondern es hat doch auch den Anschein, daß die Durchführung dieser Forderung möglich ist und viele Leute überzeugt.

Das hängt damit zusammen, daß sie eines nicht durchschauen. Das Bekenntnis, das eine Wirklichkeit bekennt, bedient sich bei der Formulierung einer vorgegebenen Vorstellung. Damit aber sind wir am entscheidenden Punkt: Die Inhalte dieser Vorstellung sind anschaubar. Weil sie aber anschaubar sind, kann man sie anschauen, *auch ohne zu glauben*. Jetzt wird plötzlich das extra nos etwas, was man scheinbar unabhängig vom pro nobis aussagen kann, weil man ja vom pro nobis aus das extra nos mit Hilfe einer anschaubaren Vorstellung interpretierte. Dadurch wird es möglich, außerhalb des Bekenntnisses von der Auferstehung Jesu zu reden. Man hat dann aber vergessen, wie die Aussage von der Auferstehung Jesu zustandegekommen ist.

Man hat aber noch eine weitere sehr wichtige Sache übersehen, nämlich daß die Vorstellung von der Auferstehung Jesu nur *eine* Möglichkeit ist, die Wirklichkeit des Zum-Glauben-Gekommen-Seins auszudrücken. Wenn ich versucht habe, das mit Hilfe der Aussagen, daß die Sache Jesu weitergehe, daß er auch noch heute komme, zu tun, dann ist das keine moderne Erfindung. Schon im Neuen Testament finden wir ganz Entsprechendes. Das Bekenntnis zur Wirklichkeit des extra nos des Glaubens wird mit Hilfe anderer Vorstellungen ausgedrückt, ohne daß dadurch doch eine andere Wirklichkeit bezeichnet werden soll. Ich nenne dafür einige Beispiele.

Im Hebräerbrief, der eine sehr eigentümliche und eigenständige Theologie vertritt, ist niemals ausdrücklich von der Auferstehung Jesu die Rede. Statt dessen wird gesagt, daß Christus in den Himmel eingegangen ist und jetzt vor dem Angesicht Gottes für uns erscheint (9,24). Es wird gesagt, daß er die Himmel durchschritten hat (4,14), daß er sich zur Rechten der Majestät in der Höhe gesetzt hat (1,3; 8,1; 10,12 u. 13). Dieser »Brief« ist seiner literarischen Gattung nach eine Homilie (Predigt), der erst in den letzten Versen ein briefartiger Schluß angefügt worden ist. In diesem Schluß klingt dann die Auferstehungsvorstellung wenigstens einmal an: »Der Gott aber des Friedens, der den großen Hirten der Schafe von den Toten heraufgeführt hat durch das Blut des ewigen Bundes, unseren Herrn Jesus, der rüste euch mit allem Guten aus« (13,20 u. 21). Aber auch hier liegt nicht eigentlich die Auferstehungsvorstellung vor. Im Hebräerbrief haben wir es vielmehr mit der Vorstellung von der Erhöhung zu tun: Der Gekreuzigte ist erhöht worden; und weil er erhöht worden ist, geht er die Gemeinde unbedingt an.

Wir neigen dazu, die Vorstellungen hintereinanderzuschalten, indem wir sagen, daß die Erhöhung natürlich die Auferstehung voraussetze. Aber das ist eine unerlaubte Harmonisierung von zwei verschiedenen Vorstellungen, auf die wir vor allem kommen, weil wir immer gleich das Lukas-Evangelium und die Apostelgeschichte vor Augen haben. Dort liegt aber eine sekundäre Kombination vor. Ich werde noch darauf eingehen. Ursprünglich ist es so, daß die Vorstellung von der Erhöhung und die von der Auferstehung unverbunden nebeneinander vorkommen.

Bei der Erhöhungsvorstellung wird das Wie des Lebendig-Werdens des Gekreuzigten zunächst gar nicht reflektiert. Man weiß nur (weil man das erfahren hat), daß Jesus lebt. Dieses »Er lebt« veranschaulicht man mit Hilfe der Vorstellung: Er ist erhöht; er sitzt zur Rechten Gottes.

Nun kann man zeigen, daß die Erhöhungsvorstellung als Interpretament nicht etwa jung ist (der Hebräerbrief wurde etwa 97 geschrieben), sondern schon vor Paulus nachgewiesen werden kann. Im sogenannten Christushymnus (Phil 2,5–11) gibt Paulus ein vorpaulinisches Lied wieder, das er zum Teil erweitert hat. Es ist dort die Rede vom Sohne Gottes, der sich entäußert, Knechtsgestalt annimmt, sich selbst erniedrigt, gehorsam wird bis zum Tod (Paulus fügt ein: ja bis zum Tod am Kreuz); und dann heißt es: »Darum hat Gott ihn auch erhöht und ihm den Namen über alle Namen verliehen, damit in dem Namen Jesu (!) sich alle Knie beugen sollen, der Himmlischen, Irdischen, Unterirdischen, und jede Zunge bekenne, daß Jesus Christus der Herr sei zur Ehre Gottes des Vaters« (V. 9–11).

Bezeichnend ist, daß im Rahmen dieser Erhöhungsvorstellung die Auferstehung nicht erwähnt wird. Auf Grund des Gehorsams folgt der Erniedrigung die Erhöhung. Diese ist der Grund dafür, daß Jesus einen Namen über alle Namen hat, daß sich im Namen Jesu, also im Namen dessen, der gehorsam war, alle Knie beugen sollen.

Man muß auch hier genau darauf achten, was das erste, was das zweite ist. Der Hymnus stellt es so dar, daß Jesus durch die Erhöhung den Namen über alle Namen bekommen hat. Aber natürlich gibt es für die Erhöhung Jesu, für sein Sitzen zur Rechten Gottes keine Zeugen. Die Aussage ist also so zustandegekommen, daß man zuerst erfahren hat, Jesus habe einen Namen über alle Namen. Was man im Glauben, in den man sich gerufen weiß, erfahren hat, drückt man dann mit Hilfe eines Interpretaments als Wunder aus: Jesus ist erhöht worden.

Unwillkürlich wird man hier an den Matthäus-Schluß erinnert: »Mir ist gegeben alle Gewalt im Himmel und auf Erden.« Das läßt die Frage aufkommen, ob hinter dem Matthäus-Schluß am Ende gar nicht die Auferstehungs-, sondern die Erhöhungsvorstellung steht. – *Wir* finden dann darin nur deswegen die Auferstehungsvorstellung, weil vorher vom leeren Grab die Rede ist. Beides gehört aber ursprünglich gar nicht zusammen. Ich habe früher schon darauf hingewiesen, daß die Evangelisten Traditionen, die von Haus aus Einzeltraditionen waren, zu einem Ereignisablauf verbunden haben. Berücksichtigt man das, wird man nun grundsätzlich die Frage stellen müssen, ob die Erwähnungen des Sehens Jesu und die ausgeführten Darstellungen dieses Sehens ursprünglich überhaupt die Auferstehung voraussetzen.

Die Vorstellung von der Erhöhung Jesu findet sich aber noch häufiger im Neuen Testament. Zwei Vorkommen will ich noch nennen. – Dem Hymnus aus Phil 2 ähnlich ist ein anderer, wenngleich viel kürzerer Hymnus, der 1 Tim 3,16 zitiert wird. Hier stehen sich gegenüber: offenbart im Fleisch – aufgenommen in die Herrlichkeit. Wieder wird die Auferstehung nicht genannt, in diesem Hymnus nicht einmal das Kreuz.

Noch interessanter ist in diesem Zusammenhang das Johannes-Evangelium. Zwar schließt es mit der Auferstehungsvorstellung; aber im ganzen ersten Teil des Werkes wird, wenn auf den Ausgang des Lebens Jesu geblickt wird, nicht die Auferstehung genannt, sondern das Hinaufgehen Jesu zum Vater. »Ich bin noch eine kleine Zeit bei euch; dann gehe ich hin zu dem, der mich gesandt hat« (7,33). Es gibt noch viele Aussagen dieser Art im Johannes-Evangelium, die man natürlich so verstehen könnte, daß Jesus *nach* seiner Auferstehung zum Vater geht. Aber gerade das erzählt das Johannes-Evangelium am Schluß nicht. Sodann ist bemerkenswert, daß im ersten Teil des Evangeliums schon das Kreuz als Erhöhung verstanden wird. »Wenn ich erhöht werde von der Erde, dann werde ich sie alle zu mir ziehen« (12,32); und das wird im nächsten Vers so interpretiert, daß Jesus das sagte, um zu zeigen, welchen Todes er sterben werde. Jesu Kreuzigung ist also schon seine Erhöhung.

Das Johannes-Evangelium ist nun allerdings ein Beispiel dafür, daß beide Vorstellungen (Erhöhung vom Kreuz und Auferstehung) später zusammenwachsen. Hinlänglich deutlich aber bleibt, daß sie früher unverbunden nebeneinander standen.

Das gilt aber ebenso von den Vorstellungen vom Durchschreiten der Himmel, vom Sitzen zur Rechten Gottes usw. – Daß sie später zusammenwachsen, ist fast selbstverständlich, aber – wie man nun unschwer einsehen kann – nicht ohne Problematik. Denn ursprünglich sagen alle diese Vorstellungen dasselbe aus. Ich formuliere das genauer: Das *Bekenntnis* zur Wirklichkeit des extra nos des erfahrenen Glaubens ist die *Konstante; variabel* aber ist die *Vorstellung*, derer sich das Bekenntnis bedient.

Wenn die Vorstellung von der Auferstehung schließlich den Sieg davongetragen hat und die anderen im Schlepptau hinter sich herzieht, dann darf man nicht übersehen, daß wir es mit einer späteren Entwicklung zu tun haben. Man erkennt dann nicht mehr, daß sie früher einmal austauschbar waren. Wenn man jetzt aber sieht, daß man ursprünglich jeweils vertraute Vorstellungen aufnahm, um die *eine* Wirklichkeit zur Sprache zu bringen, dann dürfte einleuchten, daß wir nicht nur das Recht, sondern (wenn wir *heute* verständlich reden wollen) sogar die Pflicht haben, diese Wirklichkeit verstehbar zu machen, d. h. aber mit unseren Vorstellungen neu zur Sprache zu bringen.

Da es immer um den Glauben geht, den der irdische Jesus brachte, ist allein Jesus hier unauswechselbar. Aber er ist gestorben. – Doch damit ist *sein* Angebot nicht außer Kraft gesetzt. Das hat man damals erfahren; das kann man heute auch erfahren. Weil es um *sein* Angebot geht, habe ich versucht, diese Wirklichkeit so zu formulieren: Er kommt auch noch heute. Hier liegt der Ton darauf, daß Jesus unauswechselbar ist, daß *er* in seinem Angebot heute gegenwärtig ist. – Meine andere Formulierung blickt mehr auf die Inhalte des Angebots, von denen ich mehrere exemplarisch genannt habe: das Einlassen auf Gott in diesem Leben, die Befreiung zum Lieben, das Sich-Verlieren um des Nächsten willen und gerade das als Heil erfahren usw. Das alles habe ich zusammengefaßt mit dem Wort »Sache Jesu«. Das ist das, worum es ihm ging.

Mit diesen Interpretamenten der Wirklichkeit will ich nicht etwa die früheren Interpretamente ersetzen; ich möchte auch nicht behaupten, daß damit die Wirklichkeit des Zum-Glauben-Gekommen-Seins definitiv ausgesagt wäre. Das sind Möglichkeiten, wie man heute dieselbe Wirklichkeit interpretieren kann. Man kann und muß immer neue Interpretationen versuchen.

Jedenfalls ist das Interpretament »Jesus ist auferstanden«

nicht das einzig mögliche. Es ist das heute nicht; aber (und das vor allem wollte ich zeigen) es war das damals ganz am Anfang auch schon nicht. – Daß dann in der späteren Entwicklung das Bekenntnis in der Form des Bekenntnisses zum Auferstandenen eine zentrale Bedeutung bekam, wird man nicht *nur* als Zufall bezeichnen dürfen; denn die mit ihr verbundene Vorstellung hat ja eine besondere Nähe zu der Aussage, daß der Gekreuzigte *lebt*. Ich bin sogar der Meinung, daß man (zumindest in unserer Tradition) nicht ganz auf dieses Bekenntnis verzichten kann. Nur muß man eben wissen, was man damit bekennt und was man damit nicht bekennt. Man bekennt damit, daß man im eigenen Zum-Glauben-Gekommen-Sein Jesus als Lebendigen, Wirkenden erfahren hat, man bekennt die Gegenwart seiner Vergangenheit – und nichts anderes meint das Bekenntnis zum Heiligen Geist. – Man bekennt damit aber nicht eine von diesem Bekenntnis gelöste Vorstellung, denn nur im Bekenntnis kann man theologisch belangvoll von der Auferstehung Jesu reden, wie man nur im Heiligen Geist Jesus einen Herrn nennen kann (1 Kor 12,3).

H. Glaube als Wagnis

Man kann heute oft einen anderen Einwand hören, den man gegen die sogenannte moderne Theologie erhebt. Man sagt, hier würden Hypothesen vorgetragen, deren Unsicherheit schon daran zu erkennen sei, daß andere Forscher zu anderen Ergebnissen kommen. Nun mute man den Gemeinden zu, sich auf diese unsicheren Hypothesen einiger hyperkritischer Forscher einzulassen.

Richtig an diesem Einwand ist, daß unsere ganze Analyse Hypothese ist. Ich nehme zwar an, daß ich sie sehr sorgfältig durchgeführt, daß ich die einzelnen Schritte so umsichtig, wie ich konnte, begründet habe. Ich bin dann auf diesem Wege zu dem Ergebnis gekommen, daß das Reden von der Auferstehung Jesu in der Urgemeinde als Interpretament entstanden ist. Endlich habe ich daraus Konsequenzen gezogen für den heutigen Glauben und das heutige Bekenntnis. Soll man sich trotz des – zugegebenen – hypothetischen Charakters der historischen Rekonstruktion auf diese Konsequenzen einlassen? – Ich möchte behaupten, daß sie auch dann stimmen, wenn unser historisches Ergebnis falsch ist.

Ich konstruiere dazu eine ganz massive Gegenposition. Wir unterstellen, das Ergebnis unserer Rekonstruktion hätte Folgendes ergeben: Jesus ist am dritten Tage leibhaftig aus dem Grabe hervorgegangen. Das haben sogar einige Leute gesehen – etwa die Wächter am Grabe, von denen Matthäus erzählt. Dann hat Jesus sich dem Petrus als Auferstandener gezeigt, danach (nun wohl nicht den Zwölf, sondern) den Elf. Sie bekamen den Missionsbefehl. Jesus hat sich dann noch anderen gezeigt, hat vor den Jüngern gegessen und sich betasten lassen. Nach 40 Tagen ist er in einer Wolke in den Himmel aufgehoben worden.

Bei diesem Ergebnis dürfte man nun freilich nicht sagen, daß es das »biblische« sei, das man ohne Hypothesen erreicht habe. Denn man müßte eben doch *mit Hilfe von Hypothesen* erklären, wo die Erscheinungen zu lokalisieren sind; mit Hilfe von Hypothesen müßte man erklären, warum in der von Paulus überlieferten Formel ein Sehen der Zwölf, nicht aber der Elf genannt ist. Mit Hilfe von Hypothesen müßte man erklären, warum der Auferstandene einmal Hände und Füße, das andere Mal Hände und Seite zeigt usw. – Wenn also das eben gezeichnete (massive) Ergebnis richtig sein sollte, dann wäre auch das nur mit Hilfe von Hypothesen erzielt worden. Wer das bestreitet, nimmt entweder nicht ernst, was in den Texten steht, oder er hat sie nicht genau gelesen. Auf jeden Fall steht *Hypothese* gegen *Hypothese*.

Doch wir unterstellen jetzt, meine ließe sich nicht halten; die andere sei richtig. Was würde das für den Glauben bedeuten?

Wir blicken zuerst auf die unmittelbaren Zeugen. Für sie hätte sich eines gegenüber früher, als sie es mit dem irdischen Jesus zu tun hatten, ganz erheblich geändert. Sich auf das Wort des *irdischen* Jesus einzulassen, forderte ein vertrauendes Glauben. Das war ein Wagnis. Dem irdischen Jesus konnte man nicht ansehen, wer er war. Man konnte immer nur glauben, daß er Gott auf dieser Erde vertrat; und man konnte das nur dann glauben, wenn man sich auf seine Zumutung einließ. Eine Sicherheit, die dieser Einlassung auf Jesu Zumutung vorausging, gab es nicht. Zeichenforderungen, die ihn erst einmal legitimieren sollten, hat Jesus abgelehnt. Er war auf wagenden Glauben aus.

Die *konstatierbar* geschehene Auferstehung mit der Fülle der Demonstrationen hätte nun an einem Punkt alles verändert. Jetzt wäre Jesus legitimiert. Jetzt wäre sicher, wer er ist. Die Zeichenforderung wäre sozusagen erfüllt. Es würde für diese Zeugen schwer genug bleiben, auf dem späteren Weg den Glauben zu leben. Aber diesen Weg des Glaubens zu gehen, wäre für die Zeugen kein Wagnis mehr. Es wäre ein Gebot der Klugheit, weil es doch nun einfach Torheit wäre, das nicht zu tun, was Jesus zugemutet hat. Der Weg der Zeugen wäre kein Glaubensweg, weil die Zumutung Jesu nun Gesetz wäre. Die Zeugen wären die einzigen gewesen, die den Glauben nicht mehr zu wagen, die darum auch gar nicht mehr zu glauben brauchten.

Nun spricht diese Konsequenz natürlich nicht gegen die Konstruktion. Warum soll es nicht so gewesen sein? Man muß dann aber sehen, daß von uns mehr gefordert wird als von jenen Zeugen.

Was käme für uns dabei heraus? Wir hören die Einladung zum Glauben. Der Verkündiger kann seine Verkündigung nicht als Gottes Wort ausweisen. Wir können uns nur wagend darauf einlassen, ganz genau ebenso wie es z. Z. des irdischen Jesus war. – Es mag ja sein, daß jene Zeugen eine Legitimation Jesu erfahren haben und nun nicht mehr zu glauben brauchten. Das ist aber für uns ganz unerheblich, denn *diese* Legitimation Jesu erfährt niemand von uns. Wer also *allein* auf Grund der Predigt glaubt, der *glaubt* wirklich, weil es in der Predigt keine Legitimation gibt. Wenn wir aber heute diese Legitimation *wollen,* dann müssen wir uns fragen, wie wir sie beschaffen können und was dabei herauskäme.

Da es sich (immer nach unserer Konstruktion) um Erlebnisse von Zeugen handelte, könnten wir die Legitimation Jesu nur so erreichen, daß wir die Zeugnisse dieser Zeugen befragten, also historisch-kritisch. Wir müßten den ganzen Weg, den wir gegangen sind, noch einmal gehen. Selbst wenn wir (durch andere Weichenstellung) dabei auf Zeugnisse von unmittelbaren Zeugen stießen, wären wir gefragt, ob wir *ihnen* glauben sollen, daß die Legitimation Jesu wirklich erfolgt sei, ob wir *ihnen* glauben sollen, daß sie uns darüber zuverlässig informieren.

Diesen Glauben könnte man leisten; doch was wäre die Folge? Wenn wir *den Zeugen* die geschehene Legitimation Jesu glaubten, dann wäre es auch für uns kein Wagnis mehr, uns auf die Zumutung Jesu einzulassen, sondern dann wäre das nun auch für uns ein Gebot der Klugheit. Es wäre schwer genug, das in unserem Leben zu verwirklichen; aber wir wären (nur) dumm, wenn wir das nicht täten. Wenn wir den Zeugen die Legitimation Jesu als geschehen glaubten, dann folgt in unserem Leben nun nicht *noch einmal* ein Glauben (als vertrauendes Einlassen auf Jesu Zumutung). Jesu Zumutung bleibt dann zwar eine Zumutung, aber nur weil es in dieser Welt so schwer ist, sie zu praktizieren. Wenn wir sie erfüllen, dann nicht, weil wir sie wagen, sondern weil Jesus dann legitimiert ist und wir die Zumutung jetzt tun müssen.

Es könnte ja sein, daß das der richtige Weg ist. Dann muß man aber den »christlichen Glauben« ganz neu bestimmen. Der Wagnischarakter liegt nun einzig darin, daß wir annehmen, die Zeugen haben uns nicht belogen. Das könnte ja immerhin der Fall sein; diese Unsicherheit bleibt. *Hier* ist dann Glaube gefordert. Wäre der aber geleistet, wäre der Rest des Christenlebens Disziplin. Sünde wäre dann Disziplinlosigkeit. Noch einmal: Es könnte ja sein, daß man das Christ-Sein so bestimmen muß. Dann sollte man es aber auch tun und hier nicht die Konsequenzen aus dieser Konzeption im Nebel lassen.

Wenn man aber Christen*leben* weiterhin als Glauben bezeichnen will, der jeden Tag neu gewagt werden muß, dann kann das kein Glaube daran sein, daß mich die Zeugen nicht belogen haben, sondern dann kann das nur der Glaube sein, in dem ich heute gefragt bin (und zwar *echt* gefragt bin), ob ich mich auf die Zumutung Jesu einlassen will. Daran entscheidet sich, ob ich glaube oder nicht. Der Ruf zum Glauben bliebe dann die Zumutung, die gewagt werden muß. Die Ereignisse nach Karfreitag (wie immer sie aussahen) können jedoch von der Zumutung nichts wegnehmen.

Wenn man aber darauf besteht, daß die Ereignisse tatsächlich so massiv geschehen sein müssen, damit man wirklich glauben könne; wenn man darauf besteht, daß der Glaube an die Zuverlässigkeit der Zeugen geleistet und auf diese Weise die Legitimation Jesu gesichert sein muß, bevor man sich auf ihn einlassen kann; und wenn man sagt, ein wirkliches Glauben sei ohne diese Legitimation nicht möglich – dann lehnt man den Glauben als Zumutung, als Wagnis ab; d.h. aber, man verweigert den Glauben.

Also auch ein völlig anderes historisches Ergebnis als unseres könnte nicht zur Stützung des Glaubens benutzt werden, wenn der Glaube wirklich Glaube bleiben soll. Dabei betone ich noch einmal, daß auch dieses (konstruierte) Ergebnis nur auf dem Wege historisch-kritischer Forschung zu erreichen ist. Es bleibt selbst eine Hypothese und muß auch dann als solche bezeichnet werden, wenn die, die es vertreten, den hypothetischen Charakter nicht erkennen.

Die historisch-kritische Forschung ist jedoch nicht in der Lage, dem Glauben eine Stütze zu liefern. Darum ist sie aber auch nicht in der Lage, den Glauben zu gefährden. Konkret: Ein massives Ergebnis kann den Glauben nicht stützen; *unser* Ergebnis kann den Glauben nicht gefährden. – Was kann es aber dann?

Nun, es kann falsche Stützen wegnehmen und damit zeigen, was Glaube wirklich ist. Damit kann es dem Glauben dienen und helfen, daß Glaube wirklich Glaube bleibt. Und es kann zeigen, daß man nicht den Umweg über diese falschen Stützen gehen muß, wenn man den Glauben wagen will. Es erleichtert damit keineswegs den Glauben selbst; aber es macht den Zugang zur Entscheidung für den Glauben leichter. Das muß man genau auseinanderhalten.

Es ist also nicht so, wie man heute gelegentlich als Vorwurf hört, daß die moderne Theologie den Menschen nichts mehr zumuten, daß sie das Ärgernis des Glaubens beseitigen wolle, indem sie sich ganz am modernen Menschen orientiere. Keine Theologie kann das Glauben erleichtern. Das Glauben muß jeder einzelne selbst wagen; keine Theologie hilft ihm dabei. Wohl aber kann sie den Zugang zur echten Glaubensfrage erleichtern. Denn wer will bestreiten, daß es eine große Zahl von Menschen gibt, die, wenn sie vom christlichen Glauben hören, (neben der Jungfrauengeburt) zuerst einmal an die Auferstehung Jesu denken, mit der sie nicht fertig werden, über die sie nicht hinwegkommen? Und darum kommt es nicht dazu, daß sie das Angebot Jesu zu glauben überhaupt erreicht. Daneben gibt es andere, die sich auf das Angebot Jesu einlassen, dann aber trotzdem dauernd Skrupel bekommen, ob sie sich wirklich Christen nennen dürfen, weil sie wohl die Liebe wagen, aber über die Auferstehung Jesu (so wie sie sie sich vorstellen) nicht hinwegkommen.

Wenn nun die historisch-kritische Forschung hilft, den Ort der Aussage von der Auferstehung Jesu im Rahmen der christlichen Glaubensaussage genau zu bestimmen, dann zeigt sie damit, daß der Glaube an die Auferstehung Jesu keine Barriere ist, die man erst einmal (oder später zusätzlich noch) überwinden muß. Ich kann es nicht anders sehen als so: Wer heute für die Beibehaltung dieser Barriere kämpft, *der* ist es, der dem christlichen Glauben im Wege steht. Wer aber meint, daß er diese Barriere braucht, der muß sich ernsthaft fragen lassen, ob er sie nicht nur deswegen braucht, weil er den Glauben nicht wagen will. Aber wenn *er* sie braucht, kann er doch nicht die anderen, die sie nun nicht etwa leichtfertig, sondern gut begründet wegräumen, als Irrlehrer bezeichnen.

Sollten wir uns in diesem leidigen Gegeneinander in unserer, aber auch in der katholischen Kirche nicht darüber einigen können: Die Entscheidung, ob jemand Christ ist oder nicht, fällt in seinem Leben, aber nicht in seinem Kopf. Dann aber ist ein Häretiker der, der nicht aus dem Angebot Jesu lebt. *Hier* haben wir es auch mit dem *eigentlichen* Ärgernis zu tun, das man so gern umgehen möchte. Und tun wir das nicht alle immer wieder?

Kann auch eine Theologie häretisch werden? Ich meine, ja: Die Frage ist nur, wodurch sie das wird. Sie wird es doch bestimmt dadurch, daß sie den Glauben hindert, daß sie z. B. Vorbedingungen fordert, die erfüllt sein müssen, bevor man glauben kann, die also Barrieren aufrichtet. Die Aufgabe rechter

Theologie muß doch gerade die sein, Barrieren wegzuräumen, damit Menschen möglichst schnell vor die Frage gestellt werden, auf die es – christlich – allein ankommt: Wagt man es, sich auf das Angebot Jesu einzulassen, und das heißt, es in dieser Welt, in diesem Leben mit Gott zu tun zu haben? – Hier liegt die dienende Aufgabe der Theologie.

J. Die Entwicklung in der frühen Urgemeinde

Wenn es stimmt, daß der Glaube an die Auferstehung Jesu im Laufe der Zeit zu einer Barriere geworden ist, die man erst einmal überwinden muß, bevor man zum Glauben an Jesus kommt, dann wäre es gut, den Punkt möglichst genau zu erkennen, an dem das geschehen ist, damit man nicht Fehler wiederholt, die während der Tradition möglicherweise gemacht wurden. Wir werfen dazu einen Blick in die frühe Entwicklung, gehen nun nicht mehr analytisch vor wie am Anfang der Vorlesung, sondern konstruktiv. Dabei machen wir dann zugleich so etwas wie eine Probe auf unsere historisch-kritische Rückfrage. Wir hatten gesehen, daß das Reden von der Auferstehung Jesu dort problematisch wird, wo man sie als einen Ablauf, eine Folge von Ereignissen *versteht*. Das muß freilich noch nicht schon dort der Fall sein, wo man sie als Ablauf *darstellt*. Man muß das auseinanderhalten. Das hängt (wenigstens zum Teil) damit zusammen, daß wir ein anderes Verhältnis zur Geschichte haben als jene Menschen damals. – Doch gehen wir nun Schritt für Schritt an das Problem heran.

Wie kam es zu dieser *Darstellung* als Ablauf? Sehen wir von 1 Kor 15 ab, wo wir es formal ja nur mit einer Addition von mehreren ὤφθη – Aussagen zu tun haben, dann werden wir auf die Evangelien-Schlüsse verwiesen. Die Analyse hatte uns gezeigt, daß die Evangelisten ursprüngliche Einzeltraditionen aneinandergefügt haben, wobei sie sie nicht unverändert übernahmen, sondern sie so umgestalteten, daß sie sich einerseits ihrem Erzählungszusammenhang einfügten, andererseits aber auch ihrer jeweiligen theologischen Konzeption. So ist es schwer, sicher zu bestimmen, wie die Einzeltraditionen, die den Evangelisten vorlagen, einmal lauteten. Diese Unsicherheit müssen wir in Kauf nehmen. Dennoch wird man wegen der Ähnlichkeit der einzelnen Traditionen einiges sagen können.

Wie sind die Einzeltraditionen entstanden? Man könnte nach manchen bisherigen Ausführungen geneigt sein zu antworten, daß man schon sehr früh die Vorstellung (Auferstehung Jesu), mit deren Hilfe man die Wirklichkeit des Zum-Glauben-Gekommen-Seins ausdrückte, von dieser Wirklichkeit getrennt und dann diese Vorstellung selbständig ausgebaut hat. Aber das würde die Sache nicht ganz treffen.

Man muß wissen, daß da, wo wir Begriffe verwenden, der antike Mensch, zumal der Orientale, sich oft in Bildern ausdrückt. Ich verdeutliche das mit einem Wortspiel, das eine große Nähe zu unserem Problem hat: Wo wir etwas *ein*sehen, *sieht* er etwas. Einen Gedankengang, den wir abstrakt entfalten, stellt er oft als Geschehen dar. Was wir zusammendenken, erscheint bei ihm dann oft als Nacheinander. An dieser Stelle unterlaufen uns, wenn wir die alte Darstellung verstehen wollen, sehr leicht Fehler. Das hängt damit zusammen, daß wir, die wir in der Tradition der Aufklärung leben, zwischen dem zu unterscheiden gelernt haben, was wirklich passiert ist, und dem, was das Passierte sagen kann, was es bewirkt, was es bedeutet usw.

Für uns liegt beides auseinander; und wenn wir dann auf solche Darstellungen stoßen, trennen wir unwillkürlich. Dann urteilen wir historisch. Wir sagen, daß dieses oder jenes gar nicht so passiert ist, wie man es damals dargestellt hat. Mit diesem Urteil haben *wir* sicher recht. Nur übersehen wir zu leicht, daß dieses Urteil anachronistisch ist; denn wir tragen eine Unterscheidung an die Texte heran, die ihren Verfassern noch fremd war. Wir sagen dann leicht: Das ist nicht passiert, *also* ist es auch keine Wirklichkeit.

Die Verfasser aber gehen von einer Wirklichkeit aus. Sie sind nach Karfreitag zum Glauben an Jesus gekommen. Das stellen sie durch Veranschaulichung dar. Aber sie wollen mit dieser Veranschaulichung nichts anderes sagen als: Wir sind zum Glauben gekommen. Weil sie von dieser Wirklichkeit ausgehen, haben sie nun die Möglichkeit, die Veranschaulichung dieser Wirklichkeit unterschiedlich durchzuführen, ohne daß von ihnen dabei ein Widerspruch empfunden wurde. Man *kann* eben dieselbe Wirklichkeit unterschiedlich veranschaulichen. Ich erinnere dazu an das Nebeneinander der Vorstellungen von Auferstehung und Erhöhung.

Wenn *wir* nun diese Einzeltraditionen betrachten, stoßen wir zuerst auf die Veranschaulichungen und suchen in ihnen die historische Wirklichkeit. Dadurch kommen wir dann zu unseren Urteilen, daß die Erzählungen sich widersprechen, daß man sie nicht harmonisieren kann, sie also nicht historisch sein können.

Es kommt nun wirklich alles darauf an, daß man unsere andersartige Betrachtungsweise erkennt, daß man das Vorverständnis unserer Betrachtung solcher Texte erhebt und es sich dann bewußt macht. Nur dann wird unser Vorverständnis nicht zu einem Vorurteil. Wird es das aber, dann versperren wir uns damit das Verstehen der alten Texte, weil wir dann unreflektiert voraussetzen, daß die Verfasser dieser alten Texte genauso dachten und darstellten wie wir. Dann kommt es eben zu einem so unmöglichen Satz, wie er in der Düsseldorfer Erklärung steht, daß es falsche Lehre sei zu behaupten, die Zeugen wollten die Erscheinungen nicht *so* darstellen, *wie* sie geschehen sind.

In diesem Zusammenhang möchte ich auch noch ein Wort über den Begriff der Legende sagen. Man hört und liest oft, die Ostergeschichten der Evangelien seien Legenden. Gegen diese Feststellung erhebt sich dann alsbald heftiger Widerspruch. Das hängt aber damit zusammen, daß man sich über Wesen und Begriff der Legende nicht klar ist, er wohl auch nicht immer präzise gebraucht wird. Wenn wir heute von Legendenbildung sprechen, wollen wir im allgemeinen damit sagen, daß von irgendeinem Menschen Geschichten erzählt werden, die gar nicht wirklich passiert sind. Dann gehen wir aber meist noch einen Schritt weiter und schließen: Die Geschichten stimmen einfach nicht. Historisch mag das Urteil in gewisser Weise zutreffen. Trotzdem sollte man auch schon da vorsichtig sein. Es kann doch z. B. in einer guten Anekdote von einem Menschen etwas erzählt werden, was sich zwar nicht so begeben hat, was diesen Menschen aber dennoch ganz genau charakterisiert. Als Charakterisierung dieses Menschen ist die Geschichte auch dann wahr, wenn sich die erzählte Begebenheit nie ereignet hat. Nur wenn man die erzählte Begebenheit von der Wirklichkeit, die sie aussagen will (also z. B. der Treue eines Menschen), loslöst, wenn man die Geschichte also nicht mehr so versteht, wie sie *entstanden* ist (nämlich als Charakterisierung der Treue eines Menschen), erst dann wird die Sache gefährlich. Erst dann wird »Legendenbildung« zu einem negativen Urteil. Ich denke aber, es leuchtet ein, daß man Legenden gerade so nicht betrachten darf.

Wenn nun die Treue eines Menschen in zwei Legenden dargestellt wird, dann darf man nicht sagen, daß er also zweimal treu war. Beide Legenden wollen vielmehr dasselbe sagen. Stammen sie von zwei Verfassern, folgt daraus, daß beide dieselbe Treue aussagen wollen, sie aber unterschiedlich darstellen. Stammen sie von einem Verfasser, soll damit ausgedrückt werden, daß dieser Mensch sehr treu, daß seine Treue beständig war. Addition von Legenden steigert also nicht die Quantität, sondern unterstreicht die Qualität; oder sie ist Ausdruck dafür, daß es sich um eine verbreitete Überzeugung von der *einen* Wirklichkeit (Treue dieses Menschen) handelt.

Nun sollte man sich immer vor Augen halten, daß mit der Bezeichnung einzelner Ostergeschichten als Legenden kein historisches Urteil gefällt wird. Es kommt freilich gelegentlich vor, daß es so benutzt wird. Es wird dann aber mißbraucht. Wer eine Geschichte als Legende bezeichnet, fällt damit ein Urteil über die *Literaturgattung* dieser Geschichte. Der Begriff Legende schillert etwas. Kennzeichnend ist aber immer, daß Menschen charakterisiert werden sollen. Der Leser einer Legende soll nach Absicht des Verfassers nicht informiert, sondern »erbaut« werden; er soll angesprochen werden. Dieses Ansprechen kann durchaus durch ausschmückende Motive geschehen. Die Wahrheit solcher Legende erweist sich nicht darin, ob das Erzählte *so* passiert ist, *wie* es dargestellt wurde, sondern ob die Veranschaulichung die Wirklichkeit trifft, die ausgesagt werden sollte. Darum können sich Legenden in dem, *wie* sie erzählen oder darstellen, widersprechen, ohne daß sie sich deswegen auch schon in dem widersprechen müssen, *was* sie erzählen.

Wer diese Eigenart nicht durchschaut, wird immer zu falschen Urteilen kommen. Wenn man diese Eigenart aber durchschaut, findet man einen sachgemäßen Zugang zum Verständnis der Einzeltraditionen, die *vor* unseren Evangelien liegen. – Ich nenne einige Beispiele.

a) Der *Missionsbefehl* (in seinen unterschiedlichen Ausgestaltungen) setzt das Zum-Glauben-Gekommen-Sein voraus. Dieses impliziert nun aber die Nötigung, andere in ebendiesen Glauben zu rufen. Das wird dann so dargestellt, daß Jesus den Missionsbefehl gegeben hat. Das stimmt ja auch, weil es die erfahrene Wirklichkeit ist. Die aber kann man unterschiedlich veranschaulichen. Auf den Wortlaut des Missionsbefehls, auf den Ort, wo er gegeben wurde, auf die begleitenden Umstände kommt es da nicht an. Hier konnte man variieren und hat das, wie wir gesehen haben, auch getan. In dem Zusammenhang hat man dann auch weitere Aussagen über Jesus gemacht. So lesen wir z. B. bei Matthäus, daß Jesus (!) alle Gewalt im Himmel und auf Erden gegeben ist. Auf den Zusammenhang dieser Aussage mit der Erhöhungsvorstellung habe ich schon hingewiesen. Nie wird Jesus als der Auferstandene bezeichnet; und darum halte ich es für wahrscheinlich, daß diese ausgeführten Erscheinungserzählungen ursprünglich keine Erscheinungen des Auferstandenen, sondern des Erhöhten erzählen wollten. Jesus erscheint sozusagen vom Himmel. Der Eindruck, daß Jesus der aus dem Grabe Gekommene ist, entsteht nur durch das Nacheinander der Darstellung in den vorliegenden Evangelien.

b) Derselbe Gedanke (die Sendung) kann auch so formuliert werden, daß Petrus (und dann die Jünger) als *Menschenfischer* bezeichnet werden. Ich halte es für sehr wahrscheinlich, daß *hinter* Joh 21 die älteste Veranschaulichung dieses Auftrags liegt. Wenn das stimmt, kann man daraus historisch schließen, daß die Jünger nach Jesu Kreuzigung nach Galiläa zurückgekehrt sind. Dort hat Petrus (vielleicht beim Fischen?) eingesehen – und dann gesehen, Jesus sendet ihn. Das wird dargestellt mit Hilfe der Erzählung vom wunderbaren Fischzug.

Nun aber geschieht etwas Eigentümliches. Diese Ostererfahrung wandert in das Leben Jesu zurück, in einer sehr knappen Gestalt Mk 1,17, viel weiter ausgeführt dann Lk 5,1–11. Man muß erkennen, daß das durchaus sachgemäß ist, auch wenn *wir* zu dem Urteil kommen, das sei unhistorisch. Dieses Urteil ist (wenn auch historisch richtig!) dennoch ganz unangemessen. Es geht doch nach Karfreitag um den Glauben, in den Jesus *von Nazareth* gestellt hat. Da unauswechselbar er es ist, der ruft, ruft ja nach Karfreitag der, der da *war*. Die Erfahrung des späteren Glaubens bestimmt nun die Darstellung des irdischen Jesus. Aber auch das Umgekehrte gilt: Das Bild, das man vom irdischen Jesus hat, liefert das Material, mit dessen Hilfe man das Zum-Glauben-Gekommen-Sein nach Karfreitag veranschaulicht. So entsteht der Eindruck, daß Jesu Leben noch ein kleines Stück auf dieser Erde weitergeht. Der »Irdische« begegnet nach seinem Tode den Jüngern, spricht mit ihnen, sendet sie.

Diese gegenseitige Durchdringung der Bilder vom irdischen Jesus und des späteren Glaubens an ihn macht es *uns* natürlich schwer, den historischen Jesus (so wie wir »historischer Jesus« verstehen) zu erreichen. Aber man muß, um noch einmal das Wortspiel zu gebrauchen, erkennen: Die nach Karfreitag zum Glauben gekommenen Jünger haben *ein*gesehen, wer Jesus war; und nun *sehen* sie ihn auch so. Sie stellen also eine Wirklichkeit dar, aber natürlich keine historische. Wer in diesen Bildern *unmittelbar* Historie ablesen will, hat das Wesen dieser Bilder überhaupt nicht verstanden.

c) Die Geschichte von den *Emmaus-Jüngern* ist von Lukas erweitert worden. Die Gespräche unterwegs zeigen typisch lukanische Färbung. Eine sichere Abgrenzung von Tradition und Redaktion ist freilich schwer. Im Zentrum steht doch aber unverkennbar die Offenbarung Jesu beim Mahl. Ich halte es darum für sehr wahrscheinlich, daß diese Geschichte ursprünglich die Anwesenheit Jesu in der urgemeindlichen Mahlgemeinschaft veranschaulichen sollte. Die hat man immer wieder als Wirklichkeit erfahren.

Wir sprechen ja auch heute noch von der Gegenwart Jesu im Abendmahl. Wir formulieren sie mit dogmatischen Begriffen. Damals hat man sie durch Veranschaulichung ausgesagt, ohne doch damit eine andere Wirklichkeit zu meinen. – Das fügt sich dann genau zusammen mit dem Gebetsruf, den wir aus der Liturgie der Mahlgemeinschaften in der Urgemeinde kennen: »maranatha; komm Herr (Jesu)« (1 Kor 16,22; Offb 22,20). In der Exegese streitet man sich oft darüber, ob es sich hier um die Bitte handelt, daß der Herr zur Parusie oder zur Mahlfeier kommen möge. Ich halte diese Alternative für falsch. Sie entspringt indogermanischem Zeit-*Denken*. Für semitisches Zeit-*Erleben* ist das gar keine Alternative. Der kommende Herr, dessen endzeitliches Kommen man erwartet, antizipiert sein Kommen beim Mahl. Dort wird der Kommende gegenwärtig erfahren, verschwindet dann aber vor den »Augen« der Jünger (wie in der Emmaus-Geschichte!) – und ist wieder der Kommende.

In diesem Zusammenhang müßte man ganz ausführlich über die Menschensohn-Worte sprechen. Man könnte dann, wie ich meine, zeigen, daß wir es hier (neben der Vorstellung von der Auferstehung und der Vorstellung von der Erhöhung) mit einer weiteren (ursprünglich selbständigen!) Vorstellung zu tun haben, die das Zum-Glauben-Gekommen-Sein veranschaulicht. Im Judentum erwartet man am Ende der Tage das Kommen des Menschensohnes. Nun erwartet man das Kommen des Menschensohnes Jesus. Hier wird also der Glaube als Hoffnung anschaulich. Diese Hoffnung hat aber ihren Grund wieder in dem Glauben, in den Jesus stellte. Darum wird dann der irdische Jesus (wenn auch indirekt) als dagewesener Menschensohn bezeichnet und gezeichnet.

d) Gegenüber den genannten Beispielen bilden nun die *Geschichten vom leeren Grab* einen Sonderfall. Wir sahen, daß Markus die älteste erreichbare Form bietet. Auf die Eigentümlichkeiten habe ich hingewiesen. Die Frauen entdecken nicht zuerst das leere Grab und schließen dann mit Hilfe des »interpretierenden Engels« auf die Auferstehung Jesu. Es ist gerade umgekehrt. Zuerst sagt der Jüngling: »Ihr sucht Jesus, den Nazarener, den Gekreuzigten. Er ist nicht hier. Er ist auferweckt worden«; und dann weist er auf das leere Grab. Die Auferstehungsbotschaft, die schon als Formel besteht, wird also durch Veranschaulichung ausgelegt. Das muß in judenchristlichen Kreisen geschehen sein, denn dort ist die Vorstellung zu Hause, daß Auferstehung aus dem Grabe heraus erfolgt. Wann diese Veranschaulichung durchgeführt wurde (schon früh oder relativ spät), läßt sich mit Sicherheit nicht mehr sagen.

Man muß nur darauf achten, daß die Geschichte in sich geschlossen ist. Sie verlangt keineswegs eine Fortsetzung, die etwa darin bestände, daß man den Auferstandenen nun auch sehen müsse. *Wir* gewinnen diesen Eindruck nur dadurch, daß wir die späteren Evangelien kennen. Für den Anfang aber gilt eben, daß *jede* dieser Geschichten *dieselbe* Wirklichkeit aussagt: Der Gekreuzigte ist nicht im Tode geblieben; er ist der Herr; er sendet in die Mission. Ein eigentliches Problem entsteht erst dadurch, daß man diese Wirklichkeit dann mehrfach darstellt und nun die unterschiedlichen Veranschaulichungen nebeneinander zu stehen kommen. Doch selbst das müßte noch nicht als Nacheinander verstanden sein, denn die eine Wirklichkeit wird ja in verschiedenen Hinsichten ausgesagt; die Hinsichten aber ergänzen einander. Man muß dann nicht unbedingt verstehen: 1. Der Gekreuzigte ist zum Leben erweckt; 2. der Lebendige läßt sich sehen; 3. er wird beim Mahl gegenwärtig erfahren; 4. er sendet in die Mission. Man könnte das vielmehr auch so verstehen: Die Lebendigkeit des Gekreuzigten wird sowohl beim Ruf in den Glauben, als auch beim Mahl, als auch beim Sendungsauftrag erfahren. Das wäre noch relativ unproblematisch. Darum unterschied ich vorhin und sagte, es sei nicht dasselbe, ob man lediglich ein Nacheinander *darstellt*, oder ob man die Darstellung auch schon als Nacheinander versteht.

Ich wende mich nun dem *Zusammenwachsen der Traditionen* zu. Hier ist von der Geschichte vom leeren Grab auszugehen, die bei Markus die einzige Ostergeschichte ist. Die Forschung ist sich darüber einig, daß dem ältesten Evangelisten eine Passionsgeschichte vorlag, die freilich selbst schon aus ursprünglichen Einzeltraditionen zusammengesetzt war. Markus hat sie dann noch erweitert. Nicht sicher sagen kann man, ob diese älteste Passionsgeschichte mit der Kreuzigung Jesu schloß oder ob sie schon die Erzählungen von der Grablegung und vom leeren Grab enthielt. Auf keinen Fall aber stand der Hinweis auf das Sehen in Galiläa in dieser Vorlage; der stammt von Markus (16,7).

a) Versuchen wir nun, diese *vormarkinische Tradition* zu exegesieren, wobei wir wegen der Unsicherheit der genauen Abgrenzung *Markus* immer etwas mit einbeziehen müssen. – Der Zusammenhang sagt, daß Jesus ans Kreuz geht. Zu beachten ist, daß die Passionsgeschichte (aber auch Markus) nicht den Kreuzes*tod* Jesu als Heilsereignis aussagen (etwa als Sühnetod für die Sünden der Welt), sondern hier wird der *Weg* Jesu als Weg des Leidens gezeichnet, der dann am Kreuz endet. Dieser Weg ist aber kein Weg des Scheiterns, sondern ist der Weg des Glaubens – und damit der Weg der Christen. Gleich nach der ersten Leidensankündigung sagt Jesus programmatisch: »Wer mir nachfolgen will, der verleugne sich selbst und nehme sein Kreuz auf sich und folge mir nach!« (Mk 8,34.)

Dieser Weg der Christen ist aber der Weg des Glaubens, weil Jesus auferstanden ist. Zwar wird erst ganz am Ende ausdrücklich von der Auferstehung gesprochen, aber sachlich ist der Glaube an den Auferstandenen von Anfang an in der Geschichte enthalten. Man trifft die Absicht der vormarkinischen (und markinischen) Passionsgeschichte ziemlich genau, wenn man paradox formuliert: Der Auferstandene geht ans Kreuz. Die Erfahrung, daß Jesus lebt, die man nach Karfreitag gemacht hat und die die Gemeinde nun dazu bringt, Jesu Glaubensruf und damit auch seinen Weg aufzunehmen, prägt sich nun der Darstellung des irdischen Lebens Jesu ein.

Man hat gesagt, unsere Evangelien seien Passionsgeschichten mit ausführlicher Einleitung. Das wird man freilich höchstens vom Markus-Evangelium sagen können. Ich möchte aber jetzt einmal anders formulieren: Es handelt sich um eine Ostergeschichte mit ausführlicher Einleitung. Denn Ostern bestimmt die Darstellung. Das darf man freilich nun nicht so verstehen, als würde aus dem Weg Jesu nun ein Herrlichkeitsweg oder als sei die Passion ein notwendiger Durchgang, dem dann die Auferstehung folgte; sondern die Herrlichkeit liegt *im* Weg zum Kreuz. Man verliert sein Leben nicht, *nachdem* man versucht hat, es zu erhalten; sondern dieser Versuch selbst *ist* schon das Verlieren; und umgekehrt: Man gewinnt sein Leben nicht, *nachdem* man es um Jesu willen aufs Spiel gesetzt hat, sondern dieses Aufs-Spiel-Setzen des Lebens *ist* schon das Gewinnen des Lebens. Das wird freilich nur dem Glauben sichtbar. Aber der Glaube wagt nun diesen Weg. Er weiß, daß das der Weg (nun eben nicht etwa *zum* Leben, sondern) *des* Lebens ist. Hier wird die große Nähe zur paulinischen Theologie deutlich.

Es gilt zu sehen, daß Auferstehung kein Thema ist, das isoliert werden könnte und isoliert interessieren müßte. Sondern Glaube an den Auferstandenen bedeutet bei Markus, zum Glauben an Jesus kommen. Dieser Glaube wird inhaltlich entfaltet. Die Entfaltung bietet die Passionsgeschichte im Aufzeigen des Weges Jesu. Wenn dann die Verkündigung, daß der Gekreuzigte auferstanden sei, auch noch mit dem Hinweis auf das leere Grab veranschaulicht wird, danach abbricht, dann fehlt hier nicht etwa noch etwas. Die »Fortsetzung« (wenn man das einmal so sagen darf) besteht darin, daß nun die Gemeinde (weil Jesus auferstanden ist) auf den Weg Jesu gestellt wird.

Nun deutet Markus über seine Vorlage hinaus freilich noch eine andere »Fortsetzung« an: Die Frauen bekommen am Grabe den Auftrag, die Jünger und Petrus nach Galiläa zu verweisen; dort wird ein Sehen Jesu in Aussicht gestellt. – Es ist in der Forschung umstritten, was mit diesem Sehen gemeint und wie es gedacht ist. Sehr oft wird angenommen, Markus verweise hier auf ein stattgefundenes Sehen in Galiläa, ähnlich wie in den anderen Evangelien. Ich halte das für unsicher, zumal man fragen muß, warum Markus das dann nicht erzählt. Der Text des Evangeliums bricht mit 16,8 ab. Nun hat man, wie schon erwähnt, angenommen, daß ein ursprünglicher Text weggebrochen sei. Aber denkt man dabei nicht von den anderen Evangelien aus? Vor allem aber findet sich von diesem Text nirgendwo eine Spur.

Darum halte ich es für wahrscheinlicher, daß Markus selbst auf das Sehen in Galiläa noch ausblickt, also das Sehen bei der Parusie meint. Das Evangelium will dann Menschen zwischen Karfreitag und Parusie in den Glauben, und d. h. auf den Weg Jesu, in seine Nachfolge rufen. Jesus nachfolgen heißt aber, sein Kreuz auf sich nehmen. Die Geschichte vom leeren Grab mit dem Einschub des Markus vom noch ausstehenden Sehen Jesu zeigt dann, wo dieser Glaube gelebt werden soll: zwischen Kreuz und Parusie, denn Jesus ist auferstanden. – Ich muß aber betonen, daß dieses Verständnis vom Sehen in Galiläa umstritten ist. Wir müssen hier Fragen stehenlassen.

b) Etwas durchsichtiger wird es dann bei den *Nachfolgern des Markus*, da wir hier sicherer als beim ältesten Evangelium zwischen Tradition und Redaktion unterscheiden können. Wir wissen sicher, daß Matthäus und Lukas das Markus-Evangelium bis 16,8 gekannt und als Vorlage benutzt haben.

Dennoch müssen wir uns ein *methodisches Problem* klarmachen. Unser Fragen ist gezielt. Wir haben ein Thema, das uns interessiert, das Thema unserer Vorlesung. Nun besteht gar kein Zweifel, daß dieses Thema in den Evangelien vorkommt. Die Frage ist nur, ob es als *Thema* vorkommt. Liegt den Evangelisten daran, ihre Leser darüber zu informieren, was sich bei der Auferstehung Jesu und danach genau zugetragen hat? Oder aber liegt ihnen an etwas anderem und *benutzen* sie nur die Auferstehungstraditionen, um ihr eigentliches Anliegen mit Hilfe dieser Traditionen zum Ausdruck zu bringen? Sie konnten auch dann diese Traditionen durchaus noch ausbauen, unterstreichen, verstärken; aber auch dadurch würde die Auferstehung Jesu nicht das wirkliche *Thema* für sie, sondern sie bliebe *ihrem* Thema untergeordnet.

Man wird diese Frage bei Matthäus wohl etwas anders beantworten müssen als bei Lukas. Wenn ich das näher ausführen wollte, müßte ich jetzt ganz ausführlich die Gesamtwerke exegesieren. Das kann ich natürlich in unserem Zusammenhang nicht. Aber ich denke, man kann die Grundlinien auch dann deutlich machen, wenn man nicht bis in die Einzelheiten geht.

Allgemein kann man davon ausgehen, daß die Evangelisten das Bestehen der Kirche voraussetzen. Die Kirche hat (bei den einzelnen Evangelisten in je ihrer Umgebung verschieden) ihre Probleme, Sorgen, Nöte, Fragen. Hier wollten die Evangelisten nun helfen und raten. Man kann darum ihre Werke als »Kirche erhaltende Predigt« bezeichnen. Um die ihnen gestellte Aufgabe durchzuführen, greifen sie alle auf den Anfang, auf das Leben Jesu zurück. Dazu übernehmen sie aber nicht einfach die Markus-Vorlage, sondern sie erweitern sie, kommentieren sie, modifizieren sie und gestalten sie auch (zum Teil sogar tiefgreifend) um. In der Ostergeschichte liegt dann insbesondere eine Erweiterung durch andere Traditionen vor. Die aber muß man eben im Zusammenhang mit dem jeweiligen ganzen Werk sehen.

c) Im *Matthäus-Evangelium* fällt gegenüber Markus auf, daß Jesus nicht nur betont als Lehrer herausgestellt, sondern daß auch der Inhalt der Lehre zu größeren Redekomplexen zusammengefügt ist: Bergpredigt (Kap. 5–7), Aussendungsrede (Kap. 10), Gleichnisrede (Kap. 13), Gemeinderegeln (Kap. 18), Rede gegen die Pharisäer, von der Wiederkunft Christi und vom Gericht (Kap. 23–25). Daß Matthäus hier planmäßig am Werk ist, kann man daran erkennen, wie er diese Reden abschließt. Immer benutzt er eine fast gleichlautende Wendung: »Es begab sich aber, als Jesus diese Rede vollendet hatte, ...« – Diesen Redekomplexen entspricht nun die für Matthäus charakteristische Form des Missionsbefehls. Der Auftrag, den die Elf bekommen, lautet, sie sollen alle Völker zu Jüngern machen, indem sie taufen und zu halten lehren, was Jesus befohlen hat. Hier sind wir bei einem *Thema* des Evangelisten. Sein Buch, insbesondere aber die in ihm enthaltenen Reden Jesu haben Bedeutung für die Missionsverkündigung und natürlich auch für die die Kirche erhaltende Predigt. Bei dieser Verkündigung aber wird Jesus bei den Jüngern sein bis an der Welt Ende. Wie diese Gegenwart Jesu *gestellt* wird, wird nicht gesagt. Was aus dem Auferstandenen *wird* führt Matthäus nicht aus. Er wird als Gegenwärtiger proklamiert.

Warum nun sollen die Jünger zu halten lehren, was gerade *Jesus* befohlen hat? Um die Frage zu beantworten, müßte man die Christologie des Matthäus ausführlich darstellen. Ich gehe lediglich auf einen, für diesen Evangelisten aber charakteristischen Zug ein. Jesus hat sich in seinem Erdenleben als der Messias Israels erwiesen. Matthäus zeigt das einerseits am Stammbaum, der mit Abraham beginnt und dann klar gegliedert ist: zweimal sieben Glieder von Abraham bis David, zweimal sieben Glieder von David bis zur Babylonischen Gefangenschaft, zweimal sieben Glieder von der Babylonischen Gefangenschaft bis Christus (1,1–17). Diese Gliederung stammt höchstwahrscheinlich vom Evangelisten. Zählt man nach, stellt man fest, daß der Stammbaum im letzten Drittel nur 13 Glieder hat. Um so deutlicher ist, was Matthäus mit ihm *sagen* will: Zu einem mit Hilfe einer Zahlenspekulation ($3 \times 2 \times 7 =$ nach drei »Doppel-Weltwochen«) genau festgelegten Zeitpunkt wurde der Christus geboren. – Andererseits zeigt Matthäus das mit Hilfe alttestamentlicher Zitate. An sehr vielen Stellen erzählt der Evangelist zuerst eine Begebenheit aus dem Leben Jesu, schließt daran eine stereotype Wendung an (das aber ist geschehen, auf daß erfüllt würde, was geschrieben steht bei ...) und läßt dann ein alttestamentliches Zitat folgen. Ohne Rücksicht darauf, ob das alttestamentliche Wort eine Weissagung auf den Messias sein will oder nicht, versteht Matthäus es doch so und erweist damit Jesus als den Messias Israels.

Ich sagte, das Thema des Matthäus sei, die Jünger sollten alle Völker zu Jüngern machen, indem sie taufen und zu halten lehren, was Jesus befohlen hat. Das kann man nun, ohne auch damit das Thema zu verändern, präzisieren: ... sie sollen zu halten lehren, was der Messias Israels befohlen hat. Jesus wird also qualifiziert. Diese Qualifikation drückt seine Autorität aus.

Das könnte man nun noch an manchen Zügen weiter ausführen; und *einer* von ihnen zeigt sich dann auch bei der Aufnahme der Ostertraditionen. Im Grunde bietet Matthäus außer seiner Markusvorlage nur eine: die Erscheinung auf dem Berge in Galiläa mit der Proklamation der Herrschaft Jesu. Wie die Vorlage genau aussah, ist umstritten. Ich habe als Vermutung genannt, daß dahinter die Erhöhungsvorstellung steht. Aber die hält Matthäus in der ursprünglichen Form nicht durch. Wenn er diese Geschichte an seine Markus-Vorlage mit der Erzählung vom leeren Grab anschließt, kann er das auch kaum. Jetzt erscheint der *Auferstandene*. Matthäus verbindet nun beide Traditionen (leeres Grab und Erscheinung auf dem Berge) dadurch, daß er eine Erscheinung des Auferstandenen vor den Frauen am Grabe dazwischenschaltet, die er höchstwahrscheinlich selbst geschaffen hat.

Es ist ganz deutlich, daß wir es hier mit einer Darstellung der Ostererzählungen im Nacheinander und also mit einem Ablauf zu tun haben. *Versteht* Matthäus das nun auch als einen Ablauf?

Die Frage wird man einerseits ganz sicher bejahen müssen. Das zeigt nicht nur die Einführung der Erscheinung Jesu vor den Frauen am Grabe; das zeigt vor allem seine Apologie des leeren Grabes mit Hilfe der Rahmengeschichte von den Grabeswächtern und deren anschließendem Betrug. Wie brüchig diese Rahmengeschichte ist, wenn man sie unter historischen Gesichtspunkten betrachtet, habe ich gezeigt. Wir erkennen hier aber, daß man der Behauptung der Auferstehung Jesu schon mit dem Vorwurf des Leichenraubes entgegengetreten war. Wie sollte man sich gegen diese Verdächtigung wehren? Man konnte auf seiten der Gegner den Diebstahl des Leichnams ebensowenig »beweisen« wie auf seiten der Kirche die Auferstehung aus dem Grabe. So steht hier das »böse Gerede« auf der einen Seite gegen das »Bekenntnis« auf der anderen Seite. Hat man das Bekenntnis aber erst einmal veranschaulicht, macht sich nun solche Veranschaulichung selbständig, und dann kann man die Verleumdung (die ja *als Verleumdung* durchschaut wird) *auch* nur noch anschaulich widerlegen durch *Darstellung* des Betruges.

Man könnte sagen: Das kommt eben dabei heraus, wenn man sich zu einer falschen Fragestellung verleiten läßt. Man muß dann eine Behauptung auf *der* Ebene widerlegen, auf der sie aufgestellt wird. – Aber so urteilen *wir*. Matthäus hatte sich ja selbst schon auf diese Ebene begeben. Doch was macht er daraus?

Er hat nun die Möglichkeit, durch die Osterereignisse hindurch die Geschichte des irdischen Jesus noch als ein kleines Stück Geschichte auf dieser Erde weiterzuerzählen. Dann aber fehlt auch dieser Geschichte der Abschluß. Konsequenterweise hätte Matthäus nun erzählen müssen, wo der aus dem Grabe gekommene Auferstandene geblieben ist. Im Rahmen seiner Vorstellungen weiß Matthäus das nicht. Dennoch weiß er eines gewiß: Jesus ist bei den Seinen bis an der Welt Ende. So bricht die *Vorstellung* plötzlich ab. Doch wie mit ausgestrecktem Arm weist Jesus nach seinem Tode die Jünger nach vorn. Leiblich bleibt er dann zurück – und wird doch von den Seinen als der *gegenwärtig* erfahren, dem alle Gewalt im Himmel und auf Erden gegeben ist. Als solcher geht er mit ihnen.

Man muß sehen, daß für Matthäus Auferstehung Jesu kein Thema für sich ist. Wo sie freilich bestritten wird, muß der Evangelist sie apologetisch verteidigen. Aber dadurch wird die Auferstehung selbst für ihn kein Glaubensgegenstand. Es gilt nicht, die Auferstehung Jesu zu glauben, wie massiv immer Matthäus sie sich auch vorstellt. Sondern zu glauben ist dem, dem aus dem Tode heraus alle Gewalt im Himmel und auf Erden gegeben ist.

So markiert der Tod Jesu eine Zäsur. In seinem Erdenleben war Jesus, wiewohl er der Messias war, noch der Niedrige. Jetzt aber gilt es, die Herrschaft Jesu als ganz gewiß zu proklamieren. Darum muß die Auferstehung, wenn sie bestritten wird, verteidigt werden. Selbst wenn das im Rahmen sehr massiver Vorstellungen geschieht, auf die man sich nun einmal eingelassen hat, so muß man doch darauf achten, welche *Funktion* diese Vorstellung im Rahmen des ganzen Werkes hat. Dann erst kommt man zu einer rechten Einordnung der Vorstellung in die Gesamtaussage. Diese aber lautet: Weil dem Auferstandenen alle Gewalt gegeben ist, geht die Sache Jesu weiter.

d) Auch *Lukas* geht es (darin Matthäus ähnlich) um Kontinuität mit dem irdischen Jesus. Er arbeitet sie aber ganz anders aus. Schon äußerlich wird das daran sichtbar, daß er dem Evangelium ein zweites Werk folgen läßt. Die Apostelgeschichte stellt eine echte Fortsetzung dar.

Charakteristisch ist gleich am Anfang die Wahl eines Ersatzmannes für Judas. Bei dieser Gelegenheit sagt Petrus: »Es muß also von den Männern, die mit uns versammelt waren in der ganzen Zeit, in der der Herr Jesus bei uns ein und aus ging, von der Taufe des Johannes an bis zu dem Tag, da er entrückt wurde, einer Zeuge seiner Auferstehung zusammen mit uns werden« (Apg 1,21 u. 22). Bezeichnend ist hier einerseits die Vorbedingung, die erfüllt sein muß, um als zwölfter in den Kreis der Elf zu treten: Er muß Zeuge des *ganzen* Wirkens Jesu sein. Sodann ist zu beachten, was dieser Nachgewählte nun wird: Zeuge der Auferstehung Jesu. Damit soll aber nicht gesagt sein, daß die Auferstehung Jesu der ausschließliche Inhalt der Verkündigung zu sein habe. Dann wäre die Nennung der Vorbedingung sinnlos. Inhalt der Verkündigung ist vielmehr die Geschichte Jesu von Beginn der Wirksamkeit an bis zur Himmelfahrt.

Und doch hat die Auferstehung nun noch eine besondere Bedeutung, weil Gott mit ihr nämlich die Erhöhung Christi begonnen hat und damit die Lenkung der Kirche durch ihn garantiert. Darauf aber kommt es Lukas entscheidend an. War Jesus während seines Erdenlebens der einzige Geistträger, so kommt der Geist zu Pfingsten zur Kirche und leitet sie. Daß die Kirche aber seit Pfingsten wirklich vom Geist geleitet wird, dafür ist die Auferstehung Jesu (einschließlich Himmelfahrt) ein Beweis. Das läßt Lukas, der alle Reden der Apostelgeschichte selbst formuliert hat, am Ende der Areopagrede Paulus sagen: »Die Zeiten der Unwissenheit übersehend, verkündet Gott jetzt (d. h. in der Zeit der Kirche) den Menschen, sie sollten alle überall Buße tun, deshalb, weil er einen Tag festgesetzt hat, an dem er den Erdkreis mit Gerechtigkeit richten will durch einen

Mann, den er bestimmt hat, indem er dadurch einen Beweis erbracht hat, daß er ihn von den Toten auferweckte« (Apg 17,30 u. 31). – Die Auferstehung ist also der Beweis für die Herrschaft Christi. Darum darf man sich der Predigt nicht mehr entziehen. Darum ruft die Predigt auf, Buße zu tun; und nur, wer Buße tut, wird im kommenden Gericht bestehen. So kommt hier auch der endzeitliche Aspekt in den Blick. Der Beweis, den Gott mit der Auferweckung Jesu gebracht hat, ermöglicht die Predigt der Buße im Namen Jesu, d. h. im Namen dessen, der jetzt die Herrschaft hat. Damit gibt er Zukunftshoffnung.

Im Rahmen dieser Konzeption gelingt es Lukas nun, die vielen Einzelmotive, die in den früheren Traditionen angelegt waren, miteinander auszugleichen und zu harmonisieren, indem er sie in die Geschichte Jesu einzeichnet. Sieht man das, dann versteht man sofort, warum die lukanische Konzeption am Ende in der Kirche den Sieg davongetragen hat. Eine Fülle von Fragen, die etwa die anderen Evangelien aufwerfen, finden eine Antwort, wenn man sich an Lukas wendet: Wo bleibt der Auferstandene (so bei Matthäus und Johannes)? Wie muß man die Geschichte vom leeren Grab mit dem Hinweis auf Galiläa verstehen (so bei Markus)? Was hat man sich unter dem nur behaupteten Sehen konkret vorzustellen (so 1 Kor 15)? Immer gibt es bei Lukas eine Antwort. Die Folge ist dann aber bis in unsere Tage hinein, daß wir diese anderen Traditionen gar zu leicht von Lukas aus lesen.

Lukas hat eine großartige Leistung vollbracht, die aber gefährlich wird, wenn man übersieht, wie sie entstanden ist. Was ursprünglich sachlich zusammengehört, wird von Lukas historisierend auseinandergelegt. Ursprünglich weiß sich die Kirche seit Ostern mit dem Geist begabt. Bei Lukas wird daraus ein: seit Pfingsten. *Uns* führt das fast unwillkürlich zur Frage, was denn nun richtig ist.

Eine Antwort darauf kann man nur geben, wenn man auf die Blickrichtung achtet. Geht man der Geschichte Jesu nach von seinem Auftreten über Tod, Auferstehung, Himmelfahrt und dann hinein in die weiterlaufende Geschichte der Kirche, liest man das lukanische Doppelwerk also als Kirchengeschichte, dann muß man urteilen: Hier liegen Irrtümer und Verzeichnungen vor. Dennoch ist bei diesem (historisch richtigen!) Urteil das Entscheidende: Lukas hat ja nicht als Augenzeuge diese ganze Geschichte verfolgt und schreibt nun jeweils gerade das nieder, was sich ereignet, sondern er hat seinen Standpunkt innerhalb der späteren Kirchengeschichte. Tatsächlich also blickt er (auch wenn er als Ablauf darstellt) zurück.

Das Besondere in seiner Situation ist nun, daß man nach der Aufgabe der Naherwartung der Parusie die Dehnung der Zeit erfahren hat und sich dieser Dehnung bewußt geworden ist. Man wird sich bewußt, daß die Kirche mit einer Geschichte rechnen muß. Diese Zeiterfahrung arbeitet Lukas aus; und diese ausgearbeitete Zeiterfahrung findet ihren Niederschlag in der Darstellung der Geschichte Jesu. Für unseren Fragenkomplex, der aber in diesem Gesamtrahmen gesehen werden muß, kann man es so ausdrücken, daß die erfahrene Dehnung der Zeit nun auch die Auferstehung Jesu »ausdehnt«. Die verschiedenen Hinsichten der *einen* Osterverkündigung geraten in ein Nacheinander und werden verselbständigt.

Theologisch ist das so lange relativ ungefährlich, wie man das alles im Rahmen der rückwärtsgerichteten *einen* Konzeption des Lukas sieht. Es wird aber problematisch, wenn man sich (wie wir das eben leicht tun) in den Ablauf hineinstellt, den Lukas zeichnet. Dann kommt man unwillkürlich dazu, die verschiedenen Hinsichten der einen Osterverkündigung zu addieren, und meint nun, erst mit der Summe das Ganze zu haben.

Ich verdeutliche das an einem Beispiel. Der Nachwirkung der lukanischen Konzeption verdanken wir unser Kirchenjahr. Nun kann man doch aber theologisch mit dem Kirchenjahr nicht so umgehen, daß man (etwa in der Predigt) zu Weihnachten einen *Teil* des Heils verkündigt, Karfreitag einen zweiten, Ostern einen dritten, Himmelfahrt und Pfingsten den vierten und fünften und dann sagt: Alle Teile addiert, ergeben das Ganze. Es geht doch vielmehr jedesmal um die Verkündigung des ganzen Heils; nur sind jeweils die Hinsichten verschieden.

Lukas ist eben kein Historiker der Nachaufklärungszeit, sondern er gestaltet die Geschichte von seinem Glauben aus. Auch für Lukas ist bei seiner Darstellung der Glaube das erste. Wenn er dann als Glaubender der Urgemeinde zurückblickt, zeichnet er den Grund seines Glaubens als Wirklichkeit in der vergangenen Geschichte. Daß er diese für tatsächlich *so* geschehen hält, kann man nicht bestreiten; aber man darf diese dargestellte Wirklichkeit nun auch wieder nicht aus der Wirklichkeit seines Glaubens lösen. – Andererseits ist zu sagen: Daß es diese Wirklichkeit gab, begründet die Möglichkeit, heute im Namen Jesu Buße zu predigen. Diese Möglichkeit hat aber natürlich nur der, der glaubt. – So muß man eben beachten, daß der »Historiker« Lukas sein Werk von seinem Glauben aus schreibt.

Wenn *wir* aber (nach der Aufklärung) sein Werk so lesen, wie *wir* Geschichte darstellen, dann wird die Sache schwierig; denn nun bekommt das von Lukas Auseinandergelegte jeweils *für sich* Bedeutung. Dann versuchen wir, das, was Lukas als Grund seines Glaubens in der Vergangenheit darstellt, ohne Berücksichtigung dessen zu lesen, daß er die Vergangenheit eben als Grund *seines Glaubens* darstellt.

Auf die »Dehnung« der Auferstehung durch Lukas brauche ich nun nur noch kurz hinzuweisen. Konsequent gestaltet er schon die Erzählung vom leeren Grab um. Jetzt sehen die Frauen zuerst das leere Grab, dann erst ist von der Auferstehung Jesu die Rede. – Der Emmaus-Geschichte wird ein Weg-Gespräch vorgeschaltet, in dem der Auferstandene die beiden Jünger belehrt und damit (die Formulierungen stammen von Lukas) natürlich die Leser belehrt. – Der Missionsbefehl bekommt die für Lukas charakteristische Form: Im Namen Jesu soll Buße gepredigt werden unter allen Völkern, beginnend in Jerusalem. – Es ist dann weiter völlig konsequent, wenn Lukas sich Gedanken darüber macht, wo der Auferstandene bleibt. Die Himmelfahrtsgeschichte bringt einerseits den Aufenthalt Jesu auf der Erde zum Abschluß, leitet andererseits über zum himmlischen Aufenthalt Jesu. Weil Lukas Jesus im Himmel glaubt, erzählt er die Himmelfahrt. Nur Lukas kennt ja die Himmelfahrtsgeschichte. Auf welche Traditionen er zurückgreift, kann man nur schwer sagen. Die Erhöhungsvorstellung ist ausgearbeitet; die Wolke kann mit der Menschensohn-Vorstellung zusammenhängen. Die zeitliche Distanz der Himmelfahrt von der Auferstehung geht aber auf jeden Fall auf Lukas zurück. – Mit der Ausgießung des Geistes beginnt dann die eigentliche Kirchengeschichte.

In dieser Zeit lebt Lukas. Von ihr aus blickt er zurück. Die Kirche hat ihren *Grund* in der Auferstehung und Himmelfahrt Jesu. Der *Inhalt* ihrer Verkündigung ist aber des irdischen Jesu Reden und Tun. Zeuge der Auferstehung ist also, wer Jesu Reden und Tun auf Grund der Erhöhung Jesu (für die Gott mit der Auferweckung Jesu den Beweis erbracht hat) verkündigt.

Man *kann* also sagen, daß es Lukas war, der im Laufe der Entwicklung die Weichen falsch gestellt hat. Man *dürfte* das aber nur sagen, wenn man ihn mit Maßstäben der Nachaufklärungszeit messen wollte. Das aber darf man eben nicht.

Wer das lukanische Doppelwerk heute so liest, als hätte sein Verfasser nach der Aufklärung geschrieben, wer es also als eine Kirchengeschichte liest, wie wir sie heute schreiben würden, der stellt nun seinerseits die Weichen falsch. Verhindern kann man das nur, wenn man die Voraussetzungen der eigenen Fragen klärt und die Voraussetzungen der Darstellung, die man befragt. Wer den Dokumenten seine eigene Fragestellung aufzwingt, wird stets zu falschen Ergebnissen kommen.

Das Fragen ist also heute komplizierter geworden. Unterzieht man sich der damit notwendigen Mühe, dann stellt man fest: Die Sache, nach der wir gefragt haben, bleibt im Grunde ganz einfach.

K. Die Zukunftshoffnung der Christen

Unter Christen und Nichtchristen ist die Auffassung weit verbreitet, daß das Entscheidende, was den christlichen Glauben ausmacht, der Glaube an die Auferstehung der Toten sei. Durch diese Auferstehung hindurch erwartet der Christ nach dem Gericht das ewige Leben, das im allgemeinen dann auch zeitlich (und d. h. irdisch) gedacht wird, nämlich als Zeit ohne Begrenzung durch ein Ende. Hier und dort macht sich eine Unsicherheit bemerkbar hinsichtlich der Formulierung des apostolischen Glaubensbekenntnisses, das von der Auferstehung des Fleisches spricht. Mancher möchte lieber von der Auferstehung des Leibes reden, was dann allerdings eine unklare Formulierung ist und alsbald den Protest aller derer hervorruft, die, wie sie das nennen, am Bekenntnis »festhalten« wollen.

Nun könnte man hier sofort die Frage stellen, ob man den Glauben an die Auferstehung der Toten und ein ewiges Leben als die Hauptsache des christlichen Glaubens bezeichnen darf. Man könnte da nicht nur auf die Gefahren hinweisen, die jetzt entstehen, sondern müßte auch auf Folgen hinweisen, die (gar nicht so wenig verbreitet) bereits entstanden sind. Das Leben auf dieser Erde wird abgewertet. Christ-Sein wird etwas Innerliches. Das diesseitige Leben hat in erster Linie Bedeutung als Vorbereitung für das jenseitige Leben. Es ist die Zeit der Prüfung, in der man sich bewähren muß. Ein Lohn-Denken kommt dann leicht auf. Doch wo man etwas um Lohnes willen tut, wird doch alsbald das Tun fragwürdig. – Man kann aber auch auf die Inkonsequenz hinweisen: Warum hat man trotzdem Angst vor dem Tode? Warum versucht man trotzdem, das Leben nach Möglichkeit zu verlängern? Warum bezeichnet man diese Erde als Jammertal und hat doch Angst, dieses Jammertal verlassen zu müssen? Wenn man also die Auferstehung der Toten so in das Zentrum christlichen Glaubens rückt, kann das zu sehr bedenklichen Konsequenzen führen, hat es auch wohl schon getan. Bereits von daher könnte man die Frage stellen, ob der Ausgangspunkt wirklich stimmt, ob wir es hier mit der Hauptsache zu tun haben.

Doch selbst wenn wir bereit sind, die Auferstehungshoffnung aus der Mitte herauszurücken, ergibt sich ja gerade von unserer Vorlesung her ein neues Problem. Wenn das Geschehen-Sein der Auferstehung Jesu (nun ganz wörtlich) frag-würdig geworden ist, wenn das wirkliche Geschehen-Sein der Auferstehung Jesu gar nicht mit der Sicherheit behauptet werden kann, wie das oft geschehen ist und auch heute (in Unkenntnis der tatsächlich vorliegenden Problematik) oft noch geschieht, hat das dann nicht zur Folge, daß man überhaupt nicht mehr von einer zu erwartenden Totenauferstehung sprechen kann? Argumentiert wird doch durchweg so: Die Auferstehung Jesu begründet die Auferstehung der Toten. Wenn nun aber die Grundlage so unsicher ist, dann werden doch auch die Konsequenzen unsicher. Dieser Frage wollen wir uns zum Schluß noch stellen.

Nun ist eines ganz sicher, worauf ich schon früher hingewiesen habe: Die Hoffnung auf die Auferstehung der Toten ist zumindest ihrer Herkunft nach keine spezifisch christliche Hoffnung. Die Wurzeln dafür liegen in altpersischen Vorstellungen, die in das Judentum gelangt sind. Wenn die Auferstehungshoffnung z. Z. Jesu auch dort noch umstritten war, hat sie sich doch alsbald durchgesetzt. Die Juden waren dann von der zukünftigen Auferstehung der Toten überzeugt; und sie sind es ja auch heute, obwohl sie die (damalige) Auferstehung Jesu bestreiten. Aber auch über das Judentum hinaus (etwa im Islam) gibt es die Hoffnung auf die Totenauferstehung. Man kann hier nicht im *eigentlichen* Sinne von einer Glaubensaussage reden, sondern es handelt sich im Grunde um eine *weltanschauliche Überzeugung* von dem, was am Ende bestimmt geschehen wird.

Damit ergibt sich die Frage, wie die Verknüpfung dieser vorgegebenen weltanschaulichen Überzeugung mit den Aussagen christlichen Glaubens geschehen ist. – Ein oft gehörtes Argument lautet, daß diese Vorstellung sich durch die Auferstehung Jesu insofern als »wahr« erwiesen habe, als sich hier ja schon einmal Auferstehung ereignet hat. Doch ist diese Argumentation in zweifacher Hinsicht problematisch.

Die erste ergibt sich aus unserer Vorlesung, wenn das Vorgetragene stimmt. Man kann dann nicht mehr so einfach davon reden, daß sich schon einmal Auferstehung ereignet hat. Damit würde dieses Argument entfallen. – Man muß aber weiter darauf hinweisen, daß dieses Argument auch historisch falsch ist. Es war nämlich keineswegs so, daß die (behauptete) Auferstehung Jesu damals die Christen alsbald davon überzeugt hätte, daß nun ihre Auferstehungshoffnung endlich begründet gewesen wäre. Man muß vielmehr sehen, daß die Auferstehungserwartung als Ausdruck *christlicher* Hoffnung nicht von Anfang an da war. Sie hat sich erst später, sie hat sich erst mit der Zeit herausgebildet.

Das hängt mit der Naherwartung der Parusie zusammen, in der die frühe Urgemeinde lebte. Man rechnete damit, daß Jesus (und nun je nach der vertretenen Vorstellung) als der Auferstandene oder der Erhöhte oder als der Menschensohn noch zu Lebzeiten der ersten Generation wiederkommen würde. Das aber bedeutete dann das Ende dieser Welt. Wo aber mit dem Weltende in der Zeit des eigenen Lebens gerechnet wurde, da konnte die Frage, was aus den Toten wird, überhaupt nicht aufkommen.

Nun hat es sicher in der frühen Urgemeinde auch Todesfälle gegeben. Mindestens auf Stephanus kann man hinweisen. Wie man damit fertig wurde, können wir nicht mehr ermitteln. Man kann vermuten (und ich halte diese Vermutung für gut begründet), daß man im Bereich des Judenchristentums unreflektiert an der weltanschaulichen Überzeugung von der Totenauferwekkung festhielt und darum hier kaum ein Problem empfand. Die Frage der Auferstehung der Toten war dann keine Frage, die die palästinensische Urgemeinde als *Christen* tangierte. – Möglicherweise hat man auch mit der Entrückung des Märtyrers gerechnet, denn nach der Darstellung der Apostelgeschichte sieht der sterbende Stephanus den Himmel offen und dort den Menschensohn (Apg 7,55 u. 56). Ein eigentliches Problem entstand aber erst da, wo die im Judentum vorgegebene weltanschauliche Vorstellung von der Totenauferstehung nicht bestand, also im Heidenchristentum. Hier aber sind wir nun nicht auf Vermutungen angewiesen, sondern wir haben Texte, die uns zeigen, wie das Problem entstand und wie man es zu lösen versuchte.

Das älteste Dokument des Neuen Testaments ist der 1. Thessalonicherbrief, den Paulus etwa im Jahre 50 auf der zweiten Missionsreise bald nach Gründung der Gemeinde aus Korinth geschrieben hat. An ihm wollen wir uns einen Augenblick orientieren.

Wir erfahren zunächst, was Paulus den Thessalonichern als christliche Botschaft gebracht hat: Es ist letzte Zeit; es gilt, bereit zu sein und sich bereit zu halten für das Kommen des Sohnes Gottes. Wenn man sich jetzt an ihn hält, wird er von dem kommenden Zorn am Tage des Gerichts erlösen (so 1 Thes 1,9 b u. 10, wo Paulus seine Missionsverkündigung wiederholt).

Nach der Abreise des Apostels aus Thessalonich hat er einmal Timotheus zur Gemeinde geschickt. Dieser ist inzwischen zurückgekehrt, hat im allgemeinen gute Nachricht gebracht. Trotz Verfolgung hat die Gemeinde am Glauben festgehalten. Zugleich aber erfährt Paulus jetzt von eingetretenen Todesfällen, mit denen man in Thessalonich nicht fertig wird: Christen trauern um ihre Toten.

Daraus geht eindeutig hervor, daß Paulus bei seiner Missionspredigt und während seines Aufenthaltes in Thessalonich nicht über die Auferstehungshoffnung gesprochen hat. Warum sollte er auch? Angesichts der als nah erwarteten Wiederkunft Christi war das unnötig.

Doch nun wird der Zeitpunkt der Wiederkunft Christi zum Problem. Denn die Thessalonicher sind der Meinung, daß die inzwischen Verstorbenen an der Parusie und damit am kommenden Heil keinen Anteil haben werden. Sie halten die Toten für verloren. Sodann müssen sie nun auch selbst befürchten, vor der Parusie zu sterben. Dann würden auch sie vom kommenden Heil ausgeschlossen sein. – Das erfährt Paulus von Timotheus. Wie wird er mit diesem Problem fertig?

Möglich wäre, daß Paulus von seinem jüdischen Erbe her die Vorstellung von der Auferstehung der Toten hier einführte. Von ihr war er ja (nicht als Christ, aber weltanschaulich) überzeugt. Er hätte dann sagen können: Warum macht ihr euch um eure Toten Sorge? Sie werden nicht benachteiligt. Sie gehen ihres Heils keineswegs verlustig, denn Gott wird die Toten auferwecken.

Was wäre aber geschehen, wenn Paulus so vorgegangen wäre? Er hätte das Problem nicht christlich gelöst, nicht von seinem Glauben her, sondern von seiner Weltanschauung. Das hätte jeder Jude ebensogut gekonnt. Dazu brauchte er nicht Christ zu sein. Und das hätte auch jedes Glied einer persischen Religion gekonnt; und ein Mohammedaner könnte das heute ebenso. Alle hätten eine vorgegebene Vorstellung zu Hilfe genommen, um eine akute Schwierigkeit in der Gemeinde zu beseitigen. Das muß man, meine ich, genau sehen.

Wenn man heute mit der Frage fertig werden will: Was wird aus mir nach dem Tode?, dann kann man natürlich die Auferstehungs*vorstellung* zu Hilfe nehmen. Man muß sich aber klar darüber sein, daß das keine spezifisch christliche Hilfe wäre. Will man als Christ helfen, dann muß man anders einsetzen.

Genau das tut Paulus. Ich erläutere das an 1 Thess 4,13–5,11, wobei ich mich auf die wichtigsten Ausführungen beschränke. Gleich am Anfang schreibt Paulus: »Ich will euch nicht in Unwissenheit lassen, Brüder, über die Entschlafenen, damit ihr nicht traurig seid wie die übrigen, die keine Hoffnung haben.« Die übrigen sind die Nichtchristen. Haben Sie keine Hoffnung? Oft pflegt man hier einzuwenden, daß es im Heidentum nicht nur Vorstellungen, sondern auch konkrete Erwartungen einer Zukunft nach dem Tode gibt. Man fragt dann, ob Paulus das nicht wußte, und sagt, er urteile hier zu pauschal. Aber Paulus geht es an unserer Stelle nicht um mögliche Zukunfts*vorstellungen* und Zukunfts*erwartungen*, die »die übrigen« durchaus haben können und haben, sondern es geht ihm um etwas anderes.

Die Thessalonicher sind in Gefahr, in Hoffnungslosigkeit zu verfallen – und damit zu werden wie die anderen. Wodurch unterscheiden sich aber die Christen in Thessalonich von den anderen? Durch ihren Glauben! *Sie* glauben; die übrigen nicht. Die Hoffnungslosigkeit hat also darin ihren Grund, daß ein Mangel an Glauben vorliegt. (Schon 3,10 hatte Paulus gesagt, daß er einige »Mängel des Glaubens« bei den Thessalonichern zurechtbringen möchte.) Weil aber die Hoffnungslosigkeit der Thessalonicher nicht in einem Mangel an Vorstellungen, nicht in einem Mangel an weltanschaulicher Überzeugung, sondern wirklich in einem Mangel an Glauben ihren Grund hat, darum setzt Paulus gleich im nächsten Vers (4,14) unmittelbar beim Glauben ein. Zur Verdeutlichung paraphrasiere ich seine Aussage: »Wenn ihr *wirklich* glaubt, Jesus ist gestorben und auferstanden, d. h. wenn ihr *wirklich* glaubt, daß Gott in Jesus entscheidend für euch gehandelt hat, dann schließt dieser Glaube ein: Gott wird die Entschlafenen um Jesu willen mit ihm führen.«

An dieser Stelle spricht Paulus nicht von der Auferstehung der Entschlafenen, sondern er benutzt eine andere Vorstellung, nämlich die der Entrückung. Paulus kann mit seinen Vorstellungen eben *auch* wechseln. Sieht man das, so versteht man, was er tatsächlich sagen will: »Wenn ihr *wirklich* glaubt, dann schließt dieser euer Glaube die Hoffnung ein.« Wo der Glaube ohne Hoffnung ist, liegt ein Mangel des Glaubens vor. Darum gilt es, wirklich radikal zu glauben. Der Glaube der Thessalonicher ist nach Meinung des Paulus nicht radikal genug.

Im Anschluß daran betont der Apostel dann noch einmal nachdrücklich die Naherwartung der Parusie. Er spricht von »uns, den Übrigbleibenden bis zur Parusie« und betont, daß sie den Entschlafenen gegenüber keinen Vorteil haben. – Dann verwendet er noch einmal die Vorstellung von der Entrückung. Bei der letzten Posaune werden die Toten in Christus mit »uns, den Übrigbleibenden« zusammen dem Herrn entgegen entrückt werden in die Luft. Dann aber ist *innerhalb* dieses Bildes *einmal* davon die Rede, daß die Toten auferstehen werden.

In der Luther-Bibel und in manchen Kommentaren wird dieser Abschnitt »Von der Auferstehung der Toten« überschrieben. Diese Überschrift ist irreführend, denn um die Totenauferstehung geht es hier gar nicht. Sie ist nicht das Thema. Nur einmal wird sie beiläufig erwähnt, und das noch innerhalb einer anderen Vorstellung. – Das wirkliche Thema ist: Glaube schließt die Hoffnung ein. Dieses Thema muß man erst einmal erkennen. *Dann* (aber wirklich erst dann) kann man auch hinzufügen, daß gar kein Zweifel darüber besteht: Paulus war davon überzeugt, es würde *so* passieren. Nur muß man sehen, daß es sich hier um einen Teil seiner Weltanschauung als ehemaliger Pharisäer handelt. Paulus geht jedoch nicht so vor, daß er den Thessalonichern angesichts ihrer Ratlosigkeit einen Ausweg mit Hilfe seiner Weltanschauung anbietet. Das wäre auch dann keine christliche Lösung gewesen, wenn Paulus sie angeboten hätte. Er wählt einen anderen Weg; er rekurriert auf den Glauben. Er sagt, daß wirklicher Glaube die Hoffnung einschließt. Darin besteht seine »christliche« Hilfe. Zur *Veranschaulichung* der Hoffnung benutzt er dann freilich übernommene Vorstellungen.

Nun muß man aber auch noch die Fortsetzung der Ausführungen beachten. Entstanden war die Frage, was aus den Toten wird, ja dadurch, daß diese vor der Parusie gestorben waren. Nun besteht die Gefahr, daß die Thessalonicher auf den Tag der Parusie starren und dadurch die Gegenwart versäumen. Darum sagt Paulus ihnen, daß er über den Parusietermin nichts zu schreiben brauche. Die Thessalonicher wissen, daß er plötzlich kommt. Wenn man ihnen sagt, daß es noch Zeit hätte, sollen sie darauf nicht hereinfallen. Es muß aber das Wissen um die nahe bevorstehende Parusie jeden Augenblick ihrer Gegenwart bestimmen.

Im Anschluß daran entfaltet der Apostel dann, was es heißt, radikal zu glauben. Dieser Glaube verwirklicht sich darin, daß die Thessalonicher in der noch herrschenden Dunkelheit (in der Nacht) *schon* als Kinder des kommenden Tages leben. Zwar leben sie faktisch noch in der Nacht und in der Dunkelheit, aber sie *gehören* ihnen nicht mehr. Sie *sind* Kinder des Lichtes und Kinder des Tages. Darum sollen sie nicht, wie die übrigen es tun, schlafen, sollen sie sich nicht von *dieser* Welt, der Welt der Nacht, bestimmen lassen, sondern sie sollen wachen und nüchtern sein. Sie können das aber, weil Gott sie »gesetzt« hat, das kommende Heil zu erwerben. Glauben heißt also, das kommende Heil jetzt eintreten lassen. Die Hoffnungslosigkeit »der übrigen« hat ihren Grund darin, daß sie schlafen, daß sie *in* der Nacht wirklich *der* Nacht verfallen sind. Wer aber glaubt, der wacht, der *bringt* als Kind des kommenden Tages dessen Licht in diese noch vorhandene Nacht.

Eben darin aber hat *gegenwärtiger* Glaube einen *Zukunftshorizont*. Wo diese Zukunft in der Gegenwart gelebt wird, da ist die Hoffnung im Glauben selbst mit angelegt.

Paulus schließt den Gedankengang (der ja mit der Sorge um die Entschlafenen begann) damit ab, daß er den Thessalonichern sagt: Wer so glaubt, wer wirklich radikal glaubt, der weiß, daß wir, ob wir nun wachen oder schlafen (und in *diesem* Zusammenhang heißt das, ob wir bei der Parusie noch am Leben sind oder nicht), mit Jesus zusammen leben werden.

Wenn man einen solchen Text betrachtet, kann man natürlich auf die benutzten Vorstellungen starren und den Text dann als eine Belehrung über die Zukunftserwartung ansehen. Ist der Text, wie meist der Fall, dann noch falsch überschrieben, kann man dem fast überhaupt nicht entgehen. – Schließlich ist es angesichts der Angst vor dem Tode mit der quälenden Frage: Was wird aus mir? nur zu verständlich, wenn man nach Informationsquellen Umschau hält. Mancher mag dabei sogar Trost empfinden. Er hält sich nun für informiert. Doch was wird aus solchem Trost, wenn man zu reflektieren beginnt? Hält er dann noch durch?

Die weltanschauliche Vorgegebenheit der Vorstellung von der Auferstehung müssen wir doch zugeben. Auch wenn Paulus sie anders benutzt hätte, als er es tatsächlich tat, bliebe das doch eine weltanschaulich vorgegebene Vorstellung. Dadurch daß Paulus sie teilt, wird sie ja noch nicht christlich. – Wenn man dann auch noch erkennen muß, daß sie weit verbreitet ist, kann das natürlich für den gefährlich werden, der an diese Vorstellung als an eine (vermeintlich) christliche »glaubt«. Denn nun droht eine religionsgeschichtliche Nivellierung der (noch einmal: vermeintlich) christlichen Hoffnung. Damit hängt dann die Angst vieler Christen vor der religionsgeschichtlichen Forschung zusammen. Man nimmt sie (wirklich: oft aus Angst) einfach nicht zur Kenntnis.

Aber das muß man doch durchschauen! Diese Vogel-Strauß-Politik, die man angesichts der völlig unbestreitbaren Parallelen der Vorstellungen in anderen Religionen treibt, ist doch eben auch aus Angst geboren. Wer aber Angst hat, hat keine Hoffnung!

So meine ich, daß dieses Nicht-zur-Kenntnis-Nehmen-Wollen des weltanschaulichen Charakters der Erwartung einer Auferstehung der Toten das Schlimmste ist, was man tun kann angesichts der nun doch unbestreitbar kommenden Wirklichkeit unseres eigenen Todes. Hier kann man sich doch nichts vormachen wollen. Ich muß bekennen, daß mir dazu mein Tod, den ich bestimmt einmal sterben werde, zu ernst ist. Darum gestehe ich ganz offen: Wenn ich mich an diese *Vorstellung* gebunden, in sie meine Hoffnung gesetzt hätte, dann hätte ich mir mit der Vorstellung zusammen lieber meine Hoffnung zerschlagen lassen, als daß ich sie krampfhaft festgehalten hätte, nur um noch Hoffnung zu haben. *Diese* Hoffnung hätte ich mir ja selbst vorgemacht. Hoffnung, die keinen Grund hat, ist keine. In nüchternen Stunden hätte ich mir das selbst immer wieder zugeben müssen.

Was aber hilft denn nun? Ich meine, nur ganz ruhige Nüchternheit. Man muß redlich bleiben. Lieber will ich nur stammeln oder zugeben, daß ich nichts weiß, als den Mund zu voll zu nehmen.

Wenn man nämlich diese Vorstellung als Vorstellung durchschaut hat und sich dann ganz ehrlich eingesteht, daß man sie nicht mehr teilt (ich möchte sagen: daß man sie heute nicht mehr teilen kann), dann entdeckt man plötzlich, daß das (um bei unserem Beispiel zu bleiben) auch für Paulus nur Vorstellungen waren. Dann wird man frei, einmal *wirklich* (und nicht nur von der falschen Überschrift her) auf den Text zu hören. Dann erst beginnt man zu fragen, worauf es Paulus denn *eigentlich* ankam.

Natürlich konnte er sich nicht von seinen Vorstellungen, von seiner Weltanschauung so einfach lösen. Wer kann das schon?

Aber man kann nun erkennen, weil man dazu frei geworden ist, daß Paulus ja auch gar nicht Vorstellungen vermitteln wollte, sondern sie als Anschauungsmaterial benutzte, um das auszusagen, was er als Christ meinte. Paulus redet nicht von der Auferstehung der Toten, sondern er redet vom Glauben. Und er sagt: Wer Angst hat (auch und vor allem Angst vor dem Tode), der muß sich an den Glauben halten, der muß ein viel radikaleres Glauben wagen. Denn nur radikales Glauben führt aus der Angst heraus.

Man darf nicht übersehen, daß Paulus Lebende anredet, die um ihre Toten trauern, die aber nun Angst haben, daß auch sie selbst vor der Parusie sterben und dadurch ihres Heils verlustig gehen könnten. Die Angst vor dem kommenden Tode bestimmt also das gegenwärtige Leben der Thessalonicher.

Das aber ist zu allen Zeiten so. Die Angst vor dem Tode ist gar nicht ausschließlich die Angst vor der einmal kommenden *Stunde* des Todes, sondern diese Angst bestimmt in mannigfacher Gestalt das Leben des Menschen. Sie zeigt sich darin, daß man sich auf jeden Fall behaupten will. Sie zeigt sich darin, daß man sich nicht stören lassen, sondern seine Ruhe haben will vor anderen Menschen, vor widrigen Umständen, vor unvorhergesehenen Zwischenfällen. Wir sind bedroht. Die Angst zeigt sich darin, daß man sein Leben überschaubar machen will, so daß es genau nach den eigenen Plänen abläuft und nur ja nichts dazwischenkommt. Man will Herr seines Lebens sein und muß immer und überall entdecken, daß man das gar nicht ist. Wir wollen, daß sich alles nach uns richtet; aber es denkt gar nicht daran, sich nach uns zu richten. Alles, was wir tun, tun wir am Rande des Scheiterns. Kann man dabei wirklich leben? – Der Tod steht nicht nur am Ende unseres Lebens, sondern er begleitet uns unser ganzes Leben hindurch – und das nun nicht etwa so simpel, daß uns überall etwas zustoßen kann (das natürlich auch). Es geht um etwas viel Elementareres: Wir wollen unser Leben erhalten – und können das doch nur sehr begrenzt und auch nur eine begrenzte Zeit lang.

In dieser Situation wird uns nun angeboten, es doch einmal mit dem Glauben zu wagen; das heißt ganz schlicht, nicht in uns selbst gegründet sein zu wollen, sondern uns loszulassen. Es wird uns angeboten, den Krampf unseres Lebens zu durchschauen und ihn nun nicht mehr weiter mitzumachen. Es wird uns angeboten, die Sorge um den kommenden Tag Sorge des kommenden Tages, aber nicht Sorge von heute sein zu lassen. Es wird uns angeboten – oder auch zugemutet, den anderen Menschen zu suchen, uns aber nicht vor ihm zu schützen.

Ich brauche jetzt nicht zu sagen, *wer* uns das anbietet. *Er* kommt auch noch heute und bietet uns das an, was ich »die Sache Jesu« genannt habe. – Zuerst ist dieses Angebot einfach eine Zumutung.

Dann aber (und das kann man eigentlich nur als Bekenntnis sagen) wage ich es gegen jede menschliche Vernunft, das einmal zu tun. Dabei erfahre ich: Es stimmt. Ich brauche mich gar nicht selbst zu erhalten, sondern gerade da, wo ich mich loslasse, erfahre ich, daß ich von ganz woanders her gehalten bin. Ursprünglich wollte ich leben, schaffte das aber nicht. Die Angst hinderte mich daran. – Nun verzichte ich darauf, leben zu wollen (so wie ich mir das bisher vorgestellt hatte), und erfahre dabei: Jetzt plötzlich lebe ich wirklich. Dann fragt man sich: Wie konnte man nur das, was man früher Leben nannte, wirklich Leben nennen?

Ich will hier jetzt keineswegs einer Schwärmerei verfallen. Ich habe mit dem Gesagten keinen Dauerzustand geschildert oder bekannt. Denn es passiert dann ja dasselbe, was in der Geschichte von den Emmaus-Jüngern so ausgedrückt ist: Plötzlich verschwand er vor ihren Augen. Da steht man wieder im alten Leben. Die Angst ist wieder da. Und wieder ist man gefragt, ob man sich selbst loslassen will oder nicht. Natürlich kann es eine Hilfe sein, wenn man sich daran erinnern kann, daß dieses Sich-selbst-Loslassen sich früher schon einmal als Leben erwiesen hat. Aber der Kopf macht da keineswegs immer mit. Die Wirklichkeiten, die uns umgeben, sind ja keine Scheinwirklichkeiten, sondern haben eine bedrohende Realität.

Doch plötzlich wagt man es noch einmal, im Grunde gegen jede Vernunft, dann noch einmal und noch einmal. Plötzlich entdeckt man dann, daß man auf dem Wege ist durch *dieses* Leben hindurch *zum* Leben.

Wer das erfahren hat, läßt es sich nicht mehr ausreden. Denn er erfährt (und nun wird deutlich, daß ich genau bei dem geblieben bin, womit Paulus den Thessalonichern hilft), daß er mitten in der Nacht ein Kind des kommenden Tages ist. Er erfährt, wo er *wirklich* hingehört, obwohl er noch nicht da ist. Er erfährt genau das, was Paulus den Thessalonichern schreibt, daß nämlich *gelebter* Glaube die Hoffnung einschließt, daß es Glauben ohne Hoffnung gar nicht gibt.

Das ist nun nicht etwa so, weil Jesus (in herkömmlicher Vorstellung ausgedrückt) auferstanden ist und *dadurch* meine kommende Auferstehung gewiß ist. Sondern das ist so, weil Jesus von Nazareth dieses Leben als Möglichkeit angeboten hat. Jesus ist darin auferstanden, daß uns dieses sein Angebot heute trifft und, wenn wir uns darauf einlassen, er uns dieses neue Leben schenkt.

Ich kann das jetzt auch so formulieren: Jesus hat die Auferstehung in das neue Leben schon vor seiner Kreuzigung gelebt und geschenkt. Darum kann man geradezu sagen, daß Jesus schon vor seiner Kreuzigung auferstanden ist.

Eben das macht das Johannes-Evangelium in einzigartiger Weise deutlich. Es zeichnet ja (darin von den synoptischen Evangelien unterschieden) den Weg des Irdischen insofern ganz unirdisch, als es ihn als *Gottessohn* über diese Erde gehen läßt. Das hängt mit einer bestimmten Vorstellung zusammen, nämlich der Präexistenz-Christologie. *Vor* seiner irdischen Existenz war der Gottessohn (der Logos) beim Vater. Jesus ist immer der, den der Vater gesandt hat. Diese Zugehörigkeit zu Gott verläßt ihn auf der Erde nicht. Darum erscheint sein Bild hier so ganz anders als in den anderen Evangelien. Wenn wir etwa mit Lukas vergleichen, kann man den Unterschied so ausdrücken: Im dritten Evangelium *erlangt* Jesus das Bei-Gott-Sein erst durch die Auferstehung; im vierten Evangelium bringt Jesus das Bei-Gott-Sein schon mit auf diese Erde.

Damit hängt dann auch zusammen, daß Johannes den Begriff »Leben« transparent verwendet. Beides kann er damit ausdrükken: das irdische und das ewige Leben, wobei aber nun zu beachten ist, daß das ewige Leben kein Leben *nach* dem Leben ist, sondern ein Leben *in* diesem irdischen Leben.

Ein Weiteres ist diesem Evangelium eigentümlich. Die traditionelle Vorstellung von der zu erwartenden Parusie Jesu wird in die Gegenwart gerückt. »Wer mich liebt, der wird mein Wort halten; und mein Vater wird ihn lieben, und wir werden zu ihm kommen und Wohnung bei ihm machen« (Joh 14,23). Die Parusie geschieht dort, wo man Jesu Wort hält, wo man sich seiner Zumutung ausliefert. Ganz konsequent heißt es dann: »Das aber ist das ewige Leben, daß sie dich, der du allein wahrer Gott bist, und den du gesandt hast, Jesus Christus, erkennen« (Joh 17,3). Hier droht der Zukunftsaspekt des ewigen Lebens fast verlorenzugehen. So sehr ist die Aussage auf Gegenwärtigkeit des ewigen Lebens im Glauben aus, daß diese Fülle, die gelebter Glaube schenkt, die Frage nach der Zukunft uninteressant macht. Johannes würde sagen, daß wer nach der Zukunft fragt, ein armer Mensch sei, da er offenbar nicht das Heil kennt, das das Tun des Wortes Jesu schenkt.

Man muß wissen, daß im Johannes-Evangelium ein Protest laut wird, der sich gegen eine einseitige Orientierung an Zukunftsvorstellungen richtet. Die erwartete Auferstehung der Toten drohte zur Hauptsache zu werden; und man verlor die Gegenwart des Glaubens im Leben. Dieser Protest ist unserer Problematik ganz ähnlich. – Er hat sich freilich in der Kirche nicht durchgehalten. Das Johannes-Evangelium hat eine sogenannte kirchliche Redaktion erfahren. Im Evangelium verstreut finden wir eine Reihe von Versen, die Zukunftsaussagen im Rahmen der alten Vorstellungen enthalten. Man kann das verstehen, denn das Johannes-Evangelium wirkte ja nun eben einseitig.

Tatsächlich war es das aber nicht. Der Evangelist ließ keineswegs das ewige Leben in diesem Leben *aufgehen*. So sagt Jesus z. B. im Zusammenhang mit der Auferweckung des Lazarus: »Ich bin die Auferstehung und das Leben. Wer an mich glaubt, wird leben, auch wenn er stirbt; und wer lebt und an mich glaubt, wird niemals sterben« (Joh 11,25 u. 26). – Ich denke, hier wird am besten deutlich, worum es geht. Die Tatsache des kommenden Todes wird nicht bestritten. Aber dem Tode ist die Macht genommen, denn wer *in* diesem irdischen Leben glaubt, und das heißt ja, wer Jesu Wort *tut*, der wird darin das ewige Leben *in* diesem irdischen Leben haben; und der wird dann, obwohl er den Tod erleiden wird, nicht sterben, weil er das ewige Leben ja schon hat.

Johannes macht also dieselbe *Aussage* wie Paulus im 1. Thessalonicherbrief, verzichtet aber darauf, die *Vorstellungen* zu wiederholen, die Paulus noch brachte. Wir sahen aber, daß sie keine Glaubensaussagen waren, sondern aus der Weltanschauung stammten.

Damit stehen wir nun vor der letzten Frage: Können wir oder müssen wir gar, wenn wir heute nun auch diese Aussage wiederholen wollen, das im Zusammenhang mit bestimmten Vorstellungen tun? – Wir haben früher gesehen, daß die Vorstellungen unlösbar mit einer bestimmten Anthropologie zusammenhängen. Wir haben weiter gesehen, daß Zukunftshoffnung und Auferstehungshoffnung keineswegs identisch sind, daß vielmehr die Auferstehungshoffnung lediglich *eine* Form der Zukunftshoffnung ist. Es gibt also auch ohne Auferstehungshoffnung Zukunftshoffnung. Wenn wir fragen, wie wir uns die Zukunft *vorstellen*, müßten wir daher eine Anthropologie entwerfen und könnten dann vielleicht im Rahmen dieser Anthropologie ein Bild von der Zukunft zeichnen.

Aber haben wir eine solche Anthropologie zur Verfügung? Zu sagen, wir müßten uns an die biblische Anthropologie halten, geht schon deswegen nicht, weil die in sich gar nicht einheitlich ist. Im Neuen Testament kann man mindestens zwei erkennen, die sich aber auch dort schon zum Teil überschneiden: die dualistische der Gnosis und des Griechentums und die dichotomische (manchmal auch trichotomische) des Judentums.

Nun hat die schon im Neuen Testament beginnende gegenseitige Durchdringung der Anthropologien in der späteren Tradition nachgewirkt. Das hat aber keineswegs zu einer Klärung geführt. Ich möchte das an der dritten Strophe des Chorals »Herzlich lieb hab ich dich, o Herr« zeigen.

»Ach Herr, laß dein lieb Engelein
am letzten End die *Seele* mein
in Abrahams Schoß tragen;
den *Leib* in seinem Schlafkämmerlein
gar sanft ohn einge Qual und Pein
ruhn bis zum letzten Tage ...«

Die hier vorausgesetzte Anthropologie ist eindeutig dualistisch. Beim Tode gelangt die Seele in Abrahams Schoß, wird der Leib ins Grab gelegt. Diese Anthropologie bleibt auch dann dualistisch, wenn man darauf hinweisen muß, daß in ihr wenigstens noch ein Interesse am Leibe vorliegt, was in der Gnosis ja nicht der Fall ist. Damit wird aber der Übergang vorbereitet, der nun zum Ausblick auf das Geschehen am jüngsten Tage führt:

»Alsdann vom Tod erwecke *mich*,
daß meine Augen sehen dich
in aller Freud, o Gottes Sohn,
mein Heiland und mein Gnadenthron ...«

Wer ist dieses Ich, das am jüngsten Tage auferweckt wird? Offenbar ist das doch der Leib, denn die Seele ist bereits in Abrahams Schoß. Hier steht also die jüdische Anthropologie im Hintergrund. Gott erweckt *mich* (und das heißt jüdisch immer: meinen *Leib*) zu neuem Leben.

Solche anthropologischen Bilder und Vorstellungen können wir kaum wiederholen. Im Lied mögen sie noch unreflektiert gebraucht sein. Wenn man aber einmal angefangen hat zu reflektieren, kann man nicht mehr unreflektiert leben. Wahrscheinlich rechnet niemand heute, *wenn* er sich Vorstellungen von der Zukunft macht, damit, daß »dieser alte Madensack«, wie Luther seinen Leib nannte, wieder vorhanden sein wird. Der verwest. Aber das bedeutet darum noch keineswegs Hoffnungslosigkeit.

Doch wer bin nun *ich*? Ich möchte das so zu formulieren versuchen: Ich bin der, der ich sein will. Das gehört zu meiner Freiheit. Ich bin entweder der, der sich in diesem Leben durchsetzen, der sein eigener Herr sein will und dessen Leben und Herrschaft dann mit dem Tode zu Ende sein wird. Denn der Herr *dieses* Lebens ist der Tod. Ich bin also der, dessen Gegenüber der Tod ist. Da ich vor diesem Gegenüber Angst habe, wehre ich mich dagegen so gut und so lange ich kann.

Oder ich bin der, der es wagt, auf das eigene Leben zu verzichten, der es wagt zu lieben, zu dienen, sich hinzugeben, und der dabei erfährt, daß er dann *das* Leben gewinnt, daß er also gehalten ist. Wer das aber wagt, immer wieder zu wagen versucht, erfährt dabei, daß er auf dem Wege durch dieses Leben zum Leben ist, weil das wahre Leben hier schon beginnt. Der glaubt dem Tod nicht, daß er der Herr ist. Der ist dann der, der *im* gelebten Glauben Gott als Gegenüber erfährt und Gott als einen erfährt, vor dem er keine Angst zu haben braucht, dem er vertraut.

Ich kann es nun nicht besser sagen, als Heinrich Rendtorff es auf dem Sterbebett zu seiner Frau gesagt hat. Er bat sie, ihm still zuzuhören, und sagte dann: »Ich habe in diesen letzten Nächten alles geprüft und überdacht, was wir darüber wissen können und was uns davon gesagt ist, wie es sein wird, wenn es mit uns zu Ende geht. Eines weiß ich jetzt gewiß: Ich werde geborgen sein.«

Heinrich Rendtorff wird man nun nicht als einen Vertreter der sogenannten modernen Theologie bezeichnen können. Aber er war ein sehr nüchterner Mensch, der sich immer bemüht hat, nicht mehr zu sagen, als er verantworten konnte. Auf dem Totenbett wußte er nur: Ich werde geborgen sein.

Wenn nun jemand meint, das sei zu wenig, dann möchte ich darauf antworten: In diesem »Ich werde geborgen sein« steckt viel mehr als in allen Vorstellungen, die man sich davon machen könnte. Ich meine, es ist gut, daß das so ist. Denn wer glaubt, darf *in seinem Glauben* nicht bescheiden sein. Wer aber diesseitige Vorstellungen aufs Jenseits überträgt, der ist bescheiden, weil er dann ja das Jenseits diesseitig macht und es ebendamit begrenzt.

Wer glaubt, glaubt nur dann radikal, wenn er wie Jesus glaubt und Gott (gegen den Augenschein) *alles* zutraut.

Darum macht Jesus frei zum grenzenlosen Glauben in dieser Welt und ebendamit frei, Gott für die Zukunft *alles* zuzutrauen. Das ist viel mehr, als die Vorstellung von der Auferstehung der Toten aussagen könnte.